기독교문서선교회(Christian Literature Center: 약칭 CLC)는 1941년 영국 콜체스터에서 켄 아담스에 의해 시작되었으며 국제 본부는 미국 필라델피아에 있습니다.
국제 CLC는 59개 나라에서 180개의 본부를 두고, 약 650여 명의 선교사들이 이동 도서차량 40대를 이용하여 문서 보급에 힘쓰고 있으며 이메일 주문을 통해 130여 국으로 책을 공급하고 있습니다. 한국 CLC는 청교도적 복음주의 신학과 신앙 서적을 출판하는 문서선교기관으로서, 한 영혼이라도 구원되길 소망하면서 주님이 오시는 그날까지 최선을 다할 것입니다.

추천사 1

김인수 박사
전 장로회신학대학교 역사신학 교수 · 전 미주장로회신학대학교 총장

2000년 교회의 역사 속에 교회는 부흥기와 침체기를 거듭해 왔습니다. 교회는 시대에 따라, 세상으로부터 또 교회 자체로부터 심한 박해를 받아 온 게 사실입니다. 그러나 교회는 성령님의 역사를 통해 줄기차게 그 맥을 이어 오고 있습니다.

조직신학자이며, 유능한 신학교 교수인 저자는 교회의 본질을 부패한 가톨릭교회로부터 새로운 교회를 일으킨 교회(종교)개혁의 원리를 고찰하면서 교회가 지향해야 할 새로운 모습을 제시하고 있습니다.

오늘 기울어져 가는 현대 교회의 모습을 바라보면서 교회가 마땅히 가야 할 길을 모색하는 교역자, 교회 직분자, 신학도들에게 이 책의 일독을 강력히 권합니다.

추천사 2

고 태 형 목사
미국 캘리포니아 선한목자교회 담임

    한국 교회와 이민자들을 위한 미국의 한인교회는 팬데믹의 긴 터널을 통과하며 한국 사회의 지탄과 많은 한인이민교회의 폐쇄와 같은 직격탄을 맞았습니다. 이제 회중의 신앙 상태와 교회의 현 상황을 직시해야 할 때입니다.
    저자가 인용한 로이드 존스 목사의 시각을 빌리면 "자기 상황을 깨닫는" 시간 곧 "부흥"의 시간을 가져야 합니다. 그런 의미에서 박동식 목사님은 마틴 로이드 존스 목사의 '종교개혁'에 관한 시각을 근간으로 그의 설교를 체계적으로 정리하고 있습니다. 특히, 종교개혁의 다섯 가지 모토를 조직신학자의 예리함과 평신도를 섬기는 설교자로서 쉽게 그리고 그의 유머 감각으로 즐겁게 풀어 가고 있습니다.
    또한, 찬송가와 복음성가의 가사들을 통한 신학적 개념을 이해시키려는 시도는 저자의 은혜를 사모하는 마음을 잘 이해하도록 만들어 줍니다.
    종교개혁은 "개혁이었을 뿐 아니라 부흥이었다"라는 시각으로 오늘날의 교회와 회중에게 자신들의 상황을 깨닫고 계속해서 개혁해야 함을 하나님 말씀으로 도전하고 있습니다. 저자의 간절한 바람인 "다시 한번 한국 교회의 부흥"을 위한 열망은 한국 교회를 종교개혁의 다섯 가지 모토를 통해 점검하도록 돕고 있습니다.

종교개혁의 다섯 가지 "오직"을 현대 사회를 살아가는 회중이 이해하기 쉽도록 실생활에서 일어나는 이야기로 접근해 500여 년 전의 주장을 오늘의 신앙생활에서 볼 수 있도록 친근하게 만들고 있습니다.

　미국의 한인 회중을 섬기는 일선 목회자로 저자의 도전인 "입으로는 하나님을 시인하지만 실제로는 믿지 않는다"는 실제적 무신론(practical atheism), 즉 무늬만 그리스도인 분들을 어떻게 예수님만을 위해 살아가도록 성장하게 도울 수 있을까 하는 과제를 다룬 이 책을 읽으며 계속 생각하게 만듭니다.

　이 책은 저자가 '여는 말'에서 설교라고 소개하고 있지만 특히 제1부 '개혁'은 읽기 쉽게 써 놓은 짧은 소논문의 모음이라고도 생각되도록 잘 정리해 놓으셨습니다. 특히, 조직신학을 가르치는 신학대학교의 교수로서 친절하게 각주를 달아 출처를 모두 밝히고 있습니다. 또한, 신학적 책들뿐 아니라, 철학서적, 현대 드라마, 영화, 시 들을 통해 평신도들이 쉽게 접근할 수 있도록 배려했습니다.

　자신들이 섬기는 교회의 개혁을 시도하며 진정한 부흥(?)을 꿈꾸는 목회자들과 우리가 섬기는 교회들과 회중이 말씀으로 살아나기를 소망하는 평신도들에게 이 책을 추천합니다.

추천사 3

김 성 수 목사
미국 뮤리에타 한인장로교회 담임

　호주에 사는 멸종 위기에 처했던 '꿀빨이새'는 남은 수가 적어 수새들이 부르는 '메이팅 콜'(mating call) 소리가 거의 다 잊혀졌었답니다. 이 사실을 발견한 환경보호자들이 나서서 메이팅 콜 소리를 녹음해 '그들의 노래'를 다시 들을 수 있게 해 줌으로 꿀빨이새는 멸종 위기를 벗어나 융창의 희망을 회복했답니다.

　박동식 교수의 책 『교회, 다시 또 다른 부흥』은 코로나19와 여러 가지 사회적 이슈로 지쳐 있고 탈진과 위기를 종종 느끼는 교회와 교회의 리더에게 성경이 들려준 "우리들의 노래"를 다시 상기시키며, 다시 부흥의 희망을 안겨 주는 노랫소리와 같은 책입니다.

　조지 버나드 쇼는 이렇게 말했습니다.

> 많은 사람은 세상을 둘러보며 'why'라며 한탄하지만, 나는 새로운 꿈을 품으며 'why not'이라 말하리라.

　『교회, 다시 또 다른 부흥』은 하나님의 말씀과 성령 충만하심으로 교회는 하나님의 꿈을 우리의 꿈으로 회복하자고, 할 수 있다고, 하나님의 은혜의 영역으로 다시 초대하는 노랫소리와 같은 책입니다.

박동식 교수의 글은 오직 성경과 종교개혁 정신에 근거를 둔 희망과 꿈을 강조하며 "개혁된 교회는 항상 개혁되어야 한다", 즉 교회는 내일의 부흥을 위해 늘 하나님의 뜻의 정도(正道)로 돌아가야 한다는 역설입니다. 이 책은 말씀으로 돌아가자는 신선한 외침으로 능동적 믿음과 삶이 무엇인가, 교회의 본질을 다시 깊이 고민하게 해 줍니다.

　하나님은 오늘의 교회를 사랑하셔서 박동식 교수의 마음에 또 다른 부흥의 꿈을 품게 하시고, 붓을 들어 이 책으로, 오늘의 교회 속에 새 희망과 새 힘을 선물하게 하셨습니다.

　이 책은 손에 들고 펼칠 때 그날 하루는 다른 스케줄 없이 열어 놓는 게 좋습니다. 깊이 있는 교리와 신학을, 교회관과 권능의 신앙을 시와 노래로 간증과 유머 그리고 간절한 목회자 마음의 기도문을 동원해 저술했기에 흥미롭고 마음이 설레이며 내려놓기 힘든 책입니다.

　참으로 오랫만에 만난 교회와 교회의 리더에게 큰 소망과 힘이 될 박동식 교수의 책『교회, 다시 또 다른 부흥』을 감사의 마음으로 추천하게 된 것이 영광입니다.

추천사 4

이 동 진 목사
성화장로교회 담임

성경의 역사는 망함과 흥함의 이야기입니다. 죄로 망하고, 은혜로 다시 흥하고. 그 역사의 흐름 속에서 교회는 눈물의 시대를 지내는가 하면 어느새 다시 가슴 벅찬 감격 시대를 노래하기도 했습니다.

박동식 목사의 『교회, 다시 또 다른 부흥』의 원고를 받아 읽어 나가는 가운데 어디선가 환청처럼 들려오는 노랫소리가 가슴을 뛰게 했습니다.

거리는 부른다 환희에 빛나는 숨쉬는 거리다 …
휘파람을 불며 가자 내일의 청춘아

강해인 작시, 박시춘 작곡, 남인수 노래의 〈감격 시대〉는 일제강점기인 1939년, 일본의 극심한 압박 속에서 매일이 고달프지만 기쁨을 잃지 말자는 의도로 쓰여진 시에 밝은 리듬의 곡을 붙여 21살의 청춘 가수 남인수가 부른 노래로 알려져 있습니다.

저자는 이 책에서 교회를 도로 한복판에 멈춰 선 자동차와 같은 상황으로 규명하면서, 그럼에도 불구하고 다시금 가던 길을 가야 한다는 비유를 통해 또다시 부흥해야만 하는 교회의 사명을 끌어내고 있습니다.

저자의 이 글은 분명하고 반듯할 뿐 아니라 단단한 기초와 비상하는 독수리의 날개를 보는 듯이 이야기를 펼쳐 가고 있습니다.

흔들리고 있는 오늘날 교회의 기초인 종교개혁의 모토인 "오직 예수", "오직 성경", "오직 은혜", "오직 믿음", "오직 하나님께 영광"을 끄집어내 하나씩 분명하게 제시하면서 시작한 이 글은 점차 감격을 불러오는 웅변처럼 제2부로 이어지고 있습니다. 여기서 남인수의 맑고 높은 노랫소리가 들려오는 것만 같습니다.

제2부로 이어지면서 저자는 모두 병든 이 시대의 아픔을 들추어내면서 통증 부위를 꾸욱 눌러 대는 의사처럼, 모두 병들었는데 아프지 않다면 그것이야말로 한센병처럼 가장 무서운 상황이라는 인식을 끄집어내 놓습니다. 그리고 계속해서 저자는 엑스레이, CT촬영과 내시경을 하듯이 교회를 진단하고 드디어 '부흥'을 조용히 읊조리기 시작합니다.

마지막에 웅변처럼 던지는 저자의 목소리는 "다시 또 다른 부흥을 꿈꾸자"는 울먹임 가득한 외침으로 퍼져 나갑니다. 감격 시대의 멜로디가 점점 더 크게 들려오는 것 같습니다.

그러나 저자는 더 이상 흥분하지 않습니다. 곱씹으며 짚어 줍니다. 회개를 그리고 우리의 의지와 단합대회가 아니라 성령께서 움직이고 계심을. 그리고 조용히 무릎 꿇은 자세로 독자들을 설득합니다.

> 변화와 개혁과 구원의 주체는 우리가 아니라 하나님임을 다시금 고백하면서 우리도 이렇게 고백하면 좋겠습니다. 하나님이 원하시니 우리도 원해야 합니다. 교회, 다시 또다른 부흥의 역사를.

추천사 5

라 세 염 목사

호산나교회 담임

저자는 신학자요 또한 목사로서 이 시대 한국 교회의 세속화와 급격한 쇠락 현상을 안타깝게 바라보면서도 여전히 교회 부흥의 소망을 붙들고 열정적 메시지를 쏟아냅니다.

종교개혁이 부패한 교회와 미신적 우상 숭배의 어둠이 뒤덮던 시대에 일어난 것처럼 오늘날의 혼란과 어두움 가운데서도 얼마든지 주권자이신 하나님께서 놀라운 부흥을 주실 수 있다는 강한 믿음으로 저자는 먼저 개혁교회가 추구했던 다섯 가지 원리를 통해 복음의 본질을 회복하기를 촉구하고, 이어서 부흥에 대한 주제로 하나님을 향한 갈망과 공동체적 영성 회복 및 부흥의 소망을 다룹니다.

이 책은 딱딱한 이론서가 아니라 설교라는 구어체로 쓰여져 친근하게 와닿았고, 읽기 시작하자 때로는 가슴 벅차게, 때로는 찔리는 마음으로, 중간에 놓지 못해 끝까지 완독하게 되었습니다.

저자는 신학과 철학, 신앙과 문화를 아우르는 통전적 세계관으로 이 시대와 우리 자신을 비추는 동시에 생생한 복음으로 새로운 부흥과 개혁을 꿈꾸게 합니다.

교회, 다시 또 다른 부흥

The New Revival of the Church
Written by Dong Sik Park
All rights reserved.
Korean Edition Copyright ⓒ 2022 by Christian Literature Center, Seoul, Korea

교회, 다시 또 다른 부흥

2022년 6월 30일 초판 발행

지 은 이 | 박동식

편　　 집 | 전희정
디 자 인 | 김소영, 서민정
펴 낸 곳 | (사)기독교문서선교회
등　　 록 | 제16-25호(1980.1.18.)
주　　 소 | 서울특별시 서초구 방배로 68
전　　 화 | 02-586-8761~3(본사) 031-942-8761(영업부)
팩　　 스 | 02-523-0131(본사) 031-942-8763(영업부)
이 메 일 | clckor@gmail.com
홈페이지 | www.clcbook.com
송금계좌 | 기업은행 073-000308-04-020 (사)기독교문서선교회
일련번호 | 2022-69

ISBN 978-89-341-2450-4 (93230)

이 책의 출판권은 (사)기독교문서선교회가 소유합니다.
신저작권법에 의하여 한국 내에서 보호를 받는 저작물이므로 무단 전재와 무단 복제를 금합니다.

교회, 다시 또 다른 부흥

박동식 지음

CLC

차례

추천사 1 김인수 박사 | 전 장로회신학대학교 역사신학 교수 · 전 미주장로회신학대학교 총장   1

추천사 2 고태형 목사 | 미국 캘리포니아 선한목자교회 담임   2

추천사 3 김성수 목사 | 미국 뮤리에타 한인장로교회 담임   4

추천사 4 이동진 목사 | 성화장로교회 담임   6

추천사 5 라세염 목사 | 호산나교회 담임   8

여는 말   13

제1장   오직 예수 (요한복음 3:16)   22

제2장   오직 성경 (디모데후서 3:16-17)   44

제3장   오직 은혜 (에베소서 2:8-10)   72

제4장   오직 믿음 (로마서 1:16-17)   95

제5장   오직 하나님께 영광 (고린도전서 6:19-20)   120

제6장   "모두 병들었는데 아무도 아프지 않다면" (창세기 4:1-15)   145

제7장   공동체로 경험하는 성령 충만 (다니엘 5:10-16)   169

제8장   역동적인 교회 (에스겔 37:1-14)   187

제9장   서로 섬기는 거룩한 두 손 (출애굽기 17:8-6)   211

제10장 다시 또 다른 부흥을 꿈꾸며!! (하박국 3:2)   231

닫는 말   255

여는 말

박 동 식 박사

미주장로회신학대학교 조직신학 교수

> 그들은 오래 황폐하였던 곳을 다시 쌓을(rebuild) 것이며, 옛부터 무너진 곳을 다시 일으킬(restore) 것이며, 황폐한 성읍 곧 대대로 무너져 있던 것들을 중수(renew)할 것이며(사 61:4).

운전하다 정지 신호에 멈춰 섰습니다. 기다렸다 신호에 맞춰 가면 됩니다. 그런데 간혹 직진해야 하는 차들이 좌회전 신호에 자기도 모르게 앞으로 나갈 때가 있습니다. 그러다가 '아차' 하는 순간 가지도 오지도 못하고 도로 한복판에 서게 됩니다. 고의성은 전혀 없지만 다른 운전자들을 불편하게 합니다. 자신의 차를 힘겹게 비켜 지나가는 운전자들이 화난 경적을 울립니다.

이런 상황에 운전자는 무엇을 해야 할까요?

적절한 비유가 될지 모르지만, 지금 교회가 어쩌면 이런 상황에 놓여 있는지도 모르겠습니다. 세상 한복판에서 무엇을 해야 할지, 어디로 가야 할지 몰라 당혹해하는 교회 말입니다. 교회, 기독교라는 단어를 대할 때 긍정적 표현보다는 '교회의 위기'와 '기독교의 하락'이라는 부정적 표현을 접할 때가 더 많은 것 같습니다. 코로나19 이후 교회가 더 세상의 비난을 받고 있습니다. 돌파구가 보이지 않는 듯합니다.

이런 기독교 위기 시대를 우리는 어떻게 극복할 수 있을까요?

이런 상황에서 교회 부흥은 언감생심일까요?

그런데 왜 이렇게 되었을까요?

제자훈련으로 평신도를 세우는 일에 헌신했던 옥한흠 목사는 이렇게 일갈했습니다.

> 교회 부흥이 왜 안 되는가?
> 교회 때문에 안 된다. 교회가 교회의 부흥을 가로막고 있다.[1]

교회 때문에 교회가 부흥이 안 된다니요?

이 불편하고 어색한 답변이 이제는 그리 어색하지 않은 듯합니다. 오히려 많은 사람이 공감하는 것 같습니다.

그렇다면 이 위기를 극복하기 위해 무엇을 해야 하겠습니까?

도로 한복판에 멈춰 선 자동차처럼 한국 교회가 이대로 멈춰 서 있을 수만은 없습니다. 온갖 욕을 다 먹더라도 정중히 고개 숙여 죄송하다 인사하고 다시금 우리의 길을 가야 할 것입니다. 신호를 잘못 봐서 도로 한복판에 선 경험을 한 운전자는 더 성숙할 수 있습니다. 위기를 경험한 교회는 더 정신을 차릴 수 있습니다. 역사적으로 교회 위기 이후에 부흥의 역사가 있었음을 다시금 회상하면서 부흥을 소망하면 좋겠습니다. 하나님이 다시금 교회에 부흥의 시간을 주시기를 소망합니다.

바람이 거셀 때 새는 평소보다 높이 납니다. 어느 때보다 더 교회 위기라는 시대 바람이 거칠 때 교회는 더 새롭게 될 수 있습니다. 부정적인 것만 이야기할 것이 아니라, 절망만 이야기할 것이 아니라, 이제는 다시 교회가 새롭게 되는 것을 이야기해야 합니다. 부흥을 이야기해야 합니다. 그

---

1 옥한흠, 『평신도를 깨운다』 (국제제자훈련원, 2019), 25.

러기 위해 성령의 바람이 불어야 합니다. 성령을 부어 주시도록 간구해야 합니다. 성령 없이는 부흥이 있을 수 없기 때문입니다.

여기서 부흥은 이전의 것과 다른 부흥이어야 합니다. 부흥이 그저 양적으로 많아지는 것만을 의미하지 않습니다.

그동안 교회가 너무 규모 면에서만 부흥을 외치지 않았던가요?

이제는 그것을 포함하지만 '본질'에서 부흥을 외쳐야 합니다. 그것이 책 제목이 말하고자 하는 "다시 또 다른 부흥"의 의미입니다.

그럼 무엇부터 해야 부흥의 희망을 꿈꿀 수 있을까요?

필자는 개신교의 출발점인 종교개혁으로 돌아가서 종교개혁의 정신을 다시금 돌아보고 거기서부터 출발하고자 합니다. 종교개혁의 고민이 지금도 이어지고 있기 때문입니다. 아울러 종교개혁의 정신을 넘어서고자 합니다. 이는 종교개혁 이후 500년의 역사는 그저 흘러간 시간이 아니기 때문입니다. 종교개혁의 정신만으로는 그 500년을 제대로 설명하지 못할 수도 있기 때문입니다.

'종교개혁' 하면 다섯 가지 모토가 떠오릅니다.

오직 예수(*Solus Christus*)

오직 성경(*Sola Scriptura*)

오직 은혜(*Sola Gratia*)

오직 믿음(*Sola Fide*)

오직 하나님께 영광(*Soli Deo Gloria*)[2]

---

2 강영안 교수는 루터, 츠빙글리, 마르틴 부처, 칼빈, 하인리히 불링거가 이 표현을 사용하기는 했지만 다섯 가지 전체를 외친 적은 없다고 합니다. 이것은 19세기 후반 미국에서 만들어 낸 구호라는 것이 정설이라 주장합니다. 강영안, 『철학자의 신학 수업』(복있는사람, 2021), 178. 여기서는 다섯 가지 솔라의 역사적 논쟁은 뒤로 하고 현재 우리가 받아들이는 이 구호가 갖는 의미에 더 초점을 두고자 합니다.

여기 공통으로 들어간 단어는 "오직"(sola, only)입니다. '오직'이라는 말에는 다른 것이 필요 없다는 '배제'의 의미도 있지만, 진정한 의미는, 그 어디에도 희망이 없을 때, '오직'이 수식하는 단어들을 붙잡으라는 것이 더 본래 의미일 겁니다.

예수님이 "내가 곧 길이요 진리요 생명이니 나로 말미암지 않고는 아버지께로 올 자가 없느니라"(요14:6) 말씀하셨을 때, "나로 말미암지 않고" (except through me)의 진정한 의미가 무엇인가요?

구원을 얻기 위해 오직 예수만을 믿어야 한다는 말은, 예수님 외에 다른 이름을 배제한다는 의미입니다.

하지만 더 적극적으로 나아간다면, '구원의 희망'이라고는 전혀 없는 절망의 시기에, 예수 그리스도라는 구세주가 있으니, 오직 그분만 믿으면 구원받을 수 있음을 강조하는 말로 보는 것이 원래 의미일 겁니다. 그러니 '오직'을 '배제'의 의미로만 파악할 것이 아니라, 그분만 믿으면 된다는 간절한 '희망'의 의미를 지니는 것으로 파악할 필요가 있습니다.

더 나아가 "오직"의 의미에는 '도피'가 아니라[3] '개혁'의 의미도 있습니다. 로마가톨릭의 부패 원인이 "오직"에 해당하는 것에서 벗어났기에 다시금 "오직"을 붙잡고자 한다면, 이 말에는 개혁의 의미가 내포되어 있습니다.

'지금까지 한 것으로는 안 돼.'

'오직 성경으로만 할 수 있어.'

'오직 예수 그리스도가 중심이어야 해.'

'오직 은혜로 구원받아.'

'오직 믿음으로 구원받을 수 있어.'

그러니 '오직 하나님께만 영광을 돌려야 해.'

---

3   최종원, 『텍스트를 넘어 콘텍스트로』 (비아토르, 2019), 31.

이런 삶의 개혁적 의미가 이 단어에 포함되어 있다고 할 수 있습니다. 그러니 '오직'을 배제나 도피의 의미로만 파악해서는 아니 될 것입니다.

물론 이때 중요한 것은 우리가 그 개혁의 주체가 아님을 기억해야 합니다. 흔히 자주 쓰는 표현인 "복음을 복음 되게"란 말을 잘 이해할 필요가 있습니다. 이 말을, 복음을 복음 되게 하는 주체가 '나'이거나 '우리'라고 하는 것은 신학이나 신앙 언어에 적합하지 않습니다. 아니 명백히 잘못된 것입니다. 복음은 스스로 복음이 되는 것입니다. 아니 복음은 이미 그 자체로 복음입니다.

오히려 우리는 어쩌면 복음을 복음 되지 '못하게' 하는 죄인일 수 있습니다. '나'와 '우리'가 복음을 삶에서 살아 내지 못하면 나와 우리가 복음을 복음 되지 못하게 하는 것이겠지요. 그러니 하나님의 주권을 무엇보다 먼저 인정해야 합니다.

하나님이 천지를 창조하셨습니다. 이 말은 하늘과 땅을 만드신 주체가 하나님이시라는 말씀입니다. 천지도 소중하지만, 하나님이 없으면 천지도 없기에 다른 것을 믿지 말고 하나님만을 믿으라는 말씀입니다. 하나님이 그 가운데 선악과를 두셨습니다. 다른 나무 열매는 먹을 수 있지만, 이 나무의 열매는 먹지 말라 하셨습니다. 먹으면 '죽는다' 하셨습니다(창 3:17).

선악과는 무엇인가요?

넘어서서는 안 되는 경계를 의미합니다. 창조주와 피조물 사이의 경계를 인식하라는 상징입니다. 피조물이 창조자의 영역을 넘어서지 말고 그 한계성을 인식하라는 말입니다. 하나님은 하나님이시오, 인간은 인간임을 인식하라는 말입니다. 그런데 하나님과 인간 사이에 뱀의 유혹이 있습니다. 그것 먹으면 그 경계를 넘어설 수 있다고 합니다. 하나님처럼 될 수 있다고 합니다. 선악과에 대한 왜곡입니다.

아담과 하와는 선악과를 바라보며 자신을 창조하신 창조주 하나님을 생각했어야 했습니다. 보이지 않는 하나님을 보이는 선악과를 통해 생각했어야 했습니다. '너희가 살아가는 땅에는 너희 인간만이 있는 것이 아니라 창조주가 계신다'는 의미를 깨달았어야 했습니다. 선악과는 걸려 넘어지는지 그렇지 않은지를 시험하는 시험대가 아니라, '살아 계신 하나님이 계시다'는 것을 알라는 은혜의 상징임을 깨달아야 했습니다. 먹는 날에는 반드시 죽지만, 먹지 않고 바라보면 하나님을 늘 생각하게 만드는 은혜의 도구일 수 있습니다.

창조하신 하나님이 지금도 역사를 이끌어 가고 계십니다. 교회 개혁도 하나님께서 하십니다. 그런데 여기서 중요한 것은, 개혁의 주체이신 하나님이 우리를 개혁의 동반자로 불러 주셨다는 사실입니다. 하나님이 우리에게 우리가 해야 할 일을 말씀해 주십니다.

종교개혁의 5대 모토를 배웠으면 이제 우리도 그리스도 안에서 자라 가야 합니다. 더 나아가 부흥해야 합니다. 종교개혁의 5가지 주제와 그리스도 예수 안에서 자라 가는 것과 부흥은 분리되지 않습니다. 의사이자 런던 웨스트민스터 채플에서 30년간 사역한 마틴 로이드 존스 목사도 종교개혁이 "개혁이었을 뿐 아니라 부흥이었음을 절대 잊지 맙시다"라고 하면서, 그것은 "신학운동이었을 뿐 아니라 부흥"이었다고 합니다.[4]

사도 바울은 예수님이 이 땅에 오신 것은 "만물을 충만하게" 하시기 위해서라 했습니다. 그렇게 하시기 위해 예수님이 우리를 "사도, 선지자, 복음 전하는 자, 목사, 교사"로 부르셨다고 합니다. 그것은 "성도들을 온전하게 하여 그리스도의 몸을 세우기" 위함입니다. 사도 바울은 우리가 "하나님의 아들을 믿는 것"과 "아는 일"에 하나가 되어 "온전한 사람"이 되라 합니다. 그렇게 해서 우리가 결국에는 "그리스도의 장성한 분량이 충만한 데까지 이르기"를 원합니다(엡 4:11-13).

하나님이 만물을 충만하게 하시려는 그림이 보이지 않습니까?

4　마틴 로이드 존스, 『부흥』, 오현미 옮김 (복있는사람, 2006), 185.

우리를 부르셔서 그리스도의 몸 안의 지체로 서로 연결되어 말씀 가운데 살아가는 것이 바로 만물 충만의 의미입니다.

바울이 "나는 심었고 아볼로는 물을 주었으되 오직 하나님께서 자라나게 하셨"(고전 3:6)다고 했을 때, "오직" 하나님께서 자라나게 하셨기에 바울과 아볼로는 아무것도 하지 않았던가요?

성경은 분명히 바울과 아볼로가 심고 물을 주었다고 말씀하고 있습니다. 그렇다면 "오직"의 의미가 바울과 아볼로의 사역을 배제하는 것이 아님을 보아야 할 것입니다. 그런데도 바울과 아볼로의 사역은 하나님의 사역에 비해 아무것도 아님을 바울은 고합니다.

> 그런즉 심는 이나 물 주는 이는 아무것도 아니로되 오직 자라게 하시는 이는 하나님뿐이니라(고전 3:7).

바울과 아볼로가 심고 물을 주었지만 그들의 사역은 사실 아무것도 아닙니다. 오직 하나님께서 자라게 하십니다. 바울은 여기서 한 번 더 뒤집습니다. 그런데도 심는 이와 물주는 이는 각각 그들이 "일한 대로" 상을 받는다(고전 3:8) 합니다. 그들의 일이 문자 그대로 아무것도 아니라면 그들은 상 받을 이유가 없습니다.

그러나 바울은 그들이 그 일한 대로 상을 받는다 했습니다. 이것은 그들의 일의 가치를 높이 평가한다는 말입니다. 그런 면에서 바울은 자신들의 사역이 하나님의 일을 돕기에 "우리는 하나님의 동역자들"(고전 3:9)이라 합니다.

종교개혁 500주년을 기념한 지 몇 년 되었습니다.

우리는 무엇을 하고 어디로 가고 있는가요?

지금도 우리에게는 개혁이 필요하지 않은가요?

오늘도 우리는 "개혁된 교회는 항상 개혁되어야 한다"(*Ecclesia reformata semper reformanda*)라는 개혁교회의 모토를 외쳐야 하지 않은가요?

가톨릭의 부패에 저항해서 개혁을 외쳤던 개신교는 개혁할 것이 없는 완벽한 교파가 된 것이 아니니 본질을 지키기 위해 끊임없이 개혁해야 합니다. 종교개혁은 한 번으로 끝날 수도 없을 겁니다. 개혁이라는 말이 본질을 바꾼다는 말이 아닙니다.

본질을 변하는 시대에 잘 적용하기 위해 개혁해야 합니다. 이것은 본질을 어떤 시대적 변화가 있더라도 지킨다는 말일 것입니다.

그런데도 개혁을 거부하거나 싫어하는 이들이 있습니다. 심한 표현일지 모르지만 어쩌면 그들은 이사야에게 말하는 패역한 백성들 같아 보입니다.

> 그들이 선견자들에게 이르기를 선견하지 말라 선지자들에게 이르기를 우리에게 바른 것을 보이지 말라 우리에게 부드러운 말을 하라 거짓된 것을 보이라(사 30:10).
>
> They say to the seers, "See no more visions!" and to the prophets, "Give us no more visons of what is right! Tell us pleasant things, prophesy illusions (Isa 30:10).

선견자들에게 비전을 보지 말라 하거나, 선지자들에게 올바른 것을 보이지 말라 하거나, 그저 부드럽거나/즐거운 것만 말하라 하거나, 거짓/가상만을 예언하라고 하는 것은, 선지자의 직분을 포기하라는 말입니다. 자신들은 진리는 알고 싶지 않고 즐겁게만 해 달라는 말입니다. 이렇게 되면 선지자도 살아 있다고 할 수 없고, 성도도 살아 있다고 할 수 없을 겁니다. 그러면 교회도 죽은 교회가 될 것은 자명합니다.

"죽은 물고기만이 물의 흐름을 따라간다"는 맬컴 머거리지(Malcolm Muggeridge)[5]의 말을 떠올린다면, 그리고 교회가 살아 있다면, 교회는 시대를 거슬러 나아가야 할 것입니다.

리처드 포스터가 오리건 해안을 거닐다 바위 근처에서 "멀쩡해 보이는데 속은 썩어 있는" 나무를 관찰하다가 "나의 교회가 이렇다"는 하나님의 음성을 느꼈다고 합니다. 교회를 새롭게 하기를 원하는 하나님의 마음을 느낀 것입니다.[6] 이 마음이 있어야 합니다. 교회를 살려야 합니다. 그것이 하나님의 마음일 것입니다. 다시금 '개혁'과 '부흥'을 외쳐야 합니다.

그동안 했던 설교를 모아 보았습니다. 종교개혁의 5대 모토를 넘어서 또다시 이 땅에 부흥을 이룰 수 있기를 소망합니다. 종교개혁과 개혁교회의 핵심 주제를 현시대의 언어와 연결하는 작업을 해 보았습니다. 개혁교회의 전통을 이어받되 현시대와 대화를 통해 비판적으로 계승 발전시킬 필요가 있습니다.

우리의 신학과 신앙은 어디에서 왔으며, 우리의 현재 위치는 어디인지, 그리고 앞으로 어디로 나아가야 하는지 고민하는 장이 되기를 소망합니다. 신학도 신학이지만 예수 그리스도의 몸 된 교회 공동체가 바르게 서고 부흥하기를 소망합니다.

기도의 무릎 꿇고
하늘 향해 두 손 들고
다시금 또 다른 부흥 주시기를
간절히 소망하며!!!

마지막으로 늘 힘이 되어 준 아내와 딸, 아들에게 감사를 전합니다.

5　게리 문,『달라스 윌라드』, 윤종석 옮김 (복있는사람, 2020), 212에서 재인용.
6　게리 문,『달라스 윌라드』, 292.

제1장

오직 예수
(요한복음 3:16)

1. 성실한 신앙이 만들어 내는 불편함?

아침 출근길을 연상해 봅시다. 다들 바빠 출근하는데 '운전하며 화장하는 여자 사람들'을 본 적 있을 겁니다. 마스카라도 하고 립스틱도 바르고 손놀림이 예사롭지 않습니다. 마치 중국 무술 영화에 나오는 무사의 오랜 시간 연마된 손기술 같아 보입니다(타다닥 탁탁 변신 끝!). 처음에는 왜 저렇게 자기 얼굴을 때리고 자학할까 생각했는데 가만히 보니 화장하는 것이 었습니다.

신호가 바뀌었는데도 화장한다고 가지 않는다든지 혹은 운전 중 화장하는 것은 위험하기에도 해서 감히 한마디 해 보겠습니다.

> 출근길 화장하며
> 천천히 가는 앞차 아주머니/아가씨
> 그대는 화장하고
> 내 마음은 환장합니다.

본인은 화장하니까, 요즘 아이돌 유행가 가사처럼, '샤방샤방, 반짝반짝 얼굴이 빛나실 수' 있습니다. 하지만 자신 때문에 바쁜 출근길 다른 사람들의 마음을 급하게 한다면, 그것은 민폐일 겁니다. 그런데 남자도 운전

중 면도하는 이가 있더군요.

얼마나 바쁘면 저렇게 할까요. 그들은 나름 시간을 아껴 가며 최선을 다해 살아갈 것입니다. 여자는 남편과 아이들 깨워서 아침밥 챙겨 주고 본인도 출근하는 것일 겁니다. 남자는 밤늦게까지 일하고 잠도 충분히 자지 못하고 출근하느라 면도도 못 했을 겁니다. 그분들은 성실히 사시는 분들일 겁니다.

하지만 그 성실함이 다른 사람에게 불편함을 준다면, 그 성실함은 재고해 볼 필요가 있습니다. 이는 그러한 행동은 '개인주의' 모습이며, 더 심하게 표현하면, 타자도 자신 만큼 바쁘거나 그들의 안전에 대해서는 별로 생각하지 않는 모습이기도 하기에 그렇습니다.

그런데 안타깝게도 이런 성실함이 만들어 내는 불편한 모습이 우리 기독교 내에도 있는 것 같습니다. 우리 그리스도인들은 예수님을 열심히 믿으며 살아갑니다. 전 세계 그리스도인들이 신앙생활이나 교회 생활에 열심을 다 하겠지만, 한국 교회 성도만큼 열심인 분들도 없을 겁니다. 하지만 그러한 열심히 오히려 타자들에게 불편을 줄 때가 있습니다.

무슨 이야기냐고요?

단적인 예를 든다면, 코로나19로 온 세계가 힘들어하는데, 대면 예배만을 고집하는 교회들이 있었습니다. 그로 인해 교회발 확진자가 많이 늘어났었습니다. 어떤 일이 있어도 예배당에서 예배드리겠다는 열심 있는 모습이 세상에 피해를 준다면 그 열심은 재고해 볼 필요가 있습니다. 이는 그러한 교회와 교인은 세상은 생각하지 않고 자기 신앙만 생각하는 개인주의 모습을 보이기도 하며 동시에 타자의 안전은 생각하지 않는 이기주의 모습이기도 하기에 그렇습니다.

그렇다면 두 가지, 즉 '바른 열심'과 '선한 영향력'을 만족하게 해 줄 수 있는 생산적인 질문을 던져야 합니다.

'우리는 바른 열심을 품고 세상에도 선한 영향력을 끼칠 수 있는 그런 신앙생활을 할 수 없을까요?'

무엇보다도 '이 시대에 예수님을 잘 믿는다는 것이 도대체 무엇일까?'

이를 질문하고 답을 찾아 가야 할 것입니다.

마르틴 루터가 로마가톨릭의 부패한 교황제도에 반기를 들면서 시작한 것이 1517년 종교개혁이었습니다. 그때 했던 종교개혁의 모토 중 이 장에서는 "오직 예수"가 어떤 의미인지 같이 보고자 합니다.

2. 요한복음 3장 16절의 두 부분

요한복음 3장 16절 말씀은 성경에서 가장 중요한 말씀이기도 합니다. 그래서 거의 모든 교회 주일 학교에서 이 말씀을 암송하고 찬양으로도 불렀을 겁니다.

우리 같이 한번 불러 볼까요?

> 하나님이 세상을 이처럼 사랑하사 독생자를 주셨으니
> 누구든지 예수 믿으면 멸망하지 않고 영생을 얻으리로다

이 찬양 부른 지 오래되었지만, 옆구리 쿡 찔러도 그냥 나옵니다. 그만큼 우리 신앙에도 이 말씀이 뿌리박혀 있다는 의미이기도 합니다.

이 한 구절 말씀에 기독교의 핵심 키워드가 다 들어 있다 해도 과언이 아닙니다. '창조자 하나님', 하나님이 창조하신 '세계', 하나님과 세상을 이어주는 '구원자 예수 그리스도', 그를 믿으면 얻게 되는 '영생'이라는 기독교 전체를 아우르고 관통하는 중요 단어가 다 있기에 그렇습니다.

이 말씀은 또한 두 가지 중요한 기독교의 핵심 '주제'를 알려 줍니다.

첫째, 우리 인간은 모두 죄인이라는 사실입니다. 아무리 똑똑하고 아무리 부자여도 예외 없이 죄인입니다. 죄로 인해 죽을 수밖에 없는 존재입니다.

둘째, 하나님이 죄인인 우리에게 예수 그리스도를 보내 주셨다는 사실입니다. 우리가 예수 그리스도를 믿으면 죽음에서 벗어나 영생을 얻을 수 있습니다. 그러니까 이 구절은 복음 그 자체입니다.

이렇게 중요한 복음 자체를 지닌 이 말씀을 읽을 때, 강조점의 차이로 간과하는 부분이 있는 듯합니다. 그것은 이 말씀에서 앞부분보다는 뒷부분을 은연중에 강조할 때 드러납니다. 다시 말씀드리면, "하나님이 세상을 이처럼 사랑하사 독생자를 주셨으니" 말씀보다는 "그를 믿는 자마다 멸망하지 않고 영생을 얻게 하려 하심이라"는 말씀에 더 눈이 뜨일 때가 있다는 말입니다.

왜 그렇습니까?

"영생"이라는 단어 때문에 그렇습니다.

하지만 이 말씀에서 앞부분을 후다닥 지나가서 뒷부분의 '영생만'을 보는 것은 어쩌면 '신앙의 개인주의' 혹은 '신앙의 이기주의' 모습입니다. 하나님이 세상을 창조하시고 그 세상을 사랑하셔서 하나밖에 없는 아들 예수 그리스도를 십자가에 죽기까지 내어 주신 것이 먼저입니다.

영원히 지옥에 갈 수밖에 없었던 죄인들에게 천국 갈 수 있는 길을 베풀어 주신 것, 그것이 은혜 아닌가요?

그것을 가능하게 했던 방법이 하나밖에 없는 아들 예수 그리스도의 십자가 죽음이었습니다.

우리가 예수 그리스도를 믿고 살아야 할 이유가 바로 여기 있습니다. 그것은 변할 수 없는 진리입니다. 이 말씀이 먼저가 아니면 우리에게 '영생'이라는 것은 있을 수 없습니다. 전자 없이 후자 없습니다. 노력한다고 영생을 얻을 수 있는 것이 아닙니다. 그러니 "하나님이 세상을 이처럼 사랑하사 독생자를 주셨으니"라는 말씀이 어떤 의미에서 가장 중요하며 신앙의 본질입니다.

그런데 우리 눈에는 뒷부분에 있는 "영생"이라는 글자만 크게 들어오고, 우리 귀에는 "영생"이라는 단어만 크게 들릴 때가 있습니다. 그리고 "그를 믿는 자마다 멸망하지 않고 영생을 얻게 하려 하심이라"라 했으니 "믿음"을 영생을 얻기 위한 수단 정도로 간주합니다.

바른 신앙인가요?

그러니까 죽지 않고 영원히 살려는 방법으로 '믿음'을 대할 때가 많다는 이야기입니다. A. W. 토저는 이런 사람을 "보험을 드는 태도로 신앙생활을 하는 그리스도인"이라 꼬집어 말합니다. 다시 말해 죽어서 천국을 보장받기 위해 신앙생활을 한다는 것이지요.[1]

냉정히 이야기하면, 하나님이 나를 창조하시고 예수 그리스도를 보내주신 그 사랑이 너무나도 감사해서 예수 그리스도를 믿는다기보다는, '내가 영원히 살기 위해' 예수 그리스도를 믿지는 않는지, '내 인생을 위해' 하나님을 믿지는 않는지, 자신을 돌아볼 필요가 있습니다. 하나님을 위해 우리가 존재하는 것이 아니라 우리 때문에 하나님이 존재한다고 '착각'[2] 하는 것은 아닌지, 우리의 믿음의 뿌리를 점검해 볼 필요가 있다는 말입니다. 이런 관점은 복음에 대한 철저한 왜곡일 겁니다.

환경 운동가로 알려진 최병성 목사는 한국 교회가 회복되기 위해 복음을 다시금 되찾아야 한다고 합니다.

---

1 A. W. 토저, 『보혜사』, 이용복 옮김 (규장, 2006), 242.
2 '착각/錯覺'이라는 단어는, 섞이다/어긋나다/어지럽히다의 뜻을 지니는 '착'에, 깨달을 '각'의 의미를 지닙니다. 이 '착'자의 한자어 모양(錯)을 보면, 금(金), 토(土), 일(日)이 합쳐져서 이루어진 단어 같습니다. 금요일, 토요일이 두 번, 일요일이 합쳐져서, 오늘이 금요일인지, 토요일인지, 일요일인지 헷갈려서 잘못 깨닫는 것이 착각의 의미 같습니다.

한국 교회의 문제는 1,000만이라는 그리스도인의 수가 적은 데 있는 것도 아니요, 제도가 잘못되었기 때문도 아닙니다. 예수를 믿노라 하면서도 아직 복음을 모르기 때문입니다. 우리 영혼을 새롭게 하고, 사람을 바꾸고, 세상을 바꿀 복음다운 복음이 우리에게 들려지지 않았기 때문입니다. 한국 교회가 거듭나는 길은 제도 개혁이 아니라, 은혜의 복음을 새롭게 되찾는 것입니다. 우리를 새롭게 하고 모든 억눌림으로부터 자유케 하는 것은 오직 복음뿐이기 때문입니다.[3]

복음을 착각해서는 안 될 것입니다. 사도 바울은 복음을 착각하는 것을 바로 잡기 원합니다.

> 나의 형제 곧 골육의 친척을 위하여 내 자신이 저주를 받아 그리스도에게서 끊어질지라도 원하는 바라(롬 9:3).

바울 자신은 이스라엘 백성들이 올바른 복음을 알고 믿기만 하면, 설령 자신은 그리스도에게서 끊어져도 괜찮다는 고백이었습니다.

이런 고백이 어디 쉬운가요?

다른 사람은 몰라도 나만큼은 구원받아야 한다고 생각하는 것이 어쩌면 우리네 신앙일지도 모르는데, 바울은 자신은 저주를 받아 영생을 얻지 못한다 해도 형제자매들이 예수를 제대로 영접하기를 원했습니다. 이것이 쉬운가 말입니다.

우리도 이 신앙 본받아야 합니다. 설령 우리 자신이 영생을 얻지 못한다 할지라도 하나님이 세상을 사랑하시고 우리를 위해 아들 예수 그리스도를 보내 주셔서 십자가에 죽게까지 하신 그 사랑이 고마워서 하나님을 믿어

---

3 최병성, 『복음에 안기다』(새물결플러스, 2012), 10-11.

야 합니다. 그것이 진정한 믿음일 겁니다.

다시 말해, 복음이 우리 자신의 개인적 목적을 위해 존재하는 것이 아니라, 우리가 복음을 위해 존재해야 합니다. 이것이 바른 신앙입니다. 좀 더 들여다보겠습니다.

3. 오직 예수의 두 측면

요한복음 3:16은 "오직 예수"를 말합니다. 그런데 오직 예수를 말씀을 듣는 대상에 따라 구분해서 설명할 필요가 있을 것 같습니다.

첫째, '믿지 않는 이들'에게 선포해야 할 "오직 예수"
둘째, '믿는 이들'이 고백하며 살아야 할 "오직 예수"

1) '믿지 않는 이들'에게 선포해야 할 "오직 예수"

믿지 않는 이들에게 선포해야 할 오직 예수는 우리가 잘 아는 복음의 요약입니다.

> 하나님이 세상을 창조하셨습니다. 여러분과 저도 창조하셔서 우리가 이 땅에 존재합니다. 그런데 아담의 죄로 인해 우리 인생이 죽을 수밖에 없게 되었습니다. 하지만 하나님이자 사람인 예수 그리스도가 이 땅에 오셔서 여러분과 저의 죄를 십자가를 지심으로 사해 주셨습니다. 그래서 예수님만 믿으면 영생을 얻을 수 있습니다. 오직 예수밖에는 구원이 없고 오직 예수밖에는 다른 길이 없습니다. 그러니 오직 예수님만 믿어야 합니다.

비유가 될지 모르겠습니다. 마켓 진열대 앞에서 한 손으로는 카트를 밀고 다른 한 손으로는 누군가에게 전화를 거는 남자의 뒷모습을 보신 적이 있으신가요?

그 뒷모습을 보고 있으면 그렇게 외로워 보일 수가 없습니다. 아니 외로워 보이다 못해 슬퍼 보입니다. 그는 지금 생의 중요한 선택지 앞에 서 있습니다.

'지금까지 이런 선택은 없었다. 샘표 간장이냐, 기꼬만 간장이냐.'

'짜파게티냐, 짜짜로니냐.'

그 남자는 아내의 심부름 앞에 이것인가 저것인가 결정하지 못해 방황하고 있습니다. 잘못 선택했다가는 집에도 못 들어가고 밥도 못 얻어먹을 판입니다. 마지막으로 911에 전화를 거는 심정으로 자신의 아내에게 확인 전화를 하는 중입니다. 불확실한 선택 후에 불어닥칠 후폭풍을 막는 방법은 그것밖에 없습니다. 남편이 살길은, 다른 여자에게 전화해서 확인하는 것이 아니라 오직 한 길, 자기 아내에게 전화해서 확인받는 것밖에 없습니다.

"오직 예수"라는 복음을 우리는 세상에 전해야 합니다. 아무리 시대가 바뀌어도 절대 진리는 없고 상대적 진리만 있다는 포스트모던 시대가 되었다 하더라도, 4차 산업혁명의 시대가 되어서 인공지능 AI가 득세한다 하더라도, 메타버스 시대가 도래한다 해도, 진리는 진리이기에 주님 다시 오시는 그날까지 '오직 예수'를 전해야 합니다.

솔로몬이 "진리를 사되 팔지는 말며"(잠 24:23a)라고 말했습니다. 진리를 찾았으면 모든 것을 동원해서라도 그 진리를 사야 합니다. 마치 밭에 감추인 보화를 발견하고는 자신의 모든 것을 팔아서 그 밭을 사는(마 13:44) 이처럼 진리를 간직해야 합니다.

그 진리를 우리는 예수 그리스도로 고백합니다. 그런데 우리는 그 진리를 돈으로 산 적이 없습니다. 하나님이 선물로 우리에게 주셨습니다. 이것이 은혜입니다. 그 진리를 우리가 팔지 않아야 할 것입니다.

예수님이 우리의 구세주라는 이 복음 전하지 않고서 어떻게 주님을 믿는다고 할 수 있겠습니까?
주 예수 그리스도를 증거 하지 않고 어떻게 주님의 제자라고 할 수 있겠습니까?
믿지 않은 이들을 그대로 두면 지옥 갈 것이 분명한데 어떻게 복음 증거 하지 않을 수 있을까요?
아니 그들이 지옥 갈 것을 알면서도 전하지 않는 것은 더 큰 죄이지 않습니까?

그러니 '주 예수 그리스도에게만 영생의 길이 있고', '그분을 믿어야만 구원받을 수 있다'고 간절한 마음으로 진실한 마음으로 증거 해야 할 것입니다.

2) '믿는 이들'이 고백하며 살아야 할 "오직 예수"

그러면 믿는 이들에게 있어서 오직 예수는 어떤 의미인가요?
우리는 이미 예수 그리스도를 믿어야만 구원받을 수 있다는 것을 알고 또 그렇게 고백하며 살아갑니다. 그러니 예수 믿는 우리에게 '오직 예수'는 이 기본적 의미를 넘어서야 합니다. 다시 말하면, 믿는 이들에게 "오직 예수"는 예수님 한 분만으로 만족하며 살겠다는 '실제 삶의 고백'이어야 합니다. 예수님이 우리를 구원하셨기에 예수님을 믿는다는 것은 '그분만을 위해 살아야 하는 것'을 의미합니다.
그런데 과연 우리는 그렇게 살고 있나요?

신학자 에버하르트 부쉬가 쓴 『위대한 열정』이라는 책이 있습니다. 20세기 위대한 신학자 칼 바르트에 관한 책입니다. 거기서 바르트는 이렇게 묻습니다.

> 우리가 하나님에 관해 말은 하고 있지만 정말로 하나님에 관해 말하고 있는지?
> 신학이 하나님에 관해 말은 하지만 실제로는 인간의 소망, 인간적 목표에 관해서만 말하고 있지는 않은지?

우리는 '정말로' 하나님에 관해 말하고 있을까요?
'실제로' 인간이 아닌 하나님께만 소망을 두고 있나요?
이 질문을 스스로 던지고 정직하게 답해야 할 것입니다.
바르트는 더 철저히 주장합니다.

> 우리가 바벨탑을 쌓아 올려 도달하고자 했던 그런 어떤 신은 하나님이 아니라고 고백할 때가 되었다. 그런 신은 우상이다. 그런 어떤 하나님은 죽었다.

바르트가 이렇게 말하는 이유가 있습니다. 바르트는 우리가 하나님의 자리에 우리의 욕망을 투여했기 때문이라고 합니다. 그래서 "이제는 하나님을 하나님으로 다시 한번 전적으로 인정해야 한다"고 주장합니다.[4] 우리의 욕망을 하나님께 투사시켜 그것을 하나님이라고 믿었던 이 우상을 이제는 제거해야 할 것입니다.

---

4 에버하르트 부쉬, 『위대한 열정』, 박성규 옮김 (새물결플러스, 2017), 119-121.

바울은 그리스도의 십자가의 원수로 살아가는 이들을 보고 이렇게 비판합니다.

> 그들의 마침은 멸망이요 그들의 신은 배요 그 영광은 그들의 부끄러움에 있고 땅의 일을 생각하는 자라(빌 3:19).

여기서 "그들의 신은 배"(their god is their stomach)라는 말은, '그들의 위장이 그들의 신'이라는 말입니다. 이 말은, 하나님을 가장 우선시하지 않고, 자신의 배를 채우는 것을 가장 중히 여긴다는 말일 것입니다. 자기 배가 우상이라는 말입니다.

토저는 이런 개인적 우상의 확장판을 교회에 적용합니다. 교회들이 세상을 기독교로 회심시키려 애쓰지만 "세상을 세상 그대로 교회 안으로 들여온다는 것"이 문제라고 지적합니다.[5] 이것이 어떤 의미에서 교회 안에 있는 세상 우상이겠지요.

우상에서 벗어나서 하나님을 믿어야 합니다. 사무엘상 7장에 보면, 기럇여아림 사람들이 여호와의 궤를 옮겨 산에 사는 아비나답의 집에 들여놓습니다. 그의 아들 엘리아살을 구별하여 궤를 지키게 합니다. 궤가 거기서 이십 년 동안 있습니다. 이스라엘 온 족속이 여호와를 사모합니다. 사무엘이 이스라엘 백성들에게 이같이 말합니다.

> 만일 너희가 여호와께 돌아오려거든 이방 신들과 아스다롯을 너희 중에서 제거하고 너희 마음을 여호와께로 향하여 그만을 섬기라 그리하면 너희를 블레셋 사람의 손에서 건져 내시리라(삼상 7:1-3).

---

5 A. W. 토저, 『보혜사』, 126.

우리가 정말로 하나님께로 돌아가려면 우리 안에 있는 모든 우상을 제거하고 하나님만 섬겨야 합니다. 그리하면 하나님이 우리를 구해 주실 것입니다.

우리는 정말로 하나님을 믿고 있습니까?

우리는 정말로 오직 예수만을 고백하고 있습니까?

혹시 하나님의 자리에 내 욕망, 내 야망을 투사해서 그것을 진짜 하나님으로 믿고 있지는 않은지 물어야 합니다. 성경이 말씀하는 하나님과는 상관없이 내가 '만들어 놓은 신'을 하나님으로 착각하며 믿고 있지는 않은지 자신의 신앙을 점검해 볼 필요가 있습니다.

그리고 '말로만' 고백하는 오직 예수에서 벗어나서 '삶으로' 오직 예수를 고백해야 합니다. 다시 말하면, 오직 예수로만 '살아야' 합니다.

아이들이 부모 말을 안 들을 때, 보통 엄마 아빠가 어떻게 이야기합니까?

"엄마 아빠 말 들을래 안 들을래?"

그렇게 묻습니다. 아이들은 누구나 귀가 있기에 엄마 아빠의 말을 듣습니다. 그런데 듣는 것과 들은 대로 행하는 것 사이에 간극이 생기기에 문제가 발생합니다. 듣는 대로 하지 않기에 아빠 엄마가 화나는 것이지요. 마찬가지입니다. 하나님의 말씀을 듣는 것만으로는 부족합니다. 그 말씀을 듣고 믿고 그 말씀대로 살아야 합니다.

히브리서 기자는 히브리인들에게 말했습니다.

> 그러므로 우리는 두려워할지니 그의 안식에 들어갈 약속이 남아 있을지라도 너희 중에는 혹 이르지 못할 자가 있을까 함이라(히 4:1).

그 이유는 무엇입니까?

복음을 들었지만, 그것을 믿음과 결부시키지 못했기 때문입니다(히 4:2). 복음을 듣기는 들었지만, 그 들음에서 믿음이 나지 않았기 때문에 하나님의 안식에 들어가지 못할까 두려워합니다. 들음이 믿음과도 연결되지 못하면, 복음대로 살지 못하는 것은 당연하지 싶습니다.

한국 교회, 말씀이 부족한가요?

아닙니다. 얼마나 많은 말씀을 듣고 있습니까. 중요한 것은 그 말씀이 자신의 삶에서 실현되어야 합니다. 그것을 체험해야 합니다. 그래야 그 말씀이 살아 있는 말씀이 될 것입니다.

4. 실제 삶에서

1) 하나님의 나라와 의

예수님은 산상수훈에서 말씀하셨습니다.

> 너희는 먼저 그의 나라와 그의 의를 구하라. 그리하면 이 모든 것을 너희에게 더하시리라(마 6:33).

여기서 '이 모든 것'은 무엇을 지칭합니까?

'먹을 것, 마실 것, 입을 것'입니다. 그렇다면 실제 삶에서도 우리는 그 말씀대로 살아야 합니다. 말로만 '아멘' 할 것이 아니라 정말로 "무엇을 먹을까, 무엇을 마실까, 무엇을 입을까 염려하지 말고"(25, 31절) 하나님 나라와 의를 위해 살아가야 합니다.

자신이 처한 삶의 현장이 어디든, 삶의 형편이 어떻든 상관없이, 하나님 나라와 의를 위해 살아야 합니다. 그러면 나머지 모든 것은 하나님이 채워 주실 것입니다. 이것을 믿는 것이 "오직 예수"라는 의미 아니겠습니까.

그것이 다윗이 시편 23편에서 "여호와는 나의 목자시니 내가 부족함이 없으리로다"라고 고백했던 말의 의미이기도 할 것입니다.

이 말씀은 실제 삶에서 정말로 부족함이 없다는 말인가요?

부족함이 있을지라도, 하나님이 목자시기에, 부족함이 결핍으로 다가오지 않는다는 말일 것입니다. 하나님을 믿어도 죽음의 골짜기와 원수가 사방에 있을 수 있습니다. 아니 실제로 있습니다. 그러나 하나님이 함께하시기에 부족하지 않고 두렵지 않은 것입니다.

빌립보서 4:12-13에서도 바울은 "어떤 형편에든지 자족하기를 배웠다"고 고백합니다. 바울은 "비천에 처할 줄도 풍부에 처할 줄도 배부름과 배고픔과 풍부와 궁핍에 처할 줄 아는 일체의 비결"을 배웠다고 고백합니다. 그러한 비결을 배우니 "내게 능력 주시는 자 안에서 내가 모든 것을 할 수 있다"는 고백도 할 수 있었을 겁니다.

우리는 어떤가요?
바울의 비결을 배우고 있나요?
아니 어쩌면 날마다 믿지 못하고 있는 것은 아닌지요?
왜 그렇습니까?

당장 눈앞에 닥친 '먹을 것, 마실 것, 입을 것'이 하나님의 나라와 의보다 더 급하고 절실하기 때문입니다. 우리 자신에게 급한 것을 먼저 하다 보니 정작 하나님이 중요하다 하시는 것을 미룹니다. 그러니 하나님의 말씀을 실제로는 체험하지 못하고 그 말씀이 성경책에만 머물게 되지요.

누가복음 12장에 보면 한 부자가 소출이 풍성해지자 머릿속으로 곳간을 더 크게 지어서 거기에 쌓아 둘 생각을 합니다. 그리고는 '평안히 쉬고 먹고 마시고 즐기자' 합니다. 이에 하나님이 "네 영혼을 데려가면 그 쌓아둔

것이 누구 것이 되겠느냐"라고 물으십니다.

예수님은 "자기를 위하여 재물을 쌓아두고 하나님께 대하여 부요하지 못한 자"(21절)가 이와 같다 하십니다.

자기를 위해서는 부자지만 하나님에 대해서는 아무것도 없다면 그 인생만큼 불쌍한 인생이 어디 있을까요?

그러면서 하나님 믿는 신자라 할 수 있는가요?

이런 이야기 자꾸 하면 성도들이 그렇게 좋아하지 않습니다. 불편해합니다. 순회선교단의 김용의 선교사님은 사람들이 다음과 같이 이야기한다고 합니다.

> 나를 제발 그대로 두라. 복음, 복음 이야기하지 마라. 십자가 애기 좀 하지 마라. 유별스럽게 복음 해 봤자 어차피 그대로 살 수도 없고 늘 넘어지고 자빠지는데 제발 그대로 두라. 하나님이 주신 복음 말고 적당한 복음으로 그냥 살게 내버려 두라. 하늘나라 유명한 높은 자리는 그때 가 봐야 아는 거고, 지금은 내버려 두라. 광야에서 죽느니 애굽에서 종살이하며 사는 게 낫지 않느냐. 내버려 두라.[6]

우리도 이렇지 않은가요?

일상에서 '하나님'을 주인 삼고 살아가는 것이 아니라 '내 삶의 일과 가치와 스케줄'을 주인 삼고 살아갑니다.

그러니 하나님의 나라가 요원하지 않은가요?

우리는 무엇을 추구하고 있습니까?

마르쿠스 아우렐리우스가 『명상록』에서 이렇게 말합니다.

---

[6] 김용의, 『복음을 영화롭게 하라』 (규장, 2018), 42-43.

> … 각자의 가치는 자신이 추구하는 것의 가치와 일치한다(VII, 3.)[7]

우리가 추구하는 것이 우리가 누구인지를 보여 준다는 말입니다. 우리가 '권력'만을 추구하면 권력의 사람이 되는 것이고, '물질'만을 추구하면 물질의 노예가 되는 것이고, '명예'만을 추구하면 명예가 전부인 사람이 되는 것입니다.

우리는 물질의 노예가 아니라 "그리스도의 노예/종"(고전 7:22)이어야 합니다. 노예가 되는 것은 강압적이지만, 그리스도의 노예가 되는 것은 은혜로 인한 선택의 삶입니다.

작가 폴라 구더가 바울을 도운 인물인 뵈뵈에 관해 상상력을 동원하여 완성한 『이야기 뵈뵈』에서, 주인이 노예 아이를 자기 아들로 입양을 하려 하자 노예 아이가 두려워합니다. 그러자 주인공 뵈뵈가 그 아이를 보고 사람의 노예가 아닌 그리스도의 노예가 되기를 권하면서 이렇게 말합니다.

> 사랑 자체이신 분의 노예가 되는 길을 선택하는 것은 네 삶에서 내릴 수 있는 가장 지혜로운 결정이지. 그리스도의 노예가 되기를 선택하는 것은 자유를 위한 선택이야.[8]

인생의 주인이 세상 물질이 아닌 예수 그리스도여야 할 것입니다.

토저는 우리의 영적 상태를 점검하는 방법으로 우리의 "일상생활과 습관"들을 점검하라고 합니다. 우리가 '행하고 있는 일'들과 우리가 '행하지 않는 일'들을 자세히 보면 영적 상태가 드러날 것이라 합니다.[9] 일상에서 자신이 하는 일이 중요합니다.

---

[7] 마르쿠스 아우렐리우스, 『명상록』, 천병희 옮김 (숲, 2005), 106.
[8] 폴라 구더, 『이야기 뵈뵈』, 전연정·최현만 옮김 (에클레시아북스, 2021), 291.
[9] A. W. 토저, 『보혜사』, 260.

그것에 하나님을 추구하는 삶이 없다면 어떻게 하나님의 사람이겠습니까?

그렇다면 '하나님의 사람'이기 위해서는 어떻게 살아야 합니까?

하나님의 나라와 의를 추구하며 오직 예수로 살아야 합니다. 세상 사람들이 추구하는 것을 우리도 똑같이 추구하고 살아간다면 우리의 정체성은 그리스도인이 아니라 '세상 사람'입니다. 하나님의 사람이 되면 하늘의 것을 추구합니다. 세상 사람이 되면 세상의 돈만을 추구합니다. 정호승 시인은 "돈이란 바닷물과 같아서 마시면 마실수록 목마른 것"[10]이라 했습니다.

그러니 그것만 추구하는 것 아니겠습니까?

헨리 나우웬은 수도원에서 7개월의 시간을 보낼 때, 하나님이 유일한 관심사가 아닌 자신 안에 있는 조각난 두 마음을 봅니다. 즉, '하나님을 사랑하고 싶지만 동시에 출세하길 원하는 마음, 훌륭한 크리스천이 되길 원함과 동시에 교육자로, 설교자로, 강사로 성공하길 원하는 마음, 성자가 되길 원하지만 동시에 자극적인 죄인의 삶도 즐기고 싶은 마음, 그리스도를 닮아 가고 싶지만, 인기와 대중의 사랑도 놓치고 싶지 않은 마음'이 있음을 솔직히 들여다봅니다. 그러면서 "일부만 주님을 따를 수 없다. 전부가 아니면 전무(全無)"임을 고백합니다.[11]

이렇게 우리도 세상 사람들이 추구하는 것과 같은 것을 추구하고 세상 사람으로 살면, 삶에서 건져 올릴 수 있는 간증이 별로 없습니다. 다른 사람 입에서 흘러나온 간증에만 '아멘' 하지 말고 자신이 직접 그렇게 살고 나서 고백하는 간증이 있어야 할 것입니다.

---

10 정호승, 『위안』 (열림원, 2003), 247.
11 헨리 나우웬, 『제네시 일기』, 최종훈 옮김 (포이에마, 2010), 108.

그래서 우리도 찬송가 288장 〈예수를 나의 구주 삼고〉 같은 고백을 할 수 있기를 소망합니다.

> 예수를 나의 구주 삼고 성령과 피로써 거듭나니
> 이 세상에서 내 영혼이 하늘의 영광 누리도다 (1절)

예수를 구주로 섬기고 성령 받아 거듭나니 비록 이 세상에 살지라도 하늘의 영광을 누린다는 고백입니다. 이 세상에 살지만, 하늘의 영광을 누리는 것보다 더 큰 복이 어디 있겠습니까.

> 온전히 주께 맡긴 내 영 사랑의 음성을 듣는 중에
> 천사들 왕래하는 것과 하늘의 영광 보리로다 (2절)

우리의 영을 주님께 전폭적으로 맡기면 하늘의 영광을 본다는 말씀입니다. 거꾸로 이야기하면 하늘의 영광을 보기 위해서는 우리의 전 존재를 주님께 맡겨야 합니다.

> 주 안에 기쁨 누림으로 마음의 풍랑이 잔잔하니
> 세상과 나는 간 곳 없고 구속한 주만 보이도다 (3절)

예수 안에서 기쁨으로 살아가면 우리의 일상을 뒤흔드는 풍랑들이 잔잔해지고 오직 구주 예수 그리스도만 보인다는 고백입니다.

> 이것이 나의 간증이요 이것이 나의 찬송일세
> 나 사는 동안 끊임없이 구주를 찬송하리로다 (후렴)

이런 간증을 하고 싶지 않으신가요?

이런 고백을 우리 삶의 현장에서 건져 올리고 싶지 않으신가요?

한 번 사는 인생, 우리의 목숨이 다하는 그날까지, 이 간증 가지고, 우리 구주 예수 그리스도를 찬송하며 "오직 예수"로만 살기를 소망합니다.

토저는 "신앙이 없는 사람들"은 "지금이 아니라 나중에, 여기가 아니라 다른 곳에, 내가 아니라 다른 사람들"을 언급하면서 하나님과의 직접적 만남으로 들어가려 하지 않지만, "신앙이 있는 사람들"은 "하나님이 다른 곳에서 행하신 것처럼 이곳에서도, 과거에 행하신 것처럼 지금도, 다른 사람을 위해 하신 것을 나를 위해서도" 행해 주기를 원한다는 것입니다.[12]

그리스도인들은 삶을 대상화시키지 않아야 합니다. 하나님을 저 멀리 어딘가에 두지 않아야 합니다. 하나님을 믿고 살아간다는 것은 지금 여기서 하나님의 역사하심을 간절히 소망함을 의미합니다. 지금 여기서 하나님을 만나야 합니다. 그 속에서 자신의 간증을 고백해야 합니다. 이런 간증으로 살아가면 우리도 사도 바울의 고백을 받을 수 있습니다.

2) 살든지 죽든지 주의 것

전폭적으로 자신의 삶을 하나님께 드리는 삶의 태도를 가장 잘 보여 주는 말씀은 아마 로마서 14:8일 겁니다.

> 우리가 살아도 주를 위하여 살고 죽어도 주를 위하여 죽나니 그러므로 사나 죽으나 우리가 주의 것이로다(롬 14:8).

이 구절은 삼단 논법으로 이루어져 있습니다.

---

12 A. W. 토저, 『보혜사』, 161.

A: 나는 살아도 주를 위해 산다.

B: 나는 죽어도 주를 위해 죽는다.

C: 그러므로 나는 살든지 죽든지 주의 것이다.

저는 이것을 '그리스도인이 지켜야 할 삶의 삼단 논법'이라 부릅니다. 고린도후서 5:9에서도 말씀하십니다.

> 그런즉 우리는 몸으로 있든지 떠나든지 주를 기쁘시게 하는 자가 되기를 힘쓰노라 (고후 5:9).

진리는 단순합니다. 복음은 복잡한 논문이 아닙니다. 수학 법칙이 아닙니다. 그저 주를 위해 사는 것입니다. 기분 나빠도 주를 위해 살고, 기분 좋아도 주를 위해 살고, 형편이 어려워도 주를 위해 살고, 형편이 좋아도 주를 위해 살고, 누가 뒤에서 욕해도 주를 위해 살고, 앞에서 칭찬해도 주를 위해 살고, 오직 주를 위해 사는 것입니다. 이것이 그리스도인의 모습이어야 합니다.

바울의 이 고백은 관념의 고백이 아닙니다. 은혜에 도취된 체했던 찰나적 고백도 아닙니다. 바울이 여러 차례 죽을 고비를 겪으면서도 오로지 주님만 바라보며 살았던 삶에서 건져 올린 고백입니다. 그러기에 이 고백이 우리의 삶의 고백이어야 하며 실제로 우리도 그렇게 살아야 합니다. 그럴 때 그 신앙이 살아 있는 신앙이 될 것입니다.

왜 삶에 어려움이 없겠습니까?

누구에게나 있습니다. 살아가다 보면 기분 좋을 때도 있지만 기분 나쁠 때도 있습니다. 이해될 때도 있고 이해되지 않을 때도 있습니다. 밝은 햇살 아래 살 때도 있지만 어두운 터널 안에 살 때도 있습니다. 그러나 어떠

할 때이든지 주를 위해 하나님을 위해 살아야 합니다. 사람 보지 말고 하나님 바라보며 그 삶을 견뎌야 합니다. 그것이 살든지 죽든지 주를 위해 사는 것일 겁니다.

왜 그렇게 살아야 합니까?

하나님의 은총이 먼저 우리에게 임했기에 그렇습니다. 요한의 고백처럼, "그가 먼저 우리를 사랑"하셨기 때문입니다(요일 4:19). 우리가 하나님을 먼저 사랑한 것이 아니라 하나님이 먼저 우리를 사랑하셨기에, 먼저 사랑하신 하나님이 우리들의 인생을 '끝까지' 인도하실 것이라는 믿음 가지고 나아간다면, 어떠한 어려움이 있어도 견딜 수 있습니다.

하나님이 우리를 사랑하는 것은 '은혜'이고, 우리가 하나님을 사랑하는 것은 '신앙'입니다. 은혜가 없으면 신앙이 있을 수 없기에, 신앙이 은총을 앞설 수 없습니다. 그러니 하나님이 우리를 사랑한 것이 먼저라는 말씀이 맞는 말씀입니다.

"하나님이 세상을 이처럼 사랑하사 독생자를 주셨다"라는 말씀은 철저한 은총입니다. 이보다 더한 은총은 없습니다. 왜냐하면, 이 은총 없이는 영생이 없기 때문입니다. 이 은총으로 인해 영생이 우리에게 있습니다. 그렇다면 오직 예수님 한 분만으로 '살아야' 하는 것은 지극히도 당연할 것입니다.

5. 족한 은혜

오직 예수님 한 분만으로 만족하며 살아갑시다. 예수로만 살기로 결단합시다. 그럴 때 참 행복이 임할 것입니다.

사도 바울은 건강이 좋지 않아서 자신의 육체적 연약함에서 벗어나기 위해 여러 번 간구했을 때, 주님께서 이렇게 말씀하십니다.

내 은혜가 네게 족하도다(고후 12:9).

육체의 연약함과 주변 상황의 열악함이 문제가 아니라는 말씀입니다. 주의 은혜, 그것이면 충분하다는 말씀입니다.

우리의 삶이 아무리 힘겹고 어려워도 하나님의 은혜가 우리에게 족함을 깨닫고 살아가는 것이 중요합니다. 칼 바르트가 이 고백을 인용하면서 이렇게 씁니다.

> "내 은혜가 네게 족하다"라는 네 마디의 작은 말씀이 내가 작업해 온 전체 원고 더미보다 훨씬 더 많은 것과 훨씬 더 좋은 것을 말해 준다.[13]

칼 바르트는 『교회 교의학』이라는 방대한 저작을 남겼습니다.

그런 그가 이런 고백을 하다니 놀라운 고백 아닌가요?

그 위대한 신학자가 "내 은혜가 네게 족하도다"라는 이 짧은 말씀이 자신의 책 전체보다 더 낫다고 하니 주님의 은혜가 전부임을 고백하게 됩니다.

우리도 하나님의 은혜가 우리 자신에게 족함을 고백하며 무엇을 하든 어떠한 형편에 있든 하나님의 은혜만 바라보며 살아갑시다. 그 은혜는 예수 그리스도를 믿어야만 받을 수 있고 체험할 수 있는 것입니다. 그래서 모두 "오직 예수"만 바라보고 "오직 예수"만 고백하고 "오직 예수"만을 위해 살아갈 수 있기를 소망합니다. 다 같이 외쳐 봅시다.

오직 예수!

---

[13] 에버하르트 부쉬, 『위대한 열정』, 81.

제2장

오직 성경
(디모데후서 3:16-17)

1. 소망의 근거

좀 된 영화지만 잘생긴 원빈이 주인공이었던 〈아저씨〉라는 영화가 있습니다. 원빈이 바리깡으로 자신의 머리를 자르는 장면이 여자들의 마음을 사로잡은 영화입니다. 거기에 질투심을 느낀 남자들이 자기도 원빈인 줄 알고 따라 하다가 머리 많이 망쳤다는 이야기도 들었습니다.

그 영화에서 가장 유명한 장면 중 하나는 원빈이 운전하면서 조폭과 통화하는 장면일 겁니다. 원빈이 이렇게 말합니다.

"니들은 내일만 보고 살지. 내일만 사는 놈은 오늘만 사는 놈한테 죽는다. 나는 오늘만 산다."

원빈이 눈에 힘주고 목소리 깔고 한마디 하니까 이 말이 명언이 되어 버렸습니다.

무슨 뜻인가요?

'내일을 위해 사는 사람은 오늘 목숨 걸고 사는 사람을 이길 수 없다'는 말입니다.

영화 분위기상 이 말은 정말로 멋있고 간지 나는 말이긴 하지만 조금 수정될 필요가 있습니다. 한번 수정해 보면 이렇습니다.

"내일의 허영을 위해 사는 사람은 오늘만 사는 자를 이기지 못한다. 그러나 오늘만 사는 자는 내일의 꿈과 희망을 위해 사는 자를 이기지 못한다."

(원빈 말이 멋있습니까, 제 말이 멋있습니까?

이런 멋있는 말을 해도 비주얼이 안 되니까 여자의 마음을 사로잡지 못하는 것 같습니다.)

우리는 오늘을 살지만, 오늘 "만"을 위해 살지 않아야 합니다. 우리는 내일을 위해 살아가지만, 오늘을 부정하고 내일 "만"을 바라보며 살지도 않아야 합니다. 오늘에 살되 내일을 바라보며 살아야 합니다. 그러니 오늘 절망 가운데 있는 사람들도 내일의 희망을 꿈꾸며 살 수 있습니다. 아니 그렇게 살아야 합니다.

그런데 내일의 희망이 도대체 어디서 올까요?
어디서 내일의 희망을 발견할 수 있는가요?
어디 가면 그 희망을 살 수 있습니까?
한남마트 가면 살 수 있나요?
H마트 가면 살 수 있나요?
아니면 코스트코(Costco)에 가면 살 수 있나요?
아마존에서 살 수 있나요?

우리 그리스도인은 삶의 희망을 영원하신 하나님의 말씀, 즉 '오직 성경'에서 찾아야 합니다.

나 곧 내 영혼은 여호와를 기다리며 나는 주의 말씀을 바라는도다(시 130:5).

번역이 약간 아쉽습니다. NIV를 보면 다음과 같습니다.

I wait for the Lord, my soul waits, and in his word I put my hope.
(나는 주님을 기다립니다, 내 영혼도 주님을 기다립니다. 나는 나의 소망을 주님의 말씀에 둡니다.)

우리는 우리의 소망을 하나님의 말씀에 두어야 합니다. 왜 그렇게 해야 하냐면, 요한의 고백처럼, "아버지의 말씀은 진리"(요 17:17)이기 때문에 그렇습니다. 하나님의 말씀은 어제도 오늘도 영원토록 진리입니다. 그 '진리'는 어제 진리였기에 오늘은 '질리는 것'이 아니라 오늘도 내일도 진리이며 그 자체가 우리에게 희망입니다.

종교개혁의 5가지 모토 중 '오직 성경' 부분을 살펴보고자 합니다.

2. 소망이 없는 이유

1) 살아 있는 하나님의 말씀

디모데후서 3:16은 "모든 성경이 하나님의 감동으로 되었다"고 말합니다. 이것은 신구약 성경이 다른 책들과 달리 인간이 지어낸 책이 아니라 하나님께 그 뿌리를 둔 책이라는 의미입니다.

장 칼뱅 이후 개혁교회 요리 문답 중 하나이며, 토마스 왓슨이 쓴, 『웨스트민스터 소요리 문답 해설』은 신구약 성경을 "하나님이 우리에게 말씀하신 윗입술과 아랫입술"이라 했습니다.[1]

입술은 말을 하는 데 있어서 중요한 역할을 합니다. 두 입술 중 한 입술만 있어도 말을 잘하지 못합니다. 실습해 봅시다. 윗입술을 손으로 잡고 "반갑습니다" 말해 봅시다. 발음이 잘 안 됩니다. 아랫입술을 붙잡고 똑같이 해 봅시다. 잘 안 됩니다. 두 입술 모두 있어야 합니다. 그러니 신구약 성경은 어느 하나만 있어서는 안 되고 모두 있어야 하는 하나님의 말씀입니다.

---

[1] 토머스 왓슨, 『웨스트민스터 소요리 문답 해설』, 이훈영 옮김 (CH북스, 2019), 55.

"모든 성경은 하나님의 감동으로 되었다"는 이 표현을 NIV에서 직역하면, "모든 성경은 하나님이 호흡을 불어 넣으셨다"("All Scripture is God-breathed")라는 뜻입니다.

무슨 의미일까요?

하나님의 호흡이 한 말씀 한 말씀에 들어 있기에 그 '말씀이 살아 있다'는 의미이기도 합니다.

하나님이 땅의 흙으로 사람을 지으시고 그 코에 생기를 불어 넣으셨습니다(창 2:7). 그러니 사람의 허파에는 하나님의 숨이 들어 있습니다. 하나님의 호흡이 우리의 허파에 있기에 우리가 숨을 쉬고 살아갑니다. 하나님의 호흡을 가진 우리가, 하나님의 호흡이 스며 있는 말씀을 받으면, 그 말씀이 우리 속에 살아 있기에, 그 말씀을 받은 우리의 심장도 뛸 것입니다.

2) 그 말씀이 우리 삶 가운데 실제로 살아 있는가?

안타깝지만 우리는 여기까지만 이야기할 때가 많습니다. 여기까지 말하면 말씀을 전하는 자나 듣는 자가 서로 편합니다. 그러나 우리는 단순히 듣기 좋은 말랑말랑한 말씀만 들으면 안 됩니다. 그것은 어쩌면 우리를 온실 속 화초처럼 길들이는 것과 다른 바 없기 때문입니다.

우리 그리스도인들은 온실에서 자라는 꽃이 아니라 거친 들판에서 살아가는 야생화이기에 실제적 말씀을 들어야 합니다. 일상에서도 그 말씀이 살아 있다는 것을 보여 주며 살아야 합니다. 그러기 위해 목회자는 성도가 실제 삶에서 어떻게 살아야 하는지도 도전적 말씀을 증거 해야 할 것입니다.

로이드 존스 목사는, 교인들의 신앙 수준이 낮은 이유는 "교리 설교가 부족하기 때문"이라 합니다. 설교자가 혹시 "사람들이 이런 설교를 듣겠느냐"고 묻는다면 그런 질문은 절대 해서는 안 된다고 합니다. 이는 하나님께서는 우리에게 "설교하라는 사명"을 주셨지 "대중의 입맛"에 맞추라고 하지 않으셨기 때문이랍니다. "말씀"을 설교하고 "진리"를 설교하는 것, 그것이 "목회자의 단 한 가지 관심사여야" 한다고 강조합니다.[2] 그만큼 본질에 충실한 소신 있는 말씀 증거가 절대적으로 필요한 시대입니다.

토저도 "설교자는 법, 규정, 당회의 결정 또는 사람의 권위에 의지하여 말해서는 안 된다. 그는 도덕적 우월성에서 나오는 권위로써 말해야 한다"고 강조하면서, 우리에게는 "하나님의 권위가 없고 대신 신학교에서 발톱을 곱게 다듬은 얼룩 고양이가 있다"고 안타까워합니다.[3]

존스나 토저의 말에 근거해서, 우리는 '살아 있는 하나님의 말씀이 우리의 삶 가운데도 실제로 살아 있는가'를 물어야 합니다.

살아 있는 하나님의 말씀이 우리를 살리고 있습니까?

그런데 지금 시대를 보면 말씀이 살아 있지 않은 듯합니다.

아모스 8:11-14 말씀은, 아모스 시대뿐만 아니라 우리가 살아가는 이 시대가 '왜 소망이 없고 우울한지, 왜 인생이 이유 없이 답답하고 공허하고 신산한지, 왜 짜증이 나고 한숨이 나며, 또 그것을 잊기 위해 술과 수면제, 심지어는 마약까지 하는지'에 대한 근본 이유를 말씀해 줍니다.

> 주 여호와의 말씀이니라 보라 날이 이를지라 내가 기근을 땅에 보내리니 양식이 없어 주림이 아니며 물이 없어 갈함이 아니요 여호와의 말씀을 듣지 못한 기갈이라 (암 8:11-1).

하나님이 기근을 보내시는데 이상한 기근입니다. 먹을 것이 없어 배가 고픈 기근이 아니며, 마실 물이 없어 목이 마른 갈증이 아닙니다. 여호와

---

[2] 이안 머레이, 『마틴 로이드 존스』, 오현미 옮김 (복있는사람, 2016), 450.
[3] A. W. 토저, 『보혜사』, 124.

의 말씀을 듣지 못한 '영적 기갈'을 말합니다.

배가 고프면 밥을 먹으면 되는데, 목이 마르면 물을 마시면 되는데, 영적 기갈은 어떻게 해소할 수 있습니까?

하나님의 말씀을 먹어야 합니다. 하나님의 말씀을 마셔야 합니다. 하나님의 말씀을 들어야 해갈이 되는 법입니다. 다른 방법이 없습니다. 좋은 목사님들 말씀 많이 듣기를 바랍니다. 가장 중요한 것은 성경 말씀을 많이 읽고 듣기를 바랍니다.

파스칼은 우리 인간에게 '굶주림과 잠이 되살아나기 때문에' 매일 먹고 자는 일에 싫증을 느끼지 않듯이, '영적인 것에 대한 굶주림이 없으면 싫증을 느낀다'[4]고 합니다.

로이드 존스 목사 또한 부흥에 선행하는 본질적 요소로 "하나님을 목말라 하는 마음"이 반드시 나타난다고 합니다. 즉, "살아 계신 하나님을 아는 지식에 대한 타는 듯한 목마름을 느끼며, 그의 행하심과 나타나심과 일어나 원수를 흩으시는 능력을 보고자 하는 불타는 소원"을 느낀다고 합니다.[5]

성 베르나르(St. Bernard of Clairvaux)는 하나님을 이렇게 갈망합니다.

> 오, 산 떡이시여!
> 주를 맛보았으나
> 여전히 배불리 먹길 갈망하나이다
> 샘의 근원이시여, 주를 마셨으나 한껏 마시고 싶어 목말라하나이다.[6]

하나님의 말씀에 대한 이런 갈망과 목마름이 우리에게 있습니까?

---

4 파스칼, 『팡세』, 이환 옮김 (민음사, 2003), 366.
5 마틴 로이드 존스, 『부흥』, 171-172.
6 A. W. 토저, 『하나님을 추구하라』, 정상윤 옮김 (복있는사람, 2016), 18-19.

무엇보다 '하나님의 말씀을 향한 갈급한 마음'이 있어야 합니다. 맹숭맹숭한 신앙이 아니라 말씀 앞에 매어 달리는 '목마른 신앙'이 있어야 합니다. 이 세상 어디에도 답이 없기에 '사슴이 시냇물을 찾기에 갈급함 같이 우리의 영혼도 하나님을 찾기에 갈급'(시 42:1) 해야 합니다.

아모스는 사람들이 말씀을 찾으러 다닐 것이라고 합니다. '이 바다로, 저 바다로, 북쪽으로, 동쪽으로 비틀거리며 여호와의 말씀을 찾아다닐 것이지만 얻지 못할 것'이라(암 8:12) 합니다.

왜 그렇습니까?

말씀이 없기 때문입니다. 하나님의 말씀이 그 시대에 없으니 아무리 찾아도 찾지를 못합니다.

어떤 현상이 벌어집니까?

그날에 "아름다운 처녀와 젊은 남자가 다 갈하여 쓰러지리라"(암 8:13)라고 합니다. 아름다운 처녀와 젊은 남자는 어느 시대, 어느 나라를 막론하고 한 나라의 기둥이며 꿈입니다. 그런 그들이 말씀이 없어 쓰러진다는 것은, 그 나라에 '희망'이 없다는 말과도 같은 의미입니다.

3) 오늘의 현실

이 말씀을 오늘 우리의 현실과 연관해서 한 번 살펴봅시다. 두 가지 질문을 해 볼 수 있을 것 같습니다.

첫째, '하나님의 말씀 자체가 없는가' 하는 질문입니다.

온 사방을 찾아다녀도 정말로 하나님의 말씀이 없는가요?

우리에게 하나님의 말씀이 '없다'고 하면 안 될 것 같습니다. 각 교회만 하더라도 주일 예배, 수요 예배, 금요 기도회, 새벽 기도 때 말씀을 들을 수 있습니다.

그뿐인가요?

TV를 틀면 설교 방송이 종일 나옵니다. 인터넷에 설교 말씀이 넘쳐납니다. 마켓에만 가도 지역 교회 목사님들의 말씀 CD가 상품처럼 진열되어 있습니다. 말씀이 없는 것이 아니라, 오히려 말씀이 넘쳐납니다. 물론 그 속에서 진정한 말씀이 있느냐 없느냐는 또 다른 문제입니다.

둘째, 하나님의 말씀이 있다면, 우리에게 하나님의 말씀을 향한 갈급한 마음이 여전히 있는가 하는 질문입니다.

그래서 온 사방을 헤매며 말씀을 찾아다닌 적이 있는가요?

있으실 겁니다. 초기 한국 기독교 역사만 보더라도, 부흥회에 참석하기 위해 지방에서 쌀가마 지고 며칠씩 걸려 서울 집회 장소에 가곤 했다고 합니다. 제가 어릴 때만 해도 부흥회 하면 귀한 기회여서 새벽에도 오전에도 오후에도 밤에도 하루 네 번 정도 말씀을 들었던 기억이 납니다. 특별했습니다. 아직도 말씀에 대한 사모함이 우리에게는 있습니다. 그만큼 한국 교회는 말씀에 대한 사모함이 넘쳐납니다.

4) 말씀 없는 자들의 선택: 단에서 브엘세바까지 우상 숭배

이스라엘 백성들이 말씀을 구하러 다니지만 찾지 못하자 쓰러집니다.

그리고 어떤 일이 벌어집니까?

우상을 숭배합니다. 하나님이 이스라엘 백성들에게 경고합니다. 아모스 8:14입니다. 사마리아의 죄 된 우상에게 "단아 네 신들이 살아 있음을 두고 맹세한다" 하거나 "브엘세바가 위하는 것이 살아 있음을 두고 맹세한다"고 하는 이들이 다 쓰러져서 일어서지 못할 것이라 경고합니다.

구약에 보면 이스라엘 백성들이 이스라엘 전 영토를 설명할 때 자주 쓰는 표현이 "단에서 브엘세바까지"(삿 20:1)입니다. 단은 북쪽이고 브엘세바는 남쪽입니다. 마치 한반도 전체를 표현할 때 "백두에서 한라까지"라고 표현하는 것과 같다고 할 수 있습니다.

　말씀이 없으니까 이스라엘 백성들이 북쪽에서 남쪽까지 이스라엘 전 영토에서 무엇을 할 것이라 합니까?

　'우상'을 섬길 것이라 합니다. 또 그들은 '엎드러지고 다시 일어서지 못할 것'이라고 말씀하십니다. 결국, 망한다는 겁니다. 우상의 끝은 망함입니다. 하나님의 말씀이 아닌 우상을 섬기면 망한다는 경고의 말씀입니다. 하나님의 말씀이 제대로 우리 안에 살아 있지 못하면, 사람은 본성상 우상을 섬기게 되어 있습니다. 그 끝은 멸망일 겁니다.

3. 우상 범죄와 하나님의 분노

1) 이스라엘 백성들의 요구: 보이는 신을 만들라

　모세가 하나님과 언약을 맺기 위해 시내 산에 올라가서 40일을 보냅니다. 그것이 출애굽기 24장에 나옵니다. 그런데 25장, 26장, 27장, 가도 가도 모세가 산에서 내려오지 않고, 모세가 이스라엘 백성들과 만나는 장면도 나오지 않습니다. 모세가 산에서 내려와야 할 시간이 지체됩니다. 그러자 땅에 있던 이스라엘 백성들이 아론을 찾아가서 '모세가 어찌 되었는지 모르니 우리를 위하여 우리를 인도할 신을 만들라'고 요구합니다. 그것이 출애굽기 32장에 나옵니다.

　24장에서 31장까지 모세가 이스라엘 백성들에게 등장하지 않으니 그들이 선택한 것은 '신, 즉 우상'을 만드는 것이었습니다. 신은 만들 수 있는 것이 아닌데 만들라고 합니다. 아론도 이스라엘 백성들의 요구에 '조금만 기다려 보자' 하지 않고, 그들에게 아내와 자녀에게 있는 금 고리를 가져오라 합니다. 그들이 금을 가져오자 아론이 그것으로 송아지 형상을 만듭니다.

이스라엘 백성들이 그 형상을 보고 뭐라 합니까?

자신들을 애굽 땅에서 인도한 자신들의 신이라 합니다(출 32:4). 자신들의 금 고리로 만든 금송아지가 자신들을 출애굽 시킨 "신"이 되어 버렸습니다. 아론은 그 앞에 제단을 쌓고 축제의 절기를 선포합니다. 다음날 번제와 화목제를 드리고, 먹고 마시고 뛰어놉니다(32:5, 6).

모세는 하나님과 함께 열심히 십계명을 만들고 있는데, 이스라엘 백성들은 지도자가 보이지 않으니까 아론을 부추겨서 '눈에 보이는 신'을 만듭니다. 여기서 눈여겨볼 것은, 그들이 찾은 것은 모세를 대신할 지도자 '사람'이 아닙니다. 힘 있는 '권력'도 아닙니다. 그들이 찾고 만든 것은 '신'입니다. 그 신을 눈에 보이게 하라는 겁니다. 그래서 그 신을 만들어 버립니다. 그들은 그것을 신이라고 믿지, '우상'이라고 여기지 않습니다.

하지만 사람이 '만든 신'은 무조건 우상입니다. 오늘날 우상은 다양해졌습니다. '물질'도 우상이 될 수 있고, '명예'도 '욕망'도 우상이 될 수 있습니다. 그 어떤 것이든 우리 인간이 하나님을 대신해 만들고 그것으로 하나님을 대체한다면, 그것은 무조건 우상입니다.

2) 하나님의 분노

이스라엘 백성들이 우상을 만들었을 때, 하나님이 그것을 보고는 분노하시면서 모세에게 말씀하십니다.

> 너는 내려가라 네 백성이 부패하였다 … 이 백성은 목이 뻣뻣한 백성이라 그런즉 내가 그들을 진멸하겠다(출 32:7-10).

하나님의 분노 끝은 진멸입니다. '하나님 이외에 다른 신을 두지 말라'는 것이 우리가 받은 십계명 중 첫 번째 계명인데, 그것을 어겼으니 어찌 하나님이 분노하지 않으시겠습니까. 그 끝이 무엇인지는 자명합니다. 그런데 하나님은 우상에 대해 분노하신다기보다는, 또 다른 신을 찾아다니면서 그 신으로 하나님을 대체해 버리는, 이스라엘 백성들의 태도에 대해 정작 분노하십니다.

오늘날도 마찬가지입니다. 우리가 하나님의 자리에 다른 것을 두면 하나님은 분노하실 것입니다.

4. 말씀 읽기

1) 말씀 사모

우상이 만연한 시대에 우리는 무엇을 해야 합니까?

다른 것 없습니다. 하나님의 말씀으로 돌아가야 합니다. 무엇보다 먼저 말씀을 '읽어야' 합니다.

한국에서 전도사로 중등부를 섬길 때 일입니다. 학생들과 함께 4박 5일 성경 통독 연합 수련회를 간 적이 있습니다. 새벽 6시에 기상을 해서 다음 날 새벽 1시, 2시까지 성경을 읽었으니 얼마나 힘들었겠습니까. 그런데 힘은 들었지만, 성경을 거의 다 읽었다는 것이 큰 힘이 되었습니다.

수련회 기간 중 제가 담당한 조에 있던 두 명의 학생이 저의 마음에 감동을 주었습니다. 한 학생은 다른 교회에서 온 초등학교 3학년 아이였습니다. 처음에는 '초등학생이 중고등부 연합 수련회에 왜 왔을까' 궁금해 하면서, '어느 교회 학교 선생님의 자녀로 따라 왔겠거니' 생각했습니다.

그런데 그것이 아니라 자기가 오고 싶어서 엄마를 졸라 중학생 누나를 따라왔다는 겁니다. 그 꼬마가 성경을 얼마나 많이 아는지, 조별 대항으로 퀴즈대회를 했는데, 중고등 학생들 형 누나들보다 더 많이 알고 있었습니다. 기특해서 '앞으로 꿈이 뭐니' 물어봤더니, '선교사가 되는 것이 꿈'이라고 하더군요. 언제 그 마음을 가졌냐고 물었더니, 7살 때 그 마음이 생겼다는 겁니다. 감동이었습니다. 지금 무엇을 하며 지내는지 궁금합니다.

또 저의 마음에 감동을 준 한 학생은 제가 데리고 간 중등부 신입생이었습니다. 그 학생이 수련회 하루가 지나고 나서 저에게 와서 이런 말을 했습니다.

"전도사님, 이제는 알 것 같아요."

그래서 저는 속으로 이렇게 생각했습니다.

'힘들지만 전도사님이 성경 통독 수련회를 가자고 했던 그 의도를 이제야 알 것 같아요.'

'하나님의 뜻을 알 것 같아요.'

그런 말을 기대하면서 그 학생에게 물었습니다.

"무엇을 알 것 같니?"

하니, 그 학생이 그러더군요.

"전도사님, 이제는 어떻게 자는지 알 것 같아요."

그러니까 통독 시간에 들키지 않고 어떻게 자는지 알 것 같다는 겁니다. 요즘 아이들 말로 '헐'입니다.

앞에 소개해 드린 초등학교 3학년 아이는 무엇이 그를 그 힘든 통독 사경회에 자발적으로 참가하게 했을까요?

무엇이 그를 그 어린 나이에 선교사가 되겠다는 꿈을 꾸게 했을까요?

바로 '말씀' 때문일 겁니다. 말씀을 들어 보니 너무 좋았을 겁니다. 말씀을 읽어 보니 꿀처럼 달았을 겁니다. 그리고 그 말씀을 말씀하신 하나님을 인격적으로 만난 경험이 분명히 있었을 겁니다. 그에게는 그러한 '말씀에 대한 갈급함' 혹은 '말씀을 사모하는 마음'이 있었기에 그런 꿈을 간직했을 겁니다. 말씀을 읽어야 합니다. 그리고 여기서 멈추지 말고 더 나아가야 합니다.

2) 말씀 공부

사도행전 17장에 보면, 바울이 데살로니가 지방과 베뢰아 지방에서 말씀을 증거 하는데, 두 지방 사람들의 온도 차가 있음을 봅니다. 데살로니가 사람들에게 전했을 때, 거기 있던 유대인들이 시기합니다(5절). 바울이 거기 있지를 못해 베뢰아로 갑니다. 그런데 베뢰아 사람들은 '신사적이었고 간절한 마음으로 말씀을 받습니다. 그 말씀이 정말로 그러한지 확인하기 위해 날마다 성경을 상고/묵상/examine/공부합니다'(11절). 읽는 것으로 그치지 않고 공부한 것입니다.

열왕기상 13장에 보면, '여로보암왕'이 제단에서 분향하고 있습니다. 그때 '하나님의 사람'이 제단을 향해 여호와의 말씀을 선포하며, '제단이 갈라지고 재가 쏟아질 것'이라 말합니다. 여로보암이 그것을 듣고 "그를 잡으라" 하고는 손을 펴는데, 손이 말라 다시 거두지 못하게 됩니다. 하나님의 사람이 말한 대로 제단이 갈라지고 재가 제단에 쏟아집니다. 여로보암왕이 그에게 '자신의 손이 다시 돌아오도록 기도해 달라'고 부탁합니다. 그가 기도하자 손이 낫습니다(1-6절).

이에 여로보암왕이 그에게 '자신의 집으로 가서 쉬자며, 또 그에게 예물을 주겠다' 합니다. 그러나 그는 '왕의 집의 절반'을 줘도 가지 않을 것이며, '떡'도 먹지 않을 것이며, '물'도 마시지 않을 것이라 합니다. 이는 하나님이 하나님의 사람에게 "떡도 먹지 말며 물도 마시지 말고 왔던 길로 되돌아가지 말라"(왕상 13:9) 하셨기 때문입니다.

그 이야기를 벧엘에 있던 한 늙은 선지자가 아들들을 통해 듣습니다
(왕상 13:11). 그는 하나님의 사람을 찾으러 가서 만납니다. 늙은 선지자가
하나님의 사람에게 '집으로 가서 떡을 먹자' 합니다. 그러나 이때도 하나
님의 사람은 여로보암왕에게 했던 말을 그대로 합니다. '자신은 가지도
않을 것이며 먹지도 마시지도 않을 것'이라고 말입니다. 그러자 그 늙은
선지자는 '자신도 선지자인데 천사가 하나님의 말씀으로 자기에게 그를
집으로 데리고 가서 떡을 먹이고 물을 마시게 하라고 했다'는 것입니다
(왕상 13:18). 물론 그 말은 거짓말이었습니다.

이 거짓말을 하나님의 사람이 믿어 버리고는 선지자의 집으로 가서 떡
을 먹고 물을 마십니다(왕상 13:19). 분별했어야 했는데 같은 선지자의 말
이라고 믿어 버린 것입니다. 그것은 유혹이었습니다.

뱀의 유혹에 여인이 넘어갔습니다. 여인의 유혹에 아담이 넘어갔습니
다. 유혹은 달콤합니다. 거부하기가 쉽지 않습니다. 달콤하게 그럴듯하게
유혹합니다. 넘어가면 안 됩니다. 이단들이 이렇게 비슷한 듯하게 접근하
지만 끝이 다름을 알아야 합니다. 그러기 위해 말씀을 분별할 줄 알아야
합니다.

하나님의 말씀이 늙은 선지자에게 임합니다. 하나님의 사람에게 이렇게
외칩니다.

> 여호와의 말씀에 네가 여호와의 말씀을 어기며 네 하나님 여호와께서 네게 내리신 명
> 령을 지키지 아니하고 돌아와서 여호와가 너더러 떡도 먹지 말고 물도 마시지 말라 하
> 신 곳에서 떡을 먹고 물을 마셨으니 네 시체가 네 조상들의 묘실에 들어가지 못하리라
> (왕상 13:21-22).

하나님의 사람은 선지자가 한 말을 분별하지 않은 것입니다. 그의 입장
에서는 한편으로는 억울할 수 있습니다. 하지만 그는 늙은 선지자의 말이

정말로 하나님의 말씀인지 확인하지 않았습니다. 물어보지 않았습니다. 베뢰아 사람들처럼 '성경에 비추어 그러한지' 확인하지 않았습니다. 그는 길에서 사자에게 찢기어 죽습니다.

그 늙은 선지자가 하나님의 사람을 이렇게 규정합니다.

> 이는 여호와의 말씀을 어긴 하나님의 사람이로다(왕상 13:26).

무언가 이상하지 않은가요?

'세모난 사각형'처럼 '네모난 삼각형'처럼 형용모순입니다. 세모나면 사각형일 수 없고, 네모나면 삼각형일 수 없습니다. 여호와의 말씀을 어기면 하나님의 사람일 수 없고, 하나님의 사람이면 여호와의 말씀을 어길 수 없습니다. 하나님의 사람이면 말씀을 지켜야 하는데, 그는 말씀을 어겼습니다. 그러니 '말씀을 어긴 하나님의 사람'이라고 그를 그렇게 모순되게 규정한 것입니다.

뿌리가 땅속으로 깊게 내려야 나무가 잘 자라듯, 신앙 또한 하나님의 말씀이라는 터전에 깊이 뿌리를 내려야 잘 자랄 수 있습니다. 바람이 불면 나무는 흔들립니다. 뿌리를 깊게 두어도 흔들립니다. 흔들림조차 막을 수는 없습니다. 그러나 뿌리는 뽑히지 않을 수 있습니다.

마찬가지로 때로는 하나님을 믿는 그리스도인도 시험이 닥쳐오고 힘든 시간을 지나야 할 때가 있습니다. 그것 자체를 막을 수는 없습니다. 그러나 인생이 말씀에 깊이 뿌리를 두면 삶 자체는 흔들리지 않을 수 있습니다. 신앙의 터전은 흔들리지 않을 수 있습니다.

반석이라는 별명을 가진 베드로도 한순간에 주님을 세 번이나 부인하지 않았습니까?

하물며 우리는 어떨까요?

우리는 베드로보다 낫다고 할 수 있습니까?

베드로에게 울었던 닭이 우리에게도 언제 울지 모릅니다. 그러기에 더욱더 굳건히 말씀 위에 서 있어야 합니다. 그러기 위해 말씀을 읽을 뿐만 아니라 함께 공부해야 합니다. 그러면 그 말씀이 주는 유익이 있습니다.

3) 가정 예배

말씀에 굳건히 서기 위해서는 말씀 읽고 공부하는 것을 '가정'에서 해야 합니다. '2021 기독 청년의 신앙과 교회 인식 조사 세미나'에서, 정재영 교수는 "본인 신앙에 영향을 미친 요인"으로 부모의 영향력이 과반수를 차지했다고 발표했습니다.[7] 부모가 신앙생활에서 중요한 만큼 가정 예배가 중요합니다.

많이 부족하지만, 저희 가정에서 드리는 가정 예배를 소개하고자 합니다. 저희 가정은 아이들이 아침에 학교 가기 전에 네 식구가 둥글게 서서 손을 잡고 기도하고 서로 안아 주고 하루를 시작합니다. 그리고 2018년 1월부터 금요일, 토요일, 주일 가정 예배를 드리기 시작했습니다.

가정에서 말씀을 함께 읽는 시간이 중요한 이유는 이것입니다.

첫째, 가족이 얼굴을 마주 보는 시간을 마련할 수 있습니다.

서로 바빠서 가족이 다 모일 시간이 별로 없는 가정이 많습니다. 그런데 가정에서 함께 말씀을 읽으니 그 시간에는 어떤 일이 있어도, 아이들이 게임을 하고 놀아도, 친구들하고 약속이 있어서 나갔다가도, 그 시간에는 모입니다.

---

[7] https://www.youtube.com/watch?v=sQqDHOQQ3_c

둘째, 부부 사이든 부모와 자녀 사이든 가정에 냉기가 돌 때가 있습니다. 그런 때에도 그렇게 앉아 말씀 한 절 읽으면 하나님의 은혜로 풀리는 경우가 많습니다. 말씀의 능력입니다.

셋째, 아이들을 신앙으로 양육시킬 수 있습니다.

교회에만 아이들을 맡기는 것에는 한계가 있습니다. 일주일에 한 번 교회 가서 신앙생활 하는 것으로는 급변하는 시대에 아이들을 하나님의 말씀으로 양육하기가 쉽지 않습니다. 가정에서 말씀을 읽어야 유익이 있습니다.

디모데후서 3:16 후반부를 보면, 하나님의 감동으로 된 성경 말씀이 구체적으로 우리에게 주는 유익함이 있습니다. '교훈과 책망과 바르게 함과 의로 교육하기에 유익'합니다. 가정에서 말씀을 읽으면 이런 유익을 누릴 수 있습니다. 혼을 내더라도 말씀 안에서 혼내야 아이들이 삐뚤게 가지 않습니다. 그러니 어떤 일이 있어도 말씀을 읽고 공부해야 합니다. 좀 더 가 보겠습니다.

5. 말씀 살기

1) 말씀 지키기 점검

우리는 말씀도 읽고, 말씀도 사모하고, 말씀 공부도 합니다.

그런데, 왜 한국 교회는 세상에서 점점 힘을 잃어 가고 있으며, 점점 쇠퇴하고 있는가요?

주일뿐만 아니라 매일 매일 말씀이 있고, 또 갈급한 마음으로 말씀을 사모하는데, 이 땅 가운데 주의 복음이 그 힘을 점점 더 상실해 가는 이유는 무엇일까요?

우리 스스로 이 질문에 답해야 합니다.

로이드 존스 목사는 가장 복음적인 사람들의 주된 문제점으로, 성경을 "살아 계신 하나님이 행하신 일들을 펼쳐 보여 주는 강력한 파노라마"로 보지 않고 '자신의 문제를 도와주고 해결해 주는' 정도로 주관적으로 보는 것이라 언급합니다.[8]

장로회신학대학교 총장이셨던 서정운 박사는 이런 모습을 "자기중심적 문제 해결 위주의 신앙생활"[9]이라 했습니다. 다시 말해, 하나님의 말씀을 개인적인 문제 해결 정도로만 보니 하나님이 펼쳐 가시는 크신 역사를 제대로 보지 못한다는 것입니다.

동시에 우리가 하나님의 말씀을 제대로 살아 내지 못하고 있기에 복음의 힘이 상실되기도 할 것입니다. 말씀은 있는데, 말씀을 듣기는 듣는데, 말씀을 들은 삶이 없어서 점점 더 말씀이 공허해지는 것은 아닌지 정말로 정말로 심각하게 고민하고 또 고민해야 할 것입니다. 그러지 않은 이상 우리는 늘 언제나 말씀만 말하고 말씀만 듣는 '입과 귀의 종교'밖에는 되지 못할 것입니다.

이제는 넘어서야 합니다. '입과 귀'를 넘어서 '머리'로 말씀을 이해해야 하며, '가슴'으로 말씀을 받아서 가슴이 뛰어야 하며, '두 손'으로 섬기고, '두 발'로 복음 들고 햇빛이 닿는 곳마다 가서 주의 복음을 전하며, 주의 복음으로 살아가야 합니다. 이것이 말씀이 살아 있는 삶 아니겠습니까.[10]

우리는 욥의 이 고백을 잘 압니다.

---

8   마틴 로이드 존스, 『부흥』, 180-181.
9   https://www.youtube.com/watch?v=qMboz5g8MZE
10 다니엘 밀리오리, 『기독교 조직신학 개론』, 신옥수·백충현 옮김 (새물결플러스, 2012), 450.

> 그러나 내가 가는 길을 그가 아시나니 그가 나를 단련하신 후에는 내가 순금 같이 되어 나오리라(욥 23:10).

이 말씀 읽으며 우리는 고난 가운데 있는 자신을 위로합니다.
'지금 비록 내 인생이 힘들지만, 이 과정이 지나면, 하나님이 나를 순금으로 만들어 주실 거야.'
좋은 해석입니다.
그런데 욥이 이것을 고백하기 위해 무엇을 했는지 보는 것도 중요합니다.

> 내 발이 그의 걸음을 바로 따랐으며 내가 그의 길을 지켜 치우치지 아니하였고(욥 23:11).

욥은 하나님이 걸어가신 그 걸음을 바짝 따라갔습니다. 다른 길로도 가지 않고 하나님이 가신 그 길을 지켰습니다.

> 내가 그의 입술의 명령을 어기지 아니하고 정한 음식보다 그의 입의 말씀을 귀히 여겼도다(욥 23:12).

앞에서 이야기했던 입술, 즉 하나님이 우리에게 하신 말씀을 그는 지켰고, 그것을 좋은 음식(daily bread, 일용할 양식)보다 더 귀하게 여겼다고 합니다.
우리가 순금같이 나오기 위해서는, 가만히 있으면 되는 것이 아니라 하나님의 말씀을 읽고, 묵상하고, 주님의 뒤를 따라서 그 말씀을 지키고, 그 말씀을 살아 내야 합니다. 여기까지 가야 합니다.
찬송가 204장 〈주의 말씀 듣고서〉의 가사를 보면 쉽고도 분명해서 좋습니다.

주의 말씀 듣고서 준행하는 자는 반석 위에 터 닦고 집을 지음 같아

주의 말씀 듣고도 행치 않는 자는 모래 위에 터 닦고 집을 지음 같아

반석 위에 세운 집은 무너지지 않지만, 모래 위에 세운 집은 크게 무너집니다.

그러니 집을 잘 지어야 하는데 비결이 무엇인가요?

말씀을 지키는 데 있습니다.

그런데 우리는 모래 위에 집을 지으면서 반석 위에 집을 짓고 있다고 생각할 때가 있습니다. 이 착각을 끊어야 합니다.

어떻게 가능한가요?

하나님의 말씀으로 자신을 비춰 봐야 합니다.

핸드폰으로 아름다운 장면을 찍기 위해 카메라 버튼을 눌렀는데, 갑자기 자기 얼굴이 보일 때가 있습니다. 그럴 때 '다, 다, 당황스럽습니다.' 눈에 보이는 아름다운 장면 대신 자기 얼굴이 보여 놀란 것도 있겠지만, 자신을 대면한다는 것이 낯설어서 그럴 수도 있습니다.

신앙생활에서도 자기 자신을 대상화시켜 볼 필요가 있습니다. 내가 나를 볼 필요가 있습니다. 그러기 위해 말씀의 거울에 비춰 봐야 합니다. 그래야 자기가 잘 모르는 낯선 자기를 발견할 수 있기 때문입니다. 반석 위에 집을 짓지 않고 모래 위에 집을 짓는 자신을 발견할 수 있습니다. 그렇게 낯선 자신을 직면해야 말씀으로 돌아올 수 있습니다.

2) 현실에서 능력 있는 말씀

말씀을 지키기 위해서는 말씀을 삶과 연관 지어야 합니다. 칼 바르트가 이런 말을 했습니다.

> 어떻게 기도해야 하는지는 성경에 있고, 무엇을 기도해야 하는지는 신문에 있다.
>
> (Wie man beten soll, das steht in der Bibel; und was man beten soll, das steht in der Zeitung).[11]

무슨 말인가요?

성경과 신문, 즉 말씀과 삶은 분리할 수 없다는 말입니다. 하나님의 말씀이 살아 있다면, 그 말씀은 우리의 실제 삶에 '능력'을 나타내야 합니다.

> 이는 하나님의 사람으로 온전하게 하며 모든 선한 일을 행할 능력을 갖추게 하려 함이라 (딤후 3:17).

말씀은 단지 관념이 아닙니다. 하나님의 말씀은 살아 있어서 우리의 삶을 변화시킵니다. 우리의 삶을 온전하게 합니다. 선한 일을 행하도록 하게 합니다. 말씀에는 능력이 있습니다.

디모데후서 3장 전체를 보면, 바울이 복음을 증거 하다가 박해를 받았지만, 좌절하지 않고 다시 일어섭니다. 디모데에게 박해가 있더라도 성경/말씀 붙잡으라고 합니다. 이는 말씀 속에 구원에 이르는 지혜가 있기 때문이라는 것입니다. 이것이 말씀의 능력입니다.

바울이 데살로니가 교인들에게 편지하면서, 그들의 "믿음의 역사"와 "사랑의 수고"와 "소망의 인내"를 기억한다고 말합니다. 이것은 '복음이 그들에게 말로만 이른 것이 아니라 능력과 성령과 큰 확신으로 된 것'(살전 1:5)이기 때문이라는 것입니다. 이 말은, 복음이 그들의 삶을 실제로 바

---

11 Karl Barth, Facebook "Ohn Theology"에서 재인용.

꾸었다는 의미이기도 합니다.

그래서 디모데후서 3:5 말씀처럼, '경건의 모양은 있으나 경건의 능력은 부인하는' 그런 자가 되지 말아야 합니다. 그 같은 자들에게서 '돌아서야' 합니다. 우리는 우리의 삶 속에서 말씀의 능력을 체험해야 합니다.

하나님의 말씀에 능력이 있습니다. 권능이 있습니다. 말씀의 능력을 체험하지 않고 어떻게 하나님이 살아 계신다고 고백하고 사람들에게 전할 수 있겠습니까. 말씀의 능력을 체험해야 가슴에 부흥의 불이 붙지 않겠습니까. 부흥의 역사가 일어난 곳에는 반드시 말씀의 능력 체험이 있었습니다.

토저는 "찌르다"라는 헬라어 동사를 가지고 비교하면서 하나님의 말씀이 능력 있음을 강조합니다. "그중 한 군병이 창으로 (예수님의) 옆구리를 찌르니 곧 피와 물이 나오더라"(요 19:34)에서 사용된 '찌르다'는 헬라어 '눗소'인데, 베드로가 오순절에 말씀을 선포했을 때 "저희가 이 말을 듣고 마음에 찔려"(행 2:37)에서 사용된 '찌르다'는 헬라어 '카타눗소'입니다. 카타눗소가 눗소보다 더 강한 의미를 지닌다는 것입니다.[12] 마음속을 찌르는 말씀이 몸을 찌르는 창보다 더 강하다는 것을 의미합니다.

6. 말씀을 살아 낸 모델이신 예수 그리스도

이제 말씀과 삶을 연결한 가장 구체적인 모델을 찾아봅시다.
어디서 찾을 수 있을까요?
누구에게서 찾을 수 있을까요?

---

12   A. W. 토저, 『보혜사』, 122.

우리 주 예수 그리스도에게서 찾을 수 있습니다. 예수님 자체가 '말씀'이십니다.

> 태초에 말씀이 계시니라 이 말씀이 하나님과 함께 계셨으니 이 말씀은 곧 하나님이시니라(요 1:1).

이 말씀은 다음과 같이 읽을 수 있습니다.
'태초에 말씀이신 성자가 계시니라 이 성자는 성부와 성령과 함께 계셨으니 이 성자는 곧 하나님이시니라.'
이 말씀은 삼위일체와 기독론을 연결 짓는 매우 중요한 말씀입니다. 예수를 그리스도를 고백하는 기독론이 무너지면 삼위일체가 무너지고, 삼위일체가 무너지면 기독론도 무너집니다.
더 나아가 그 말씀이 삼위일체 하나님 안에만 머물러 계시지 않고 우리가 사는 '세상에 육신으로 오셨습니다'(요 1:14). 바로 예수님의 성육신입니다. 사람들에게 보이지 않은 말씀이 육신으로 나타나셨습니다. 이스라엘 백성들은 자신들의 신을 보이게끔 만들어서 그것이 우상이 되어 버렸는데, 하나님은 하나님 자신을 우리에게 직접 보이셨습니다. 그분이 바로 예수 그리스도이십니다. 그러니 어떻게 살아 계신 하나님의 말씀을 부인할 수 있겠습니까.
그런데 말씀이 육신이 되는 이 과정을 사람들이 잘 이해하지 못 합니다. 태초부터 있던 말씀이 세상과 관계를 맺는데 세상이 알지 못합니다.

> 그가 세상에 계셨으며 세상은 그로 말미암아 지은 바 되었으되 세상이 그를 알지 못하였고 자기 땅에 오매 자기 백성이 영접하지 아니하였으나(요1:10-11).

말씀이 다른 이의 세상이 아니라 자신의 땅에 오셨는데도 그 땅이 말씀을 알지 못합니다. 다른 백성이 영접하지 않은 것이 아니라 '자기 백성'이 영접하지 않은 것입니다.

더욱이, 이 예수님은 '근본 하나님과 같은 실체를 가지셨지만, 자신을 비우시고 종으로 오셔서 십자가에 죽으십니다'(빌 2장). 여기서 '자신을 비운다'는 말은 자신을 '부인한다'는 의미도 들어 있습니다. 예수님이 제자들에게도 이런 모습을 요구하십니다.

> 누구든지 나를 따라오려거든 자기를 부인하고(비우고) 자기 십자가를 지고 나를 따를 것이니라(마 16:24).

그렇다면 예수님이 '우리'에게도 이것을 요구하는 것이 틀림없을 겁니다.

토저는 주님의 제자가 되지 않고는 그리스도인이 될 수 없다고 말합니다.[13] 그리스도인이라면 반드시 주님의 제자가 되어야 한다는 말씀입니다.

말씀대로 산다는 것은, 주님이 가신 그 십자가의 길을 우리도 실제로 간다는 것을 의미합니다. 그 십자가의 길은 죽음의 길입니다. 따라서 말씀대로 산다는 것은 죽는다는 것을 의미합니다. 그런데 그 죽음이 끝이 아닙니다. 이 십자가의 삶을 우리가 살 때 주님께서 죽으시고 부활하셨듯이, 우리에게도 부활이 있습니다. 죽어야 부활이 있습니다. 죽지 않고 부활을 바라지 말아야 합니다.

예수님이 말씀하셨습니다.

---

13 A. W. 토저, 『보혜사』, 253.

> 한 알의 밀이 땅에 떨어져 죽지 아니하면 한 알 그대로 있고 죽으면 많은 열매를 맺느니라(요 12:24).

죽어야 열매를 맺습니다. 죽지 않고 복과 영생만 받으려 하면 안 됩니다. 우리에게 말씀이 살아 있다는 것은 '말씀대로 살다가 죽는 것'이며, 그와 동시에 '살아날 것'을 믿는 것입니다. 우리가 이 말씀을 일상에서 살아 내야 할 것입니다.

7. 세상을 살리는 말씀

"오직 성경"이라 해서 성경 강해만 최고라는 것은 아닙니다. 토저는 성경 강해를 들으면서도 영적 자양분을 전혀 공급받지 못할 수도 있음을 경고합니다. 성경 공부뿐만 아니라 개인이 하나님을 만나지 못하는 한 진리를 듣는다 하여 나을 것이 없다 합니다. 그는 이렇게 말합니다.

> 성경 자체는 목적이 아닙니다. 하나님을 친밀하고 흡족하게 알려 줌으로써 우리를 하나님 안으로 이끌어 주며 하나님 앞에서 즐거워하게 해 주는 수단, 하나님 안에 있는 감미로움을 마음의 핵심과 중심으로 맛보아 알게 해 주는 수단일 뿐입니다.[14]

연세대학교 은퇴 교수인 김균진 교수도 "오직 성경"이라 해서 기독교 전통, 종교적 경험, 고전, 문학 작품, 역사서 같은 것을 배제하지 않는다고 합니다. 만일 배제할 경우 '폐쇄적'일 위험성이 있다는 것이다. 그리고

---

14 A. W. 토저, 『하나님을 추구하며』, 11.

루터가 "오직 성경"(*Sola Scriptura*)을 주장했을 때, 그 의도는, 전통을 거부한 것이 아니라 "전통에 대한 성서의 권위를 확보"함에 있고 가톨릭교회의 전통주의를 거부하려 했던 것이라 합니다.[15]

종교개혁 정신을 이어받기 위해서는 무엇보다도 말씀이 중요합니다. 그 말씀에 기반해서 세상에 외쳐야 합니다. 세상에 외치려면 세상을 알아야 합니다. 말씀과 세상의 상관관계가 있어야 합니다. 세상을 외면하면 안 됩니다. 흔히 어떤 분들은 그렇게 말합니다.

"우리 목사님은 설교 때 성경 외에는 말씀하지 않으셔."

그 말은 목사님이 설교하실 때 성경만 이야기하지 다른 개인적 경험이나 해석 혹은 책이나 영화 같은 세상적인 그 어떤 것도 말씀하지 않으신다는 말일 겁니다.

그러나 그 목사님이 성경을 성경으로 풀어내실 때 성경 본문을 선택하는 주체는 그 목사님 자신일 겁니다. 그러면 이렇게 물어야 합니다.

"목사님은 성경 본문을 설명하실 때 왜 성경의 '이' 말씀이 아닌 '그' 말씀을 가지고 설명하셨나요?"

설교자가 성경을 풀어낼 때 그가 선택하는 다른 본문은 분명히 자신의 선택입니다. 그러니 만일 "우리 목사님은 성경 이외에는 말씀하지 않으셔"라는 말이 성립되기 위해서는 목사님은 설교 때 '성경만' 읽으셔야 합니다. 그런데 그게 말이 되냐 말입니다.

언젠가 더운 여름, 학교에서 하는 '평신도대학' 일로, 홍보 전단지를 돌리러 이곳저곳 다니다가 어느 건물로 들어섰습니다. 짧은 통로를 지나 이층 계단으로 올라가려는데 구석진 곳에 아주머니 한 분이 맨바닥에 망연히 앉아 계셨습니다. 근처 어느 가게에서 일하시다가 잠깐 쉬시는 듯한데 그 표정을 잊을 수 없습니다. 모든 것을 내려놓은 듯한 표정이었습니다.

---

15 김균진, 『기독교 신학 1』 (새물결플러스, 2014), 284.

얼굴에 생기도 없고 눈동자에 초점도 없습니다.

  저도 전단지를 돌려야 하기에 빠른 걸음으로 지나쳐서 일을 보고 내려오는데 좀 전에 계셨던 그분이 보이지 않습니다. 잠시 쉬시는데 저 때문에 자리를 피하신 것은 아닌가, 순간 죄송한 마음도 들었습니다. 빨리 밖으로 나가 둘러보니 어느 식당 앞 의자에 앉아 계십니다. 여전히 초점 잃은 눈동자로 세상을 보면서 말입니다. 그 표정을 잊을 수 없습니다. 그 표정이 저를 슬프게 했습니다.

  동네 공원에 꽤 높은 계단이 있습니다. 그 계단만 따라 걷더라도 운동이 됩니다. 중간 정도 올라가면 벤치가 있어서 쉬었다 가기도 합니다. 저녁노을 유난히 붉게 물든 어느 멋진 날, 그 계단을 올라가는데 멕시코 계통의 한 아주머니가 그곳에 앉아 계십니다. 하루 일을 마치고 집으로 돌아가기 전인지 운동복이 아닌 정장 차림의 약간은 지친 모습이었습니다. 그 표정도 잊을 수 없습니다. 그분의 표정도 저를 슬프게 했습니다. 때로는 사람들에게 '저녁노을 같은 표정'들이 있습니다. 그 표정들은 말합니다. '삶이 때론 힘들다'고, '때론 슬프다'고 말입니다.

  여기서 질문 하나 하죠.

  '이분들에게 하나님의 말씀은 어떤 의미가 있는가요?'

  하나님의 말씀이 그들 속에 들어가면, 이들의 삶을 그냥 내버려 두실까요?

  아닙니다. 살아 있는 말씀이 그들에게 들어가기만 하면, 그들의 인생 자체가 달라질 것입니다. 시편 시인도 이렇게 고백합니다.

> 이 말씀은 나의 고난 중의 위로라 주의 말씀이 나를 살리셨기 때문이니이다(시 119:50).

  하나님의 말씀은 우리를 살리시기 때문에 생명의 말씀입니다. 이것을 믿습니다. 그러니 말씀을 증거 해야 합니다.

그런데 이것은 우리 힘으로 할 수 있는 것이 아니라 성령님의 도우심을 구해야 합니다. 그래서 그들이 주께 가까이 가도록 해 주어야 합니다. 그러면 하나님이 우리를 말씀으로 구원하여 주셨듯이 그들의 인생도 말씀으로 구원하여 주실 것입니다.

그래서 우리가 그들이 "주께 가까이" 가도록 기도해 주어야 합니다. 〈주께 가까이〉라는 찬양곡이 있는데 가사가 좋습니다.

> 주께 가까이 날 이끄소서 간절히 주님만을 원합니다
> 채워 주소서 주의 사랑을 진정한 찬양 드릴 수 있도록
> 목마른 나의 영혼 주를 부르니 나의 맘 만져 주소서
> 주님만을 원합니다 더 원합니다 나의 맘 만져 주소서

'주님, 목마른 우리의 영혼이 주님만을 원하며 살아보려 합니다. 그런데 잘 되지 않습니다. 그러니 주님만을 바라보며 살아갈 수 있도록 성령님께서 도와주옵소서. 우리를 이끌어 주시고, 주의 사랑으로 채워 주시고, 우리의 갈급한 마음을 말씀으로 채워 주소서.'

이 고백을 했으면 합니다.

그러면 창조주시오, 구속자시오, 성화자이신 삼위일체 하나님께서 우리를 터치해 주셔서 우리의 목마름이 사라질 것이며 우리의 상처, 우리의 아픔, 우리의 눈물을 닦아 주실 것입니다.

이제 주님 오시는 그날까지 우리 인생 '오직 말씀'으로만 살아갑시다. 다 같이 외쳐 봅시다.

오직 말씀/성경!

제3장

오직 은혜
(에베소서 2:8-10)

1. 그러니까 사십시요!

　사람은 누구나 콤플렉스가 있습니다. 신체 콤플렉스, 가정환경 콤플렉스, 직장 콤플렉스, 학력 콤플렉스 등등 다양합니다. 잘난 사람은 콤플렉스가 없는 것 같지만 잘난 대로 콤플렉스가 있습니다. 그런데 자신은 콤플렉스가 없다는 사람도 있습니다. 그런 사람은 자신의 콤플렉스를 인정하지 않으려 합니다. 알고 보면 그 콤플렉스가 드러날까 두렵기 때문일 겁니다.
　여러분의 콤플렉스는 무엇인가요?
　제 콤플렉스는 저를 아시는 분들은 똑같이 생각할 것 같은 '키'가 아닙니다. 물론 조금 컸으면 더 좋았겠다는 아쉬움은 있습니다.
　얼굴?
　아닙니다. 물론 잘 생겼으면 좋았겠다는 생각은 합니다. 제 진짜 콤플렉스는 '발음'이 잘 안 된다는 데 있습니다. 혀가 짧아서 발음이 안 되는 것이 아니라 반대로 길어서 잘 안 됩니다. 키나 좀 길 것이지 말입니다. 제 혀가 코에 닿습니다. 어릴 때 저도 모르게 혀가 입 밖으로 나오면 아버지가 한마디 하셨습니다. '가위', '잘라 버린다'라는 의미였습니다. 그러면 혀를 쏙 집어넣곤 했던 기억이 납니다.

사람은 누구나 콤플렉스가 있습니다. 중요한 것은 '그 콤플렉스를 어떻게 극복 하느냐' 하는 것입니다. 오히라 미쓰요라는 일본 여성이 자신의 삶을 쓴 『그러니까 당신도 살아』라는 책이 있습니다. 이분은 중학생 시절에 심한 왕따를 당합니다. 너무 견디기 힘들어 할복자살을 시도합니다. 다행히 죽지 않고 살아납니다.

그렇지만 그 삶이 평탄했겠습니까?

결국, 비행 청소년이 됩니다. 16세에 야쿠자 보스와 결혼했으니 그의 인생이 얼마나 기구했을지 짐작이 가고도 남습니다.

그 후 그녀는 이혼하고 술집에서 호스티스 생활을 합니다. 그러다가 그곳에서 어릴 때 뵀던 아버지 친구분을 만납니다. 이분이 그 술집에 왔다가 이 미쓰요를 보고는 그때부터 도와주기 시작해서 공부를 시작합니다. 최종학력이 중졸인데 이를 악물고 공부해서 '공인중개사' 시험에 합격합니다. '사법고시'에도 단번에 합격해서 변호사가 됩니다. 그야말로 어느 드라마보다 더 극적 인생을 살았던 것 같습니다.

이 미쓰요가 그 책 마지막에 이렇게 씁니다.

> 누군가 소원 하나를 들어준다면 나는 망설일 것 없이 다시 중학생 시절로 돌아가게 해 달라고 할 것이다. 그렇게만 된다면 어떤 심한 왕따를 당하고 어떤 고통을 느끼더라도 견뎌내리라. 결코 자살 따위 어리석은 짓으로 부모를 슬프게 하지 않으리라. 아무리 고통스러워도 제 길을 벗어나는 짓을 하지 않으리라. 그런 회한이 너무도 절절하기 때문이다.[1]

그러면서 '어떠한 어려움이 있어도 인생 포기하지 말고 지금 선 자리에서 다시 시작하라'고 권면합니다. 『그러니까 당신도 살아』라는 책 제목

---

[1] 오히라 미쓰요, 『그러니까 당신도 살아』, 양윤옥 옮김 (북하우스, 2000), 232.

도 '나도 삶이 힘들었는데 살잖아요. 그러니까 여러분도 사세요'라는 의미 같습니다.

　인생은 어떠한 어려움이 있어도 '죽음'을 생각하지 말고 '삶'을 생각해야 합니다. 특히나 하나님을 믿는 사람이라면 더욱 그리해야 합니다.

　왜 그런가요?

　인생의 모든 것이 "하나님의 은혜"이기에 그렇습니다. 은혜 아닌 것이 어디에도 없기에 그렇습니다. 이 시간에는 "오직 은혜"에 대해 살펴보고자 합니다.

2. 은혜에 의해 믿음으로

　성경이 말하고 우리가 받아들이고 고백하는 '인간'에 대한 기본 '정의'가 있습니다. 바로 인간은 "죄인"이라는 것입니다. 사도 바울의 고백처럼 우리는 "본질상 진노의 자녀"(엡 2:3)였습니다. 바울은 심지어 자신을 '죄인 중에 죄인' 즉 "죄인 중에 괴수"(딤전 1:15)라고 까지 고백합니다.

　무슨 의미입니까?

　"죄인 중에 괴수"라고 자신을 규정하는 것은, 자신을 낮추면 낮출수록 더 겸손하다고 여겨지는 그런 은혜로운 고백적 표현에 불과한 것일까요?

　우리는 그의 고백을 그런 식으로 사용한 적이 있지만, 바울은 실제로 그렇게 고백한 것 같습니다. 바울은 자신의 죄가 다른 사람들의 죄보다 훨씬 크고, 그 죄를 생각하는 것이 너무 힘겨워서 그렇게 표현했을 수 있을 것 같다고 생각해 봅니다. 누구나 자신의 죄를 깊이 생각한다면, 사도 바울처럼 자신이 죄인 중 "괴수"라고 고백할 수밖에 없을 것 같습니다. 그것은 단지 언어적 표현만은 아닐 것입니다.

우리 자신도 '본질상 진노의 자녀요 죄인 중 괴수' 아닌가요?

그런데 어떻게 '하나님의 자녀'가 되었습니까?

죄인인데 어떻게 거룩한 성전에서 예배드리고 있으며, 죽을 수밖에 없는 죄인인데 어떻게 오늘도 이렇게 살아가고 있는가요. 전적으로 "하나님의 은혜" 때문입니다. 하나님의 은혜가 아니고서는 이 자리에 있을 수 없고, 하나님의 은혜 아니고서는 한순간도 살아갈 수 없습니다.

예수 그리스도가 우리를 살려 주셨기 때문에 우리가 살아갑니다.

어떤 우리인가요?

의인이었던 우리입니까?

아닙니다. '허물과 죄로 죽었던 우리'(엡 2:1, 5)입니다. 즉, 죄인이었던 우리입니다. 사도 바울은 로마서에서도 말합니다.

> 우리가 아직 죄인 되었을 때에 그리스도께서 우리를 위하여 죽으심으로 하나님께서 우리에 대한 자기의 사랑을 확증하셨느니라(롬 5:8).

우리가 '의인'이었을 때가 아니라 '죄인'이었을 때 예수님이 우리를 위해 죽으셔서 우리를 살려 주셨습니다. 그래서 우리는 "은혜로 구원을 받은 것"(엡 2:5)입니다.[2]

---

2 아니 설령 우리가 의인이라고 하더라도 그렇게 의인이 된 것은 전적으로 하나님의 은혜 때문입니다. 성경은 노아를 "의인이요 당대에 완전한 자"(창 6:9)라 합니다. 노아는 완전하고 의인입니다. 그런데 어떻게 그는 완전한 의인이 되었을까요? 태생적으로 그렇게 의인이 되었는가요? 아닙니다. 하나님이 세상을 창조하신 후에 보시기에 좋았다고 하셨는데 사람들이 하나님의 말씀대로 살지 않고 육의 모습으로 살아가는 것을 보시고 땅 위에 사람 지은 것을 한탄하시고 근심하셨습니다(창 6:5-6). 그리고 모든 생명을 멸하시겠다고 하십니다. 그런데 예외가 있습니다. 노아입니다. 어떻게 그는 예외, 즉 죽음을 면하게 되었는가요. 김용의 선교사는 그것은 바로 그가 "여호와께 은혜를 입었"기 때문(창 6:8절)이라 합니다. 그러니 노아가 의인이라 할지라도 여전히 죄인임에 틀림없다는 것입니다. 김용의, 『복음을 영화롭게 하라』 (규장, 2018), 463.

우리는 은혜로 구원받았습니다. 아니 구원뿐만 아니라 인생 자체가 은혜입니다. 그 '은혜'를 '은혜'로 깨닫기 위해 '하나님의 은혜'를 입어야 합니다. 말장난 같지만 '은혜' 없이 어떻게 인생이 '은혜'임을 깨달을 수 있을까요. 매 순간순간 살아가는 것이 '은혜'임을 '하나님의 은혜' 없이 어떻게 깨닫는가 말입니다.

1) 칭의

우리가 구원받을 수 있는 것은, '오직 하나님의 은혜' 때문입니다. 그 말씀을 에베소서 2:8에서 해 주십니다. 같이 한 번 절반만("이것은" 앞까지) 읽어 봅시다.

"너희는 그 은혜에 의하여 구원을 받았으니."

같은 성경인데 왜 제가 먼저 끝나죠?

여러분 성경과 제 성경이 다른 것 같습니다. 한 번 더 읽어 보겠습니다.

"너희는 그 은혜에 의하여 구원을 받았으니"

제 성경이 뭔가 잘못된 것 같은데 뭔가 빠졌죠?

"믿음으로 말미암아"라는 말이 빠졌네요. 농담입니다.

오직 은혜 아닌가요?

오직 은혜로 구원받는 것 아닌가요?

그런데 이 말씀을 보니 '은혜' 옆에 '믿음'이라는 단어가 함께 있음을 봅니다. 구원은 전적으로 하나님의 은혜로 얻는 것인데, 왜 거기에 믿음이 더 있는가요. 그냥 '너희는 그 은혜에 의하여 구원을 받았으니' 하면 얼마나 깔끔할 것이며, 얼마나 하나님께 영광이 되겠습니까. 전적으로 하나님이 하셨으니 말입니다.

그러면 '믿음'을 빼 버릴까요?

아닙니다. 전적으로 하나님의 은혜로 말미암아 우리가 구원을 받았는데, 그 은혜는 우리에게 '믿음'을 요구합니다. 믿어야 구원받습니다. 그래서 "은혜에 의해 믿음으로 말미암아" 구원받는 것입니다.

그러면 은혜와 믿음은 무슨 관계가 있나요?

둘 중 어느 것이 먼저인가요?

은혜가 먼저입니다. 믿음도 은혜로 말미암아 주어진 것입니다. 내가 똑똑하고 공부해서 터득하여 믿음을 얻은 것이 아닙니다. 아마존이나 홈쇼핑에서 신용카드를 긁어서 살 수 있는 것이 아닙니다. 하나님의 '은혜'로 말미암아 그 '믿음'을 받은 것입니다. 그러니 은혜 없으면 믿음도 없습니다. 이것이 소위 말하는 justification(칭의) 이론입니다. 즉, "justification by grace through faith"(은혜에 의해 믿음으로 말미암은 칭의)라는 말입니다.

'은혜에 의하여 믿음으로 얻은 구원'이기에 8절 후반부에 "너희에게서 난 것이 아니요 하나님의 선물이라"라고 하는 것입니다. 그 구원이 나의 노력으로 얻은 것이라면 나의 행위가 되고 나의 공로가 되고 나의 자랑거리가 될 수 있습니다. 누구든 열심히 일해서 벌어들이는 것은 월급이요 임금입니다. 그런데 하나님이 우리를 구원하신 것은 그렇게 일해서 얻은 것이 아니라 전적으로 하나님께서 값없이 주신 것이기에 '하나님의 선물'입니다.

바울이 "죄의 삯은 사망이요 하나님의 은사는 그리스도 예수 우리 주 안에 있는 영생"(롬 6:23)이라 했을 때, 이 말은 죄를 짓고 지으면 얻게 되는 것은 "사망"이라는 말입니다. 그러나 하나님의 "은사", 즉 선물(gift)은 "영생"이라는 말입니다. 사망은 자신이 죄를 지었기 때문에 그에 따라 얻는 것이지만, 영생은 우리의 행위로 얻는 것이 아니라 전적으로 하나님의 선물이라는 것입니다.[3]

---

3 가톨릭 신학자 한스 큉은 루터가 1500년 동안 하지 못했던 것을 했다고 평합니다. 그것은 바울 사상의 뿌리인 '칭의론'으로 들어가는 통로를 발견했다는 것입니다. 따라서 큉은 로마 교황청에 '루터를 공식적으로 복권시킬 것'을 촉구합니다. 최주훈, 『루

사도행전 8장에 보면, 마술사 시몬은 빌립이 사마리아 성에서 이적 행하는 것을 보고 세례를 받고 그를 따라다닙니다. 사마리아에서 베드로와 요한이 사람들에게 안수하자 그들이 성령을 받습니다. 시몬도 그런 능력을 갖고 싶어서 돈으로 그 능력을 사려 합니다. 그러자 베드로가 "네가 하나님의 선물을 돈 주고 살 줄로 생각하였으니 네 은과 네가 함께 망할"(20절) 것이라 합니다.

하나님의 선물은 아무리 많은 돈을 지불하더라도 살 수 있는 것이 아닙니다. 반대로 그 선물은 돈을 지불하지 않아도 가질 수 있습니다. 이 차이를 깨달으면 선물의 의미를 알 수 있습니다. 하나님이 주신 선물이기에 바울은 "행위에서 난 것이 아니니 이는 누구든지 자랑하지 못하게 함이라"(엡 2:9)라고 말씀하십니다.

모든 것이 사실 하나님에게서 얻은 선물입니다. 바울은 또한 질문합니다.

> 누가 너를 남달리 구별하였느냐 네게 있는 것 중에 받지 아니한 것이 무엇이냐 네가 받았은즉 어찌하여 받지 아니한 것 같이 자랑하느냐(고전 4:7).[4]

모든 것을 받았으니 바울처럼 우리도 예수 그리스도의 십자가만 자랑해야 합니다.

> 그러나 내게는 우리 주 예수 그리스도의 십자가 외에 결코 자랑할 것이 없으니 그리스도로 말미암아 세상이 나를 대하여 십자가에 못 박히고 내가 또한 세상을 대하여 그러하니라(갈 6:14).

터의 재발견』(복있는사람, 2017), 33.
[4] 논리가 맞아 들어가지 않습니까? 신앙은 논리와 이성을 배제하지 않습니다. 그래서 바울이 무지 좋습니다.

세상과 내가 서로에 대해 십자가에서 죽었기에 그리스도의 십자가만 자랑해야 합니다.

여기서 질문 하나!

'선물', 그러면 어떤 이미지, 어떤 단어가 떠오르나요?

'공짜'라는 단어가 떠오를 겁니다. 아무것도 하지 않았는데 누가 공짜로 주는 것, 그것이 선물의 의미입니다. 신대원 다닐 때 학교에서 특별한 일로 점심을 제공해 주면 그렇게 좋을 수가 없었습니다. 공짜로 먹을 수 있어서 말이죠.

저는 걷는 것도 좋아하지만 자전거 타는 것도 좋아합니다. 자전거 타면 계속 페달을 밟고 가는 것이 아닙니다. 어느 정도 가면 페달을 밟지 않아도 그냥 갑니다. 아니 심지어 페달을 뒤로 막 돌려도 앞으로 갑니다. 그때 막 행복합니다. 아무것도 안 해도, 심지어 뒤로 돌려도, 인생이 막 앞으로 가는 것 같아서, 공짜 같아서 좋습니다.

그런데 '선물=공짜'라는 인식이 강하다 보니, 구원이라는 선물이 값싸게 되어 버렸습니다. 독일 신학자요 목사인 본회퍼 목사는 그것을 "값싼 은혜"라 표현했습니다(조직신학에서는 이것을 전문용어로 "싼티 은혜"라 부릅니다^^).

은혜를 공짜라 생각하니 사람들이 은혜를 쉽게 잊어버립니다. 신명기 8:12 이하에 보면, 하나님이 모세를 통하여 여호와의 은혜를 잊지 말 것을 이스라엘 백성들에게 권면합니다.

'너희들이 배부르고, 아름다운 집을 짓고, 소와 양이 번성해서 교만하여 여호와께서 출애굽시킨 것도 잊어버리고, 만나를 주신 것도 잊고, 자신의 능력과 손으로 이 재물을 얻었다 하면, 너희가 반드시 망한다'(신8:12-19).

간단히 말하면, 하나님의 은혜를 잊어버렸기 때문에 망한다는 것입니다.

하나님의 은혜를 잊어버려서는 안 됩니다. 하나님의 은혜는 그렇게 값싼 은혜가 아닙니다. 하나님이 이 세상을 창조하셨고, 그 아들 예수 그리스도를 보내 주셔서 십자가에 달려 죽게 하시기까지 우리를 살리셨기에 '값비싼 은혜'입니다. 그러기에 하나님의 은혜를 잊지 말아야 합니다.

더 나아가 목회자가 교회를 좀 성장시키면, 그것이 자신의 능력 때문인 줄 알고 목에 힘을 주고 살아가기가 쉽습니다. 목이 곧은 백성이 돼 버립니다. 그런 교회 부목사들도 그런 담임의 모습을 꿈꾸며 살아가니 부목(副木)처럼 뻣뻣해지기 쉽습니다. 교회 성장의 힘이 어디에 있는지 물으면 전적으로 "하나님의 은혜" 때문이라는 영혼 없는 식상한 대답만 되풀이합니다. 그러나 실제로는 에베소서 2:8-9 말씀을 뒤틀어 버립니다.

"내가 열심을 다해 밤낮 가리지 않고 뛰어서 교회를 키웠으니 이것은 내가 그렇게 한 것이요 내 노력의 산물이라. 내 행위에서 난 것이니 이는 이 교회를 내 맘대로 할 수 있게 하려 함이라."

은혜가 아닌 열심으로 밤낮 가리지 않고 목회해서 교회를 성장시켰기에 누구도 관여할 수 없고 오로지 본인만이 모든 것을 결정할 수 있다고 생각합니다. "내 꺼인 듯 내 꺼 아닌 내 꺼 같은" 교회가 되어 버린 것입니다.

그러니 그 힘으로 길 아닌 길을 가지 않습니까?

모든 것이 하나님의 은혜라고 하면서 자신의 욕망을 드러내면 그것보다 더한 '행위 구원자'가 없을 겁니다.

말씀을 실제로 살아보려고 몸부림치며 "행함과 삶"을 강조하는 이들을 "행위 구원자", "자유의지자"라 하지 말아야 합니다. 본인들은 "*Sola Gratia*"라고 쓰고 '자기 맘대로' 하면서 말입니다.

교회를 통해 "하나님께 영광" 돌린다고 하는데 사실은 "자기 영광" 위해 살지 않은가요?

이것이 자크 마리탱이 말한 "실제적 무신론자"(practical atheist)의 모습인지도 모르겠습니다. '실제로는 하나님을 안 믿는다'는 이야기입니다.

토저도 성령 충만한 교회를 싫어하는 사람들은 "종교가 그들의 실제 생활에 영향을 끼치는 것을 원하지 않는"다는 것입니다. 그들은 "주일이 되면 교회로 가서 자신의 종교를 닦고 윤을 내지만, 밤 11시가 되면 그 종교를 다시 선반 위에 올려놓는다. 그리고 월요일이 되면, 그들이 원하는 대로 생활한다"는 것입니다.[5] 토저가 묘사한 "주일 신자들"(Sunday Christians)이야 말로 복음을 실제로 믿지 않는 자들일 것입니다.

우리는 어떤가요?

철학자이자 기독교 영성가인 달라스 윌라드가 리처드 포스터와 만나 만든 '레노바레국제연구소'는 하나님 나라를 경험하고자 하는 사명이 있습니다. 그들은 예수를 믿는 것은 "삶과 진정한 성품의 변화, 하나님과 함께하는 삶을 알고 실천하려는 열정, 삶답게 살도록 남에게 영향을 미치는 능력과 그 장"이 있어야 한다고 말합니다. 그렇게 살아가는 이들을 "실재에 굶주린 사람들"이라 부릅니다.[6]

하나님을 실제로 믿고 살아보자는 의미입니다. 입으로만 고백하고 관념으로만 하나님을 상상하는 것이 아니라 실제로 그 말씀이 자신에게 발휘되는지를 체험해야 할 것입니다.

2) 성화: 은혜받은 삶

더 나아가 구원을 우리에게 은혜로 주셨다고 '우리가 아무렇게나 막살아도 되는 면죄부'를 받은 것은 아닙니다. 은혜는 '은혜받은 삶'을 요구합니다.

구원은 우리가 이루는 것이 아니라 하나님이 이루시는 것이라는 의미에서 "구원은 능동태가 아닌 수동태"라고 많이들 이야기하지요. 맞는 말입니다. 하지만 이 표현이 빚어 내는 문제는 '은혜받은 삶'이 없다는 것입

---

[5] A. W. 토저, 『보혜사』, 27.
[6] 게리 문, 『달라스 윌라드』, 346.

니다. 구원받았으니 그만이라는 것입니다. 하지만 은혜에는 그 은혜를 선물로 주신 자의 뜻이 있습니다. 선물을 받는 자는 '주는 자에 대한 예의'를 갖추어야 합니다. 그것을 성화라 합니다.

'은혜면 은혜지 무슨 삶이야' 혹은 '칭의면 칭의지 무슨 성화냐' 하시는 분들 계실지 모르겠습니다. 로이드 존스 목사는, 음란과 부정과 사욕과 탐심, 즉 "땅에 있는 지체를 죽이라"(골 3:5)와 같이 자신을 검토하지 않고 "주님만 바라보면 된다"고 하는 이들은 성화에 대해 잘못된 개념을 갖고 있다고 합니다.

또한, 로이드 존스는 하나님은 사랑이기 때문에, 무슨 짓을 해도 용서를 구하면, 다 잘 될 것이라 하는데, 그것은 "거짓말"이라 합니다. 세상 불법과 교회 불법이 다 이런 태도에서 나온 것이기에 잘못이라 합니다.[7]

바울은 은혜받은 삶을 요구합니다.

> 우리는 그가 만드신 바라(엡 2:10).

하나님이 우리를 만드셨습니다. 만드셨기에 우리를 만드신 '목적'이 있습니다. 그것은 바로 '우리가 그리스도 예수 안에서 선한 일을 하도록 지음 받았다'는 것입니다. 거꾸로 이야기하면 '하나님이 우리를 그리스도 예수 안에서 선한 일을 하도록 지으셨다'는 말씀입니다. 하나님이 우리를 선한 일을 하도록 지으셨으면 선한 삶을 살아야 하는 것은 당연합니다.

'이 일을 하나님이 전에 예비하셨다'고 말씀하십니다. 그러니까 하나님은 은혜받은 우리가 선한 일을 하도록 예비하시고 지으셨다는 의미입니다. 성경 어디에도 은혜받은 신도의 삶을 값싸게 기술하는 곳은 없습니다.

빌립보서 1:29은 이렇게 말합니다.

---

[7] 마틴 로이드 존스, 『부흥』, 156, 430.

> 그리스도를 위하여 너희에게 은혜를 주신 것은 다만 그를 믿을 뿐 아니라 또한 그를 위하여 고난도 받게 하려 하심이라(빌 1:29).

은혜받아 믿을 뿐만 아니라 은혜받았기 때문에 고난도 받을 수 있는 것입니다. 그러라고 은혜를 주신 것입니다.

그러니 8절과 9절까지만 읽고 10절은 두루뭉술하게 넘어가면 안 됩니다. 복음을 복음 되게 하려면 자신의 사적인 신앙관으로 성경 말씀을 이리저리 재단하고 빼 버려서는 안 될 것입니다. 그게 이단입니다. 그리고 10절을 강조한다고 그것을 '행위 구원'이라 하면 안 됩니다. 구원은 전적으로 하나님의 은혜로 이루어지지만, 구원받은 우리가 하나님의 '한량없는 은혜로 아무것도 하지 않으며 아무렇게나 사는 한량처럼' 살아서는 안 될 것입니다. 구원의 은혜는 아무렇게나 살아도 되는 면죄부를 주는 것은 아닙니다.

토저는 우리가 선행으로 구원 얻는 것은 아니지만 선행없이 구원을 얻는 것도 아니라고 하면서 이렇게 덧붙입니다.

> 그리스도를 믿는 구원의 신앙은 즉시 선함과 의로움을 낳는다. 꽃이 피는 것이 봄을 오게 만드는 것은 아니지만 꽃이 피지 않는 봄은 있을 수 없다. 내가 나의 의(義) 때문에 구원을 얻는 것은 아니지만 내가 얻은 구원은 의를 낳는다.[8]

연세대학교 김균진 교수는 "하나님의 은혜에 의해 거룩하게 되었다는 서술형은 우리에게 거룩하게 되어야 한다는 명령법을 내포한다"[9]라고 했

---

8   A. W. 토저, 『보혜사』, 253.
9   김균진, 『기독교 신학 3』 (새물결플러스, 2014), 464.

습니다. 그것이 10절 말씀이 말하고자 하는 의미일 겁니다. '바울이 깔끔하게 오직 은혜만 이야기하고 믿음을 빼버렸으면 좋겠는데' 또 '은총과 믿음을 강조하는 8-9절에서 끝냈으면 좋겠는데' 하는 것은 우리 생각입니다.

은혜는 믿음을 요구하고, 은혜와 믿음은 선한 일을 하도록 지으신 하나님의 뜻에 순종하며 살아갈 것을 요구합니다. 우리의 인생이 하나님의 은혜로 말미암아 죽음에서 생명으로 옮겨졌다면, 우리의 삶도 '생명을 살리는 일'에 헌신해야 합니다. 은혜는 그렇게 하라고 주신 것입니다.

사도 바울도 고린도전서에서 말합니다.

> 그러나 내가 나 된 것은(뜻: 하나님의 교회를 박해했기에 사도라 칭함 받을 자격조차 없는 내가 사도가 된 것은) 하나님의 은혜로 된 것이니 내게 주신 그의 은혜가 헛되지 아니하여 내가 모든 사도보다 더 많이 수고하였으나 내가 한 것이 아니요 오직 나와 함께 하신 하나님의 은혜로라(고전 15:10).

이 말씀에 은혜라는 단어가 세 번 나옵니다. 그런데 특이하게도 그 사이에 어쩌면 은혜와 어울리지 않는 단어 하나가 있는데 "수고"라는 단어입니다. 사도 바울은 자신이 자신 된 것은 하나님의 은혜인데, 은혜라고 아무것도 하지 않는 것이 아님을 보여 줍니다.

바울은 그 은혜가 '헛되지 아니하였다'(not without effect)고 일종의 이중부정 형태로 설명합니다. 이 말씀은 은혜가 헛되지 않기 위해서는 수고가 있어야 한다는 말로도 바꿔 말할 수 있습니다. 은혜는 우리를 수고하게 합니다. 일하게 합니다.

바울은 그래서 '자신이 모든 사도보다 더 많이 수고했다'고 자신의 입으로 고백합니다. NIV 성경을 보면 이 문장이 이렇습니다. "No, I worked harder than all of them." 바로 앞에 이중부정으로 설명했으면서도 한 번 더

'No'라고 강조함으로 그 은혜가 '헛되지 않은 것'을 자신이 누구보다 열심히 수고했다는 것으로 말해 줍니다.

그런데 이것이 자기 행위를 자랑하는 것인가요?

소위 말하는 행위 구원인가요?

아닙니다. 은혜는 행함을 배제하지 않습니다. 아니 오히려 더 열심을 내게 해 줍니다. 은혜받았기에 그렇습니다. 그 수고는 사람에게서 나온 것이 아니라 은혜의 선물임과 동시에 은혜의 산물입니다. 바울은 하나님의 은혜를 받았기에 그 누구보다 더 수고한 삶을 떳떳하게 고백합니다. 그것조차도 하나님의 은혜로 가능했기에 그렇습니다.

죄인 중 괴수였던 우리가 하나님의 자녀 된 것은 전적으로 하나님의 은혜입니다. 그래서 우리가 살아났습니다. 그렇다면 은혜받은 삶의 수고를 해야 합니다. 그것은 우리가 하나님의 은혜로 살아났기에 이 땅 가운데 생명 살리는 삶을 살아야 한다는 의미입니다.

3. 생명수의 원천인 성전에서 흐르는 은혜

1) 생명을 살리는 성전에서 흐르는 물

에스겔 47장에는 '죽음의 바다가 살아나는 환상'이 기록되어 있습니다. 바다가 죽어 가고 있다는 것은 바다의 콤플렉스입니다. '그런 바다가 어떻게 살아나느냐' 하는 것을 말씀을 통해 보고자 합니다.

하나님의 사자가 먼저 에스겔을 데리고 '성전'으로 가십니다. 가 보니 성전 문지방 밑에서 물이 흘러나옵니다. 하나님의 사자가 줄을 잡고 동쪽으로 나아가며 1000척, 즉 450미터를 잽니다. 그곳을 건너게 합니다. 물이 '발목'까지 오릅니다. 거기서부터 다시 450미터를 잽니다. 또 건넙니다.

이제는 물이 '무릎'에까지 차오릅니다. 또 450미터를 갰습니다. '허리', 그다음에는 '헤엄'쳐야 할 정도의 강물이 되었습니다.

하나님의 사자가 이제 다시 에스겔을 '강가'로 돌아가게 합니다. 강가에 가 보니 강 좌우편에는 나무가 심히 많았습니다. 하나님의 사자가 물이 흘러가는 과정을 설명합니다. '성전에서 흘러나온 물이 흘러 흘러 아라바/요단 계곡으로 내려가서 거기 바다에 이른다'(8절)는 것입니다. 그 바다가 바로 '사해'(死海), 즉 '죽음의 바다'입니다. 생명이 살 수 없는 바다입니다. 그런데, 그곳으로 성전에서 흘러나온 물이 들어가면 거기서 놀라운 일이 벌어질 것이라 합니다. 죽음의 바다인 사해가 되살아나게 된다는 것입니다.

> 이 강물이 이르는 곳마다 번성하는 모든 생물이 살고 또 고기가 심히 많으리니 이 물이 흘러 들어가므로 바닷물이 되살아나겠고 이 강이 이르는 각처에 모든 것이 살 것이며 (겔 47:9).

> 강 좌우 가에는 각종 먹을 과실나무가 자라서 그 잎이 시들지 아니하며 열매가 끊이지 아니하고 달마다 새 열매를 맺으리니(겔 47:12).

두 가지 놀라운 변화가 일어납니다. 물이 죽은 바다에 들어가니 죽은 바다가 살아나고, 물이 흘러가는 강 주변의 과실나무도 새 열매를 맺게 되었습니다.[10]

---

[10] 물은 에덴동산에서도 의미 있게 묘사되어 있습니다. 창세기 2장에 보면 하나님이 에덴동산을 창조하시고 그 에덴동산으로부터 '강이 흘러 나와 동산을 적십니다'(10절). 성전 문지방에서 물이 흘러 나와 사해를 살린 것처럼, 하나님이 창조하신 에덴동산에서 물이 흘러 나와 에덴을 적시고 거기서부터 네 개의 강이 갈라져 나옵니다. 그 강 이름이 비손, 기혼, 힛데겔, 유브라데입니다. 그리하여 이 땅에 생명들이 살아나기 시작했습니다. 우리도 에덴에서부터 흘러나온 물로 살아가는 것입니다. 이것이 은총인데 '창

2) 예수의 보혈

그러면 성전 문지방에서 흘러나온 물은 무엇인가요?
무엇이 흘러나왔기에 그 물이 닿는 곳마다 모든 것이 살아나는가요?
예수 그리스도의 보혈입니다. 주님의 보혈이야말로 생명을 살리는 생명수입니다.

우리에게 주 예수의 피가 흘러야 합니다. 예수 그리스도의 십자가 보혈이 우리의 삶 가운데 흘러야 합니다. 예수의 보혈이 은혜의 근원입니다. 그러기에 성경은 말합니다. 히브리서 9:22에, '피 흘림이 없은즉 사함이 없다'고 말입니다. 요한일서 1:7에서 말합니다.

> 그 아들 예수의 피가 우리를 모든 죄에서 깨끗하게 하실 것이요(요일 1:7b).

우리 인간은 모두가 영원히 죽을 수밖에 없는 죄인입니다. 그러나 죄에서 자유하게 하는 예수의 피가 우리에게 있으면 우리는 죽음을 이기고 하나님의 품안에서 영원히 살 수 있습니다.

요한복음 4장에 예수님이 사마리아 지역에 가셨다가 목이 말라 우물가에 앉으셨습니다. 그때 사마리아 여인이 물을 뜨러 옵니다. 예수님은 그 여자에게 물을 좀 요구합니다. 그 여인은 '유대인과 사마리아인은 서로 상종도 하지 않는데 왜 자신에게 물을 달라 하느냐' 합니다.

이때 예수님은, '물을 달라 하는 이를 알았으면 그에게 구하였을 것이요, 그가 생수를 주었을 터인데' 하고 말씀하십니다.

조의 은총'이자 '자연 은총'입니다.

> 이 물을 마시는 자마다 다시 목마르려니와 내가 주는 물을 마시는 자는 영원히 목마르지 아니하리니 내가 주는 물은 그 속에서 영생하도록 솟아나는 샘물이 되리라 (요 4:13-14).

생명은 물이 있어야 살아납니다.

2019년 미국 조지아주 브런즈윅 해안에서 자동차 운송선 골든레이호가 전도되었습니다. 마지막으로 구조된 사람이, 구조원이 자신을 구조하자마자 물부터 주면서 마시라고 했다 합니다. 40시간 동안 60도가 넘는 공간에서 있었으니 얼마나 목이 말랐겠습니까. 그 물이 자기에게는 '생명수' 같았다는 소감을 밝혔습니다.[11] 그만큼 물은 소중합니다.

그럼에도 그 물은 마셔도 다시 목마를 수 있습니다. 하지만 영원히 목마르지 않을 물이 있습니다. 영생하도록 솟아나는 샘물이 있습니다. 바로 예수 그리스도의 보혈입니다. 그리스도의 보혈이 있으면 죽었던 생명이 살아날 수 있습니다. 실패해서 낙심한 인생이 일어날 수 있습니다. 그것이 보혈의 능력입니다. 성령의 능력입니다. 이것이 은혜입니다.

3) 은혜받아 뒤집히는 경험

은혜받은 자는 예수 그리스도를 실제로 역동적으로 만난 자입니다. 예수 그리스도를 만나면 놀라운 변화가 일어납니다. 존재가 뒤집힙니다. 예수께 자신의 전 존재를 드릴 수 있습니다. 이것이 토저가 말하는 "점진적" 성령 충만이 아닌 "즉각적" 성령 충만의 의미일 것입니다.[12]

토저는 또한 오순절 다락방에서 성령 받을 때 나오는 표현인 "홀연히"(행 2:2)라는 단어에 주목합니다. 영어로는 suddenly, 즉 갑자기입니다.

---

[11] https://news.v.daum.net/v/20190911222701073
[12] A. W. 토저, 『보혜사』, 39.

그는 그리스도인 중에 죽은 것 같은 신앙생활을 하는 이들이 있다고 합니다. 그들의 모습을 안타까워합니다.

> 그들은 영적 시체 옆에서 살아가는 데 길들여진다. 그들의 호흡은 느리고, 얼굴은 창백하고, 발가락은 동상에 걸린 것처럼 얼어 있다. 그들에게서는 영성을 찾아볼 수 없다 그들의 본질적인 문제는 성령 충만하지 못하다는 것이다.[13]

성령 받아 존재가 뒤집히는 것은 점진적이지 않습니다. 즉각적이며 홀연히입니다.

개인적 이야기를 좀 하면, 저는 모태신앙으로 자랐습니다. 아동부, 중등부 때 그냥 교회 열심히 다닌 것 같습니다. 그런데 '다니는 것'과 '예수 믿는 것'은 다르지요.

중등부 졸업하고 고등부로 올라갈 때 즈음인가 여자 전도사님이 오셨습니다. 기도하시는 전도사님이셨습니다. 토요집회를 만드셔서 교회 지하 기도실에서 기도하게 하거나 아니면 기도원에 데리고 가셨습니다. 같이 찬송하고 기도하고 동굴에 들어가서 기도하게 하셨습니다. 그래서 지금도 지하실 냄새와 동굴 냄새를 맡으면 기도했던 그때가 떠오릅니다. 그때 기도하면서, 소위 말하는, 뒤집히는 체험을 했습니다. 그래서 목사가 되기로 했습니다.

대학에서 철학을 공부하고 신대원에 갔습니다. 그런데 콤플렉스 같은 게 있었습니다. 기도 체험은 있었는데 방언 체험이 없었습니다. 주의 종이 되고자 신대원에 왔는데 방언 체험이 없다니 말이 안 된다고 생각해서 한동안 매일 기도 탑에 올라가서 밤마다 부르짖었습니다.

---

13 A. W. 토저, 『보혜사』, 74-75.

"하나님 저도 은혜 체험하게 해 주세요. 하나님이 나와 함께하신다는 징표를 보여 주세요."

그렇게 기도하다가 어느 날 그 체험을 했습니다. 그때 그 기쁨은 이루 말할 수 없었습니다.

이 말씀을 드리는 이유는, 제가 철학과 조직신학을 공부해 왔고, 또 학교에서도 가르치지만, 은혜받아 뒤집히는 체험 없이 신학 공부하는 것은 별 소용이 없다는 것입니다. 은혜받아야 심장이 뛰고, 은혜받아야 존재가 변합니다.

예수의 보혈이 우리의 심장에 흘러야 우리가 변화될 뿐만 아니라 우리가 가는 곳곳마다 죽은 것이 살아나고, 시들었던 것이 다시금 생기가 돋게 될 터인데, 그런 은혜 받고 뒤집히는 경험 없이 어떻게 하나님께 전 존재를 걸고 따를 수 있겠습니까.

예수님이 오신 목적은 바로 생명을 살리는 데 있습니다.

요한복음 10:10에 말씀하십니다.

> 도적이 오는 것은 도적질하고 죽이고 멸망시키려는 것뿐이요 내가 온 것은 양으로 생명을 얻게 하고 더 풍성히 얻게 하려는 것이라(요 10:10).

생명 되신 예수 그리스도를 우리가 구세주로 고백한다면, 우리의 관심도 생명을 살리는 데 초점을 맞추어야 합니다. 그것이야말로 은총 받은 자의 삶의 모습일 것입니다.

은혜받고 삼위일체 하나님을 만나면, 인생의 방향성이 바뀌게 됩니다. 우선순위가 바뀌게 된다는 말입니다. 사람을 살리고 일으키는데, 우선순위를 두게 됩니다. 하나님의 나라와 의를 구하는 일에 우선순위를 두게 됩니다. 그 사람이 아무리 악해도, 그 사람이 아무리 희망이 없어 보인다 해도, 그리스도의 복음의 강이 그 사람을 건드리면 그 사람은 살아날 수 있습니다. 성령님께서 역사하시면, 그렇게 살아날 수 있습니다.

더 나아가 로이드 존스 목사는 한 사람이 믿기로 결단했다는 사실 자체가 곧 그 사람이 그리스도인이 되었음을 입증하는 것은 아니라고 합니다. 중생의 역사, 즉 거듭남이 없이는 그 사람이 그리스도인이라 할 수 없다는 것입니다. 새로운 삶의 원리를 가지고 새로운 삶을 살고 싶은 열망을 가진 새사람이 되어야 그리스도인이라는 것입니다.[14] 그리스도인이 된다는 것은 뒤집히는 체험과 함께 실제로 새사람이 되는 데까지 나아가야 한다는 의미입니다.

그런데 이 중생이 종착점이 아니라 하나님을 추구하는 출발점임을 토저는 강조합니다.

> 하나님을 발견한 후에도 여전히 그분을 추구하는 것이야말로 하나님을 사랑하는 영혼이 경험하는 역설입니다.[15]

4) 교회에 적용

에스겔이 보여 주는 이런 환상을 보시면 어떤가요?
가슴 뛰지 않습니까?
생명이 살아나는 환상을 공유하면 심장이 반응합니다. 이 말씀을 그냥 성경에 있는 말씀으로만 읽지 마시고 섬기는 교회에서 이 비전을 공유하면 좋을 것 같습니다.

비전/vision이라는 것은 '본다'는 것인데, '비전을 공유한다'는 것은 '함께 본다'는 것을 의미합니다. 영어의 EYE라는 단어가 재미있습니다. Y를 중

---

14 마틴 로이드 존스, 『부흥』, 108-109.
15 A. W. 토저, 『하나님을 추구하라』, 18.

심에 두고 양쪽에 같은 철자 E가 있습니다. 왼쪽 오른쪽이 같아야 한다는 의미인 것 같습니다. 한국말의 "눈"도 "ㅜ"를 사이에 두고 위 아래 "ㄴ"이 같습니다. 다르게 보면 혼란만 가중할 것입니다. 글자 자체에 함께 같은 것을 본다는 의미가 들어 있는 것 같습니다.

에스겔 47:1 말씀을 교회에 적용해서 한 번 그림 언어로 읽어 봅시다. '성전'을 '교회'로, '동쪽'을 'LA'(사는 지역)로, '남쪽'을 '선교하는 선교지'로 바꾸어서 읽어 봅시다.

"그가 나를 데리고 교회 문에 이르시니 교회의 앞면이 LA(사는 지역)를 향하였는데 그 문지방 밑에서 물이 나와 LA쪽으로 흐르다가 교회 오른쪽 제단 선교지로 흘러내리더라."

교회가 존재하는 이유가 이런 것 아니겠습니까?

교회가 지역 사회를 살리는 성전이 되어서 이 성전 문지방에서 흘러나오는 예수의 보혈 은혜가 흘러 흘러 말씀이 닿는 곳마다 죽었던 지역을 살리는 그런 주님의 성전이 되기를 소망합니다. 이런 비전 함께 품으라고 하나님이 교회를 세우신 줄로 믿습니다.

4. 모든 것이 은혜

살아가다 보면 때로는 알 수 없는 것이 명치 저 밑에서 올라올 때가 있습니다. 올라오면 안 되기에 본능적으로 어금니를 물게 됩니다. 가슴을 눌러야 할 것 같은데 어금니로 힘이 들어갑니다. 그런 힘든 일을 감당하는 귀한 "이"여서 '금니'라 하는 것 같습니다. 그런데도 어금니 사이로 새어 나오는 쳇소리와 때론 자기도 모르게 눈가로 삐죽 나오는 촉촉한 것은 설명하기 쉽지 않습니다. 식은 커피가 더 쓴 것처럼, 생기 없이 절망 속에 멈춰 버린 인생이 더 쓴 법인 것 같습니다.

이런 일상의 신산한 삶의 고통을 어떻게 이길 수 있을까요?
어떻게 삶의 고통에서 벗어날 수 있을까요?
무엇을 해야 하나요?
고통에서 벗어나려면, 예수께로 가야 합니다.
찬송가 272장 〈고통의 멍에 벗으려고〉 가사가 그것을 보여 주고 있습니다.

> 고통의 멍에 벗으려고 예수께로 가야 합니다
> 자유와 기쁨 베푸시는 예수께로 가야 합니다
> 낭패와 실망 당한 뒤에도 예수께로 나가야 합니다
> 십자가 은혜받으려고 예수께로 가야 합니다
>
> 그러면 병든 내 몸도 튼튼해지고 빈궁한 삶도 부해질 것입니다
> 슬프던 마음도 위로받고 이생의 풍파도 잔잔해질 것입니다
> 실망한 이 몸이 힘을 얻고 예수의 크신 사랑 받을 것입니다
> 이것이 은혜입니다. 그러니 생명 되시는 주께로 가야 합니다

우리 하나님, 이 땅을 창조하실 아무런 이유도 없으셨지만 창조하셨습니다. 은혜입니다.
우리 하나님, 이 땅에 오실 아무런 이유도 없으셨지만 오셨습니다. 은혜입니다.
우리 하나님, 이 땅에서 십자가 지실 아무런 이유도 없으셨지만 지셨습니다. 은혜입니다.
우리 하나님, 여러분과 저를 구원해 주실 아무런 이유도 없으셨지만 구원해 주셨습니다. 은혜입니다.

우리 하나님, 여러분을 이 교회로 부르실 아무런 이유도 없으셨지만 불러 주셔서 신앙생활을 하게 해 주셨습니다. 은혜입니다. 그러니 모든 것이 은혜입니다.

찬양곡 〈오직 예수뿐이네〉의 가사가 참 좋습니다.

> 은혜 아니면 살아갈 수가 없네 호흡마저도 다 주의 것이니
> 세상 평안과 위로 내게 없어도 예수 오직 예수뿐이네
> 크신 계획 다 볼 수도 없고 작은 고난에 지쳐도
> 주께 묶인 나의 모든 삶 버티고 견디게 하시네
> 은혜 아니면 살아갈 수가 없네 나의 모든 것 다 주께 맡기니
> 참된 평안과 위로 내게 주신 주 예수 오직 예수뿐이네

'은혜 아닌 것이 없고 은혜 아니면 살 수가 없습니다.' 하나님은 우리가 "오직 은혜"로 살아가기를 원하십니다. 오른손 들고 외쳐 봅시다.

오직 은혜!

제4장

오직 믿음
(로마서 1:16-17)

1. 한결같은 태도

언젠가 주일 아침, 어느 교회 성경대학 강의를 끝내자마자, 약 2시간 가까이 차를 몰고, 낮 기온 115도 찍는 팜스프링으로 설교하러 갔습니다. 끝나고 나니 아침에 했던 성경 공부와 설교 모두 끝났다는 홀가분함도 있었지만, 무엇보다 길치인 제가 혼자서 늦지 않고, 아니 오히려 좀 일찍, 목적지에 도착했다는 것에 대한 무한 뿌듯함이 밀려왔습니다. 이래도 되나 싶을 정도였습니다.

이렇게 혼자 목적지를 아무런 이탈 없이, 콜 택시 운전기사처럼, 구글 지도처럼, 정확 무오하게, 칼같이 목적지에 왔다 가도 되나 싶었습니다. 이제 돌아가는 일만 남았습니다.

차에 올라타면서 아내에게 전화하는데 받지를 않습니다. 딸에게 전화해서 '이제 집으로 간다고' 전했습니다. 그렇게 의기양양 집으로 가는데 이상합니다. 올 때 보지 못했던 사막, 갈 때 보았습니다. 올 때 오르지 않던 산길, 갈 때 올랐습니다. 마침 전화를 걸어온 아내에게 말했습니다.

"이상해요. 산이 나오고 사막이 나와요."

하니 아내가 말했습니다.

"반대로 가고 있는 거 아니예요?"

"설마요. 이 쉬운 길을, 아무리 길치인 나라도 그렇지."

혹시나 해서 차를 길가에 세우고 지도 맵을 켜 보니, 그야말로 반대 방향인 10E로 가고 있었습니다. 분명히 10W를 탄 것 같은데 말입니다. 15마일을 더 갔으니 출발지로 돌아오는 것까지 30마일을 그 동네 구경을 한 셈입니다.

그럼 그렇지요. 제가 그토록 정 없이, 틈 없이, 낭만 없이, 한 치의 오차 없이, 깔끔하게, 완벽하게, 냉혈 인간처럼 팜스프링까지 갔다가 설교만 하고 온다면 그건 팜스프링 동네에 대한 예의가 아니지 않은가요. 프리웨이를 타고 난 다음에 전화해야 했는데 아내에게 딸에게 전화한다고 신경을 쓰다 보니 반대로 간 겁니다.

그렇게 쭉 갔으면 그날 밤에는 아마도 플로리다(Florida)까지 가서 대서양의 등 푸른 고래 떼를 봤을지도 모르겠습니다. 그때 아내가 전화기 너머로 한마디 하더군요.

"어찌 그리 한결같은지!"

사람은 자고로 한결같아야 하지 않은가요?

물론 이것은 적절한 예화는 아니지만, 의미는 찾을 수 있습니다. 우리가 살아감에 있어서 가장 중요한 삶의 태도 중 하나는, '한결같은 모습, 변덕스럽지 않은 모습'일 겁니다. 우리의 마음과 사고와 가치가 한결같아야 할 뿐만 아니라 우리가 하는 일도 한결같아야 합니다.

신앙생활도 마찬가지입니다. '한결같은 믿음'이 있어야 합니다. 그러면 기분 따라, 형편 따라 신앙생활 하지 않을 수 있습니다. 변덕스럽지 않을 수 있습니다. 어떠한 형편에든지 한결같이 주님을 신뢰하며 살아갈 수 있습니다. 이것을 우리는 "믿음"이라 합니다. 이 장에서는 '오직 믿음'이 무엇을 의미하는지 같이 보고자 합니다.

2. 모든 믿는 자에게 임하는 복음의 능력

"오직 믿음"을 가장 잘 나타내 주는 말씀은 바로 로마서 1:17입니다.

> 복음에는 하나님의 의가 나타나서 믿음으로 믿음에 이르게 하나니 기록된 바 오직 의인은 믿음으로 말미암아 살리라 함과 같으니라(롬 1:17).

이 말씀은 어쩌면 로마서 전체에서 가장 중요한 말씀이기도 하며 동시에 로마서 전체를 해석하는 핵심 구절이기도 합니다. 마르틴 루터도 이 말씀에 근거해서 종교개혁을 추진했습니다.

이 본문의 의미는, 우리가 의롭게 되어야 구원을 받는데, 그 의롭게 되는 조건이 무엇이냐, "믿음"이라는 것입니다. 로이드 존스 목사는 부흥이 일어나면 어김없이 "오직 믿음으로만 의롭다 하심을 얻는다"는 이 교리가 강조된다고 합니다. 이 의미는 자신의 과거 신앙생활, 성실한 교회 출석이 무가치하며, 오직 하나님이 경건치 않은 자를 의롭다고 해 주셔야 의롭게 된다는 것입니다.[1]

"오직 의인은 믿음으로 말미암아 살리라"는 말씀이 정확히 무엇을 의미하는지 한 번 보고자 합니다. 16절 말씀부터 읽어 보면, 바울은 자신이 '복음을 부끄러워하지 않는다'고 말합니다.

바울이 누구였습니까?

바울은 복음을 믿는 자들을 박해했던 자였습니다. 그런 그가 이제 복음을 위해 살아가는 자가 되었습니다. 그는 이제 복음이 부끄러운 것이 아니라 자신의 과거가 부끄러워졌습니다.

---

1   마틴 로이드 존스, 『부흥』, 106.

우리도 복음을 부끄러워하지 않고 복음 위해 살아야 합니다. 그런데 이 시대를 보면 복음이 부끄러워지는 시대가 되어 가고 있습니다. 아니 어쩌면 예수를 믿는 것이 부끄러운 시대가 되어 버렸는지도 모르겠습니다. 많은 사람이 '교회가 세상을 걱정하는 시대가 아니라 세상이 교회를 걱정하는 시대'가 되어 버렸다고 이야기합니다.

이렇게 기독교인이라는 것이 부끄러운 시대에 복음을 부끄러워하지 않고 복음을 살아 내야 합니다. 다시금 세상에 알려 주어야 합니다. 복음에는 '능력'이 있다는 것을 말입니다. 복음이 '모든 믿는 자에게 구원을 주시는 하나님의 능력이 된다'는 것을 말해 주어야 합니다.

복음은 단지 몇 사람만이 아니라, 유대인만이 아니라, "모든 믿는 자"에게 구원을 주십니다. 그것을 말하기 위해 바울은 "먼저는 유대인에게요 그리고 헬라인에게로다"라고 헬라인에 대한 항목을 덧붙입니다. 이 말씀은 구원의 순서를 말하는 것이 아닙니다. 유대인이 구원받고 나서 헬라인이 구원받는 것이 아니라 헬라인도 믿으면 구원받는다는 것을 강조하기 위해 유대인 다음으로 의도적으로 슬쩍 넣은 것입니다. 유대인이든 헬라인이든 모든 믿는 자가 구원받을 수 있다는 것을 강조하는 표현입니다.

당시 유대인들은 자신들만 선택된 민족이라는 '선민의식'에 사로잡혀 자신들만 구원받는다고 믿었습니다. 그러나 바울은 그 범위를 헬라인, 즉 이방인에게까지 확장시킵니다. 유대인은 사실 이 부분이 껄끄러웠을 겁니다.

이방인들과 함께 삶을 나누는 것이 그렇게 달갑지 않은데 그들에게도 구원이 임할 수 있다니 이해가 되었겠습니까?

바울은 구원의 문제를 유대인에게만 국한시키지 않습니다.

왜 그런가요?

복음이란, '누구든지 믿으면' 구원을 받기 때문입니다. 이것이 복음의 능력이라는 말입니다.

'오직 의인은 믿음으로 말미암아 산다'는 이 본문 말씀은, 그러니까 종교개혁 이후 '행함을 배제한 믿음만'을 강조하는 데 초점이 맞춰진 본문이 사실은 아닙니다. 나의 행함이 구원을 이루지 못한다고 해서, 즉 하나님만이 구원을 베푸시니 나는 아무것도 하지 않아도 된다는 말이 아닙니다. 핵심은, '누구든지 믿으면 구원받는다'는 데 있습니다. 그 사람이 유대인이든 이방인이든 자유인이든 종이든 그 누구든지 상관없이 주 예수를 믿으면 구원받는다는 것이 이 본문이 말하는 핵심입니다.

이 본문이 행함을 배제하는 것을 이야기하는 것이라면, 바울은 행함을 자신의 글에서 지워야 했을 겁니다. 그러나 바울은 '행함'을 배제하지 않았습니다. 로마서 2:6에서 바울은 "하나님께서 각 사람에게 그 행한 대로 보응하시되"라고 말합니다.

바울은 이 말씀을 선을 행하는 자와 악을 행하는 자로 나누어 설명합니다.

> 참고 선을 행하여 영광과 존귀와 썩지 아니함을 구하는 자에게는 영생으로 하시고 오직 당을 지어 진리를 따르지 아니하고 불의를 따르는 자에게는 진노와 분노로 하시리라 (롬 2:7-8).

바울은 하나님이 선과 악에 대한 보응을 유대인과 헬라인 모두에게 하실 것을 이어서 말합니다.

> 악을 행하는 각 사람의 영에는 환난과 곤고가 있으리니 먼저는 유대인에게요 그리고 헬라인에게며 선을 행하는 각 사람에게는 영광과 존귀와 평강이 있으리니 먼저는 유대인에게요 그리고 헬라인에게라(롬 2:9-10).

바울이 말한 것을 종합하면 어떻게 되나요?

첫째, 복음은 구원을 주시는 능력인데 유대인뿐만 아니라 헬라인에게 똑같이 적용된다.
둘째, 악을 행하는 자에게 환난과 곤고가 임하는데 이것도 유대인뿐만 아니라 헬라인에게 똑같이 적용된다.
셋째, 선을 행하는 각 사람에게도 영광과 존귀와 평강이 임할 것인데 이것도 유대인뿐만 아니라 헬라인에게 똑같이 적용된다.

유대인이든 헬라인이든 상관없이 믿는 모든 사람은 구원을 받을 것이고, 동시에 모든 사람은 자신의 행위대로 심판을 받는다는 것입니다. 그러니 사실 바울이 말하고자 하는 것은 '믿음을 행함과 분리해서 말한 것이 아님'을 알 수 있습니다.

이것을 이해하지 않는 이상 행함을 강조하는 야고보서는 정말로 루터가 표현한 것처럼, "지푸라기 서신"이기에 버려야 합니다.

야고보서를 버릴까요?

아닙니다.

'모든 성경은 하나님의 호흡이 들어간 말씀'인데 어떻게 버릴 수 있겠습니까. 버려야 하는 것은 자신이 싫어하는 말씀이 아니라 자신의 '독단'일 겁니다.

첫째 아이가 한 살 좀 지났을 때 알파벳 놀이를 했습니다. 알파벳 글자들을 글자 모양 틀에 넣는 놀이인데 어떤 글자 하나를 못 넣는 겁니다. 하다가 안 되니 그 글자를 자기 옷 속에 집어넣더군요. 자신이 감당이 안 된다는 말입니다.

그런데 자신이 감당이 안 된다고 숨기면 문제가 해결될까요?

마찬가지입니다. 어떤 성경 말씀은 자신이 싫다고, 이해가 안 된다고, 감당이 안 된다고 버리면 안 되지요. 야고보서 2장에 나오는 "행함이 없는 믿음은 그 자체가 죽은 것"(17절)이라거나 "행함이 없는 믿음이 헛것"

(20절)이라는 말씀이나, "행함이 없는 네 믿음을 내게 보이라 나는 행함으로 내 믿음을 네게 보이리라"(18절)는 말씀도 다 하나님의 말씀이기에 버릴 것이 아니라 소중히 지켜야 합니다.

어느 책의 내용을 인용해 보겠습니다. 누가 말했는지 맞춰 보시기 바랍니다.

> 우리는 선행이 없는 믿음이나 선행이 없이 유지되는 칭의는 꿈도 꾸지 않는다.

누가 말한 것 같습니까?
자유주의자?
행위 구원자?

아닙니다. 개혁교회의 아버지 장 칼뱅이 『기독교 강요』에서 한 말입니다.
놀랍지 않습니까?
칼뱅이 행위 구원을 이야기합니까?
아닙니다. 그는 뒤에 덧붙입니다.

> 다만 여기서 중요한 것은, 믿음과 선행이 반드시 서로 굳게 결합한다는 것을 인정하면서도, 우리는 여전히 칭의의 기초를 선행이 아니라 믿음에 둔다는 사실이다.[2]

---

[2] 존 칼빈, 『기독교 강요 중』, 원광연 옮김 (CH북스, 2015), 346.

맞습니다. 칭의를 강조하는 칼뱅조차도 칭의를 행함과 분리하지 않았음을 보아야 합니다. 루터는 가톨릭이 주장했던 이행칭의(以行稱義)를 거부하고 이신칭의를 확고히 다집니다. 여기에 '오직'이라는 말을 추가해서 Sola Fide(오직 믿음)를 강조합니다.[3]

믿음을 행함과 분리했을 때 이르게 되는 마지막을 바울은 디도서 1:16에서 다음과 같이 말합니다.

> 그들이 하나님을 시인하나 행위로는 부인하니 가증한 자요 복종하지 아니하는 자요 모든 선한 일을 버리는 자니라(딛 1:16).

사도 요한도 말합니다.

> 그 형제를 미워하는 자마다 살인하는 자니 살인하는 자마다 영생이 그 속에 거하지 아니하는 것을 너희가 아는 바라(요일 3:15).

행함과 삶이 없는 신앙이 얼마나 위험한지를 보아야 합니다.

입으로는 하나님을 시인하지만 실제로는 믿지 않는다는 이야기입니다. 신학에서는 이것을 '실제적 무신론'(practical atheism)이라고 앞에서 말씀드렸습니다. 입으로는 믿는데 삶에서는 실제로는 안 믿는다는 말입니다. 복음의 능력을 실제로 안 믿는다는 이야기입니다. 한국 교회가 부끄러워지게 된 이유는, 어쩌면 실제로 하나님을 안 믿기 때문인지도 모르겠습니다. 우리가 믿는 믿음이 진정한 믿음이라면, 그 믿음은 삶에서 실제로 믿어야 합니다.

---

3 알리스터 맥그라스, 『기독교의 역사』, 박규태 옮김 (포이에마, 2016), 333.

조나단 도슨 목사는 『왜 복음은 믿을 수 없는 이야기가 되었나』라는 책에서, '믿음'을 다음과 같이 말하고 있습니다.

예수님이 "회개하고 복음을 믿으라"(막 1:15) 하셨을 때, 이 믿음은 히브리 문화에서 온 것이라 합니다. 히브리 문화에서 믿음은 마음, 영혼, 지성이 다 관여하는 "전인적 현상"이라는 겁니다. 서구 문화에서 믿음은 단순히 '지적 동의' 차원에 머물지만, 예수님이 말씀하시는 믿음은, "인격적 헌신과 자신의 생활을 다시금 근본적으로 재정립할 것을 촉구하는 것"이라 합니다.[4]

조나단 에드워즈도, 어떤 사람이 자신이 회심한 이야기를 들려주지만, 나중에 보면 회심하지 않았던 사람으로 드러나는 경우가 많다고 합니다. 그 이유는 그 회심이 "죄의 자각과 감정의 변화"라는 기준에 보면 회심한 듯하지만, 그것만으로는 진정한 회심을 설명할 수 없다는 것입니다.[5]

토저도 믿음으로 의롭게 되는 '회심'을 기계적으로 잘못 해석해서 다른 것을 추구하지 못하게 한다면 결과적으로 이렇게 된다고 합니다.

> 그리스도를 '영접'했는데도 영혼 속에 그리스도를 향한 특별한 사랑이 생겨나지 않습니다. '구원'을 받았는데도 하나님을 향한 굶주림이나 목마름을 느끼지 못합니다.[6]

믿음은 단지 입의 시인만을 말하지 않습니다. 우리의 전 존재가 믿음으로 반응해야 합니다. 자신의 전 존재를 걸고 주님을 따르는 삶이어야 합니다. 그것이 "오직 믿음"의 의미일 것입니다.

---

4   조나단 도슨, 『왜 복음은 믿을 수 없는 이야기가 되었나』, 김재영·박일귀 옮김 (CUP, 2017), 137.
5   조나단 에드워즈, 『신앙 감정론』, 정성욱 옮김 (부흥과개혁사, 2005), 241.
6   A. W. 토저, 『하나님을 추구하라』, 15, 16.

3. 흔들리지 않는 신앙

이렇게 오직 믿음으로 살기 위해서는 흔들리지 않는 '견고한 믿음'을 가져야 합니다.

이사야 26:3은 말합니다.

> 주께서 심지가 견고한 자를 평강하고 평강하도록 지키시리니 이는 그가 주를 신뢰함이니이다(사 26:3).

'심지'가 무엇인가요?

한자로 보면 마음심(心), 뜻지(志), 즉 '마음의 뜻'입니다. '견고하다'(steadfast)는 것은, 흔들리지 않고 굳건하고 한결같다는 뜻입니다. 마음이 흔들리지 않고 한결같은 것을 '심지가 견고하다' 합니다.

언젠가 코리아타운에서 모임이 있었습니다. 멀기도 해서 가지 않으려고 이 핑계 저 핑계 궁리하는데 당일 아침 일찍 모임의 회장님이 카톡 하나를 보내오셨습니다. 간단하고 카리스마 있게.

"오늘 참석 바람."

기회는 이때다 싶어서 여쭈었습니다.

"오늘 근처에 큰 행사가 있으면 길이 막힐 텐데 괜찮은지요?"

답장이 왔습니다.

"일찍 골목길로 오시면 됩니다."

쿨 하십니다. '막히면 일찍 오면 된다'는 아주 놀라운 진리의 말씀을 해 주셨습니다.

하나 배웁니다.

'아, 공동체 구성원이 주저하고 흔들릴 때 리더는 흔들리면 안 되는구나.'

'흔들리는 사람은 흔들리지 않는 사람이 잡아 주어야 하는구나.'
흔들리는 배도 닻이 잡아 주는 것처럼 말입니다.

가만히 보면 우리 인생도 흔들리는 인생 같습니다. 도종환 시인이 쓴 〈흔들리며 피는 꽃〉이라는 시가 있습니다.[7]

〈흔들리며 피는 꽃〉

흔들리지 않고 피는 꽃이 어디 있으랴
이 세상 그 어떤 아름다운 꽃들도
다 흔들리면서 피었나니
흔들리면서 줄기를 곧게 세웠나니
흔들리지 않고 가는 사랑이 어디 있으랴
젖지 않고 피는 꽃이 어디 있으랴
이 세상 그 어떤 빛나는 꽃들도
다 젖으며 젖으며 피었나니
바람과 비에 젖으며 꽃잎 따뜻하게 피웠나니
젖지 않고 가는 삶이 어디 있으랴

존재하는 모든 것은 흔들립니다. 저마다 바람이 불기 때문입니다. 아니 존재 자체가 흔들린다고 표현하는 것이 더 맞을 것 같습니다. 세상 그 어떤 바람에도 흔들리지 않고 살아가는 존재는 없습니다. 흔들리니까 '존재'입니다. 흔들리니까 '삶'입니다. 흔들리니까 살아 있는 세상입니다. 그럼에도 불구하고 흔들리지 않는 마지막 중심은 있어야 합니다. 우리의 심지는 흔들리지 않아야 합니다.

---

7 도종환, 『담쟁이』(시인생각, 2012), 40.

신앙생활이 흔들리지 않기 위해서는 우리 속에 말씀의 심지가 견고해야 합니다. 그러기 위해서는 삼위일체 하나님 한 분만을 신뢰해야 합니다. 무엇보다도 중심에 하나님 한 분밖에 없어야 합니다. 다른 것이 없어야 합니다. 그러면 하나님이 우리의 삶을 붙잡아 주실 것입니다. 이것을 믿는 것이 진정한 믿음입니다.

캔터베리 대주교였던 로완 윌리엄스는, 사도신경으로 고백하는 "나는 전능하신 아버지 하나님, 천지의 창조주를 믿습니다"는 "내가 내 삶을 어디에 단단히 붙들어 맬 것인지, 어디서 나의 근본, 본향을 찾을 것인지에 대한 선언의 출발점"이라 합니다.

다시 말해 우리가 "하나님을 믿는다" 했을 때 그것은 단순히 UFO의 존재를 믿는다는 사람들의 믿음과 같은 것이 아니라는 겁니다.[8] 하나님을 믿는 것은 철저한 신뢰요 자신의 전 존재를 하나님을 위해 산다는 의미가 깃들어 있다는 의미일 겁니다.

4. 인생의 절벽에서도 희망하는 신앙

사무엘하 13장에 보면 다윗이 압살롬의 반란으로 인해 유다 광야로 쫓겨납니다. 이 압살롬이 누구냐 하면 다윗의 여러 아내 중 마아가의 아들이었고 다윗의 셋째 아들이었습니다. 그 압살롬에게는 '다말'이라는 아름다운 누이가 있었습니다. 다윗에게는 아히노암으로부터 낳은 첫째 아들 '암논'도 있었지요.

이 암논이 다말을 좋아하게 되었습니다. 배가 다르지만 여동생입니다. 그런데 이 암논이 억지로 이 다말과 동침합니다. 동침하고 난 뒤에는 그

8　로완 윌리엄스, 『신뢰하는 삶』, 김병준·민경찬 옮김 (비아, 2015), 24-25.

만 다말을 쫓아냅니다. 그 소식을 들은 압살롬은 마음속에 분을 품고 살아갑니다.

2년이 지난 어느 날, 압살롬은 양털을 깎는 일이 있어서 사람들을 데리고 갈 때 암논과 함께 갈 수 있도록 아버지 다윗왕에게 요구합니다. 다윗이 허락하자 압살롬이 그 길로 암논을 죽이고는 도망갑니다.

도망간 지 3년 뒤 돌아왔지만, 다윗왕은 그의 얼굴을 2년 동안 보지 않습니다. 이때 압살롬은 자기의 잘못을 뉘우치기는커녕 도리어 부친에 대해 반감을 품습니다. 반역을 꿈꿉니다. 압살롬이 반역의 무리를 모읍니다. 그 무리가 많아지자 이제 다윗이 도망갑니다. 아버지와 아들의 싸움, 참 서글펐을 것 같습니다.

다윗이 이 상황에서 쓴 시가 시편 63편입니다. 첫 문장이 이렇습니다.

> 하나님이여 주는 나의 하나님이시라(시 63:1a).

다윗은 아들이 쫓아오는 서글픈 상황에서 먼저 하나님을 찾았습니다. 아니 하나님밖에 의지할 분이 없었을 겁니다. 그는 간절히 하나님을 찾습니다. 새번역으로 1b절을 읽습니다.

> 내가 주님을 애타게 찾습니다. 물기 없는 땅, 메마르고 황폐한 땅에서 내 영혼이 주님을 찾아 목이 마르고, 이 몸도 주님을 애타게 그리워합니다(시 63:1b, 새번역).

주변 환경도 그렇고 자신의 모습도 비슷한 '삭막하고 물기 없는 땅'에서, 다윗은 영혼뿐만 아니라 자신의 몸도 주님을 애타게 찾고 있음을 말해 줍니다. 하나님 외에 의지할 것이 아무것도 없다는 것을 깨달을 때, 하나님은 나의 하나님이 되십니다. 하나님은 우리 모두의 하나님이시지만, 어디에도 희망이 없다는 것을 깨달을 때, 하나님밖에 의지할 때가 없을 때,

하나님은 "나의 하나님"이 되십니다.

인생이 슬플 때가 있습니다. 그럴 때 하나님을 찾고 부르짖어야 합니다.

"나의 하나님이여, 나의 아버지여, 내가 너무 슬픕니다. 나의 눈물을 닦아 주옵소서."

슬프고 힘들 때 하나님을 찾을 수 있다는 것, 은혜요 복입니다. 세상 사람들은 자신들의 슬픔을 진정으로 토해낼 곳이 없습니다. 그러기에 절망하거나, 잊기 위해 술과 마약에 의존합니다.

화가 빈센트 고흐(Vincent van Gogh)는 1890년 7월 27일에 자살했습니다. 그가 마지막으로 남긴 말은 안타깝게도, "슬픔이 영원할 것이다"(La tristesse durera toujours; the sadness will last forever)[9]라는 말이었습니다.

그런데 정말 그런가요?

정말 슬픔이 영원한가요?

슬픔을 부정하는 것은 아니지만 그 슬픔이 우리의 삶을 규정하는 마지막 단어가 되어서는 안 될 것입니다.

정호승 시인은 〈절벽에 대한 몇 가지 충고〉라는 시에서 "사람은 누구나 가슴속에 외로운 절벽 하나씩은 있다"[10]고 했습니다. 맞는 것 같습니다. 누구나 삶의 끝자리에 선 듯한 슬픔이 있습니다. 그러나 그렇다고 그 외로운 절벽이 슬픔을 영원토록 지속시키는 기제가 되어서는 아니 될 것입니다.

우리 삶의 현상을 보면 그럴 수 있지만, 우리는 희망을 봐야 합니다. 하나님이 바로 희망이기 때문에 하나님만을 봐야 합니다. 그러면 그 외로운 절벽에서도 하나님을 찾고 찬양할 수 있습니다. 오히려 절벽에서 바라보는 풍광이 더 멋있고 절벽에서 맞는 바람이 더 맛있는 법입니다.

---

9   https://en.wikipedia.org/wiki/La_Tristesse_Durera_(Scream_to_a_Sigh)
10 정호승, 『외로우니까 사람이다』(열림원, 1998), 39.

바울의 후견자였던 뵈뵈가 바울의 편지를 로마에 있는 그리스도인들에게 전하면서 하나님이 모든 상황보다 더 크시기에 희망을 잃지 말 것을 말합니다.

> 전 희망을 품을래요. 저는 어둠 속에 제 등불을 들고 굴복하지 않겠어요. 저는 사랑과 생명의 하나님께 소망을 품고 그분을 신뢰할 겁니다.[11]

어떤 일이 있어도 희망을 품어야 합니다.

다윗을 보십시오. 다윗은 아들이 자신을 죽이려고 쫓아오는 어려운 상황 속에서 주님을 찬양했습니다. 우리가 잘 아는 찬양 〈주의 인자하심이 생명보다 나으므로〉가 시편 63:3-4에 곡을 입힌 것입니다.

> 주의 인자하심이 생명보다 나으므로 내 입술이 주를 찬양할 것이라 이러므로 나의 평생에 주를 송축하며 주의 이름으로 말미암아 나의 손을 들리이다(시편 63:3-4).

3절 말씀을 새번역으로 읽으면 다음과 같습니다.

> 주님의 한결같은 사랑이 생명보다 더 소중하기에, 내 입술로 주님께 영광을 돌립니다 (시편 63:3).

아들에게 쫓기는 불행한 상황 속에서도 그는 하나님의 사랑을 "한결같은 사랑"이라 고백합니다.

어떻게 한결같은가요?

---

11 구더, 『이야기 뵈뵈』, 170.

곧 죽을 수도 있는데 어떻게 하나님이 한결같이 자신을 사랑한다고 고백할 수 있는가요?

그것은 다윗이 하나님의 참사랑을 맛보았기 때문일 겁니다.

하나님의 참사랑을 맛본 사람은 쉽게 흔들리지 않습니다. 부모의 참사랑을 느낀 아이는 부모가 혼을 내어도 부모가 자신을 사랑한다는 것을 알기에 흔들리지 않습니다. 우리도 이런 고백을 할 수 있었으면 합니다.

이것이 참신앙 아닌가요?

기독교 역사를 보면 초대 교회의 순교자들은 한결같은 신앙으로 살았습니다. 순교자 중 스미르나의 감독이었던 폴리카르포스의 일화가 있습니다. 그가 잡혔을 때 재판관이 그에게 말합니다.

"그리스도를 한 번만 저주하면 살려 주겠다."

그러자 그는 이렇게 답합니다.

> 나는 여든여섯 해 동안 그분을 섬겼지만, 그분은 한 번도 나를 저버린 적이 없소. 그런데 어떻게 내가 나를 구원하신 나의 왕을 저주할 수 있겠소?[12]

폴리카르포스는 하나님에 대한 한결같은 믿음이 있었기에 죽음의 순간에도 하나님만 의지할 수 있었음을 보게 됩니다.

---

12 박경수, 『교회사 클래스』 (대한기독교서회, 2010), 22.

5. 전 존재를 거는 신앙: 은혜로 얻은 믿음으로 능동적으로 살 수 없는가?

예수님도 사람들이 마음으로 하나님을 믿지 않는 모습을 보며 이사야의 말씀을 인용해 말씀하십니다.

이 백성이 입술로는 나를 공경하되 마음은 내게서 멀도다(마 15:8; 사 29:13).

그것은 "나를 헛되이 경배하는" 것이라 하십니다(마 15:9). 여기서 '마음으로 주님을 믿는다'는 것은 삶이 따르지 않는 마음뿐인 믿음이 아닐 것입니다. 전심으로 주님을 믿는 것을 의미합니다. 그렇지 않을 경우 주님을 경배하는 것은 헛될 뿐입니다.

"옛말 틀린 거 하나 없다"는 이 옛말은 정말로 틀린 적이 없는 것 같습니다. "한 우물을 파야 한다"는 옛말이 그렇습니다.

아이들과 바닷가에서 놀며 조금씩 조금씩 땅을 파기 시작했습니다. 손목이 들어가고 팔이 들어가고 발이 들어가고 다리가 들어가고 몸이 들어가고 그렇게 파 들어갔습니다. 그렇게 한 시간 정도 파 들어가니 점점 더 젖은 흙이 나옵니다. 곧 물이 나올 것 같다는 느낌적 느낌을 받았습니다. 거기서 멈추면 안 됩니다. 거기서 멈추면 물의 느낌만 있지 물은 만나지 못합니다. 물을 만나려면 더 파야 합니다. 이래서 사람은 한 우물을 파야 한다는 거로구나 깨닫게 됩니다.

힘들어도 믿음 가지고 나아가야 합니다.

사도 바울도 고백합니다.

우리가 사방으로 욱여쌈을 당하여도 싸이지 아니하며 답답한 일을 당하여도 낙심하지 아니하며 박해를 받아도 버린 바 되지 아니하며 거꾸러뜨림을 당하여도 망하지 아니하고 (고후 4:8-9)

어떠한 일이 있어도 넘어지지 않는 모습을 바울은 보여 주고 있습니다.

우리도 하나님의 한결같은 사랑을 체험했다면, 하나님을 향한 한결같은 믿음을 지녀야 할 것입니다. 우리의 인생이 평탄할 때만이 아니라 우리 삶의 형편이 어려울 때도 하나님을 믿어야 합니다. 비록 무화과나무가 무성하지 못해도, 포도나무에 열매가 없어도, 감람나무에 소출이 없어도 하나님을 믿는 것, 그것이 '오직 믿음'입니다. 타는 풀무불 가운데서 하나님이 건져내시지 않는다 할지라도 하나님을 믿는 것, 그것이 '오직 믿음'입니다.

신앙생활 하다가도 우리에게 오는 복이 없다 할지라도, 심지어 사도 바울의 고백처럼, 그리스도에게서 끊어질지라도 끝까지 믿는 것, 그것이 '오직 믿음'입니다. 복이 있어서 믿는 것이 아니라 그러한 복 없다 하더라도 믿는 것이 오직 믿음이라는 것입니다. 이 복음을 회복해야 합니다. 이 복음을 우리가 실제로 살아야 합니다. 이런 믿음을 갖기 위해 하나님만을 믿겠다는 결단을 해야 합니다.

최병성 목사는 복음을 회복해야 한국 교회가 살아난다고 강조합니다.

> 기독교는 그저 예수를 숭배하며 복과 성공을 구하는 종교가 아니라, 예수와 함께 십자가를 지고 세상을 치유해가는 역동성 넘치는 또 한 명의 예수가 되는 것입니다. 예수님은 우리에게 세상의 소금과 빛이라 하셨건만, 세상의 변화는 고사하고 자신의 삶조차 변화되지 않고 있습니다.
> 세상을 변화시키는 힘은 복음으로부터 나옵니다. 기쁨으로 찾아온 복음이 내 안에 있을 때, 내가 세상을 향해지고 가는 십자가는 더 이상 무거운 짐이 아니라 하늘을 날아오르는 날개가 되기 때문입니다. 이제 우리에게 필요한 것은 예수님이 우리에게 선물로 주신 복음의 놀라움과 새로움을 다시 발견하는 것입니다. 내 안에 복음을 회복하는 것입니다. 복음은 생명을 살리고

한국 교회를 깨우는 하나님의 능력입니다.[13]

여호수아 24:15에 보면 여호수아가 백성들에게 결단을 촉구하는 장면이 나옵니다.

> 만일 여호와를 섬기는 것이 너희에게 좋지 않게 보이거든 너희 조상들이 강 저쪽에서 섬기던 신들이든지 또는 너희가 거주하는 땅에 있는 아모리 족속의 신들이든지 너희가 섬길 자를 오늘 택하라 오직 나와 내 집은 여호와를 섬기겠노라(수 24:15).

우리는 어쩌면 매 순간 선택하고 결단해야 하는지도 모르겠습니다. 주님을 믿고 살아가는 신앙이 너무 말랑말랑해져 버렸습니다. 그러니 정작 삶에 어려움이 닥쳐오면 그 신앙 잃어버립니다. 올바른 신앙이 아니지요. 부족하고 연약한 인생인지라 넘어질 때가 많지만 그럴 때 하나님 붙잡아야 합니다. 세상 것을 붙잡으면 망합니다. 믿음을 붙잡아야 합니다. 피 묻은 예수 십자가를 붙잡아야 합니다.

시편 20:7을 보면, "어떤 사람은 병거, 어떤 사람은 말을 의지하나 우리는 여호와 우리 하나님의 이름을 자랑한다"고 말씀합니다. 영어 성경에는 '자랑한다'를 '의지한다'(trust in)로 번역하고 있습니다. 전쟁에서 병거와 말은 너무나도 소중합니다. 하지만 다윗은 그것들을 의지하기보다 여호와 하나님의 이름만을 의지합니다.

이 믿음이 우리에게 있어야 합니다.

왜 그런가요?

'병거와 말을 의지한 자들은 결국에는 비틀거리고 엎드러지지만, 하나님을 믿고 살아가는 이들은 일어나 견고히 서기' 때문입니다(8절).

---

13 최병성, 『복음에 안기다』, 11.

말씀은 늘 이상합니다. 우리가 상식적으로 생각하는 가치 개념을 무너뜨립니다. 초등학생들에게 등호, 부등호 문제는 쉬어 가는 코너입니다. 5는 3보다 크고 2는 4보다 작습니다. 그만큼 쉬운 문제입니다. 이 등식이 말씀 앞에서는 전혀 적용이 안 됩니다. 현실적으로 봤을 때 "병거와 말"은 "하나님의 이름"보다 힘이 셉니다. 그런데 다윗은 그 부등호의 방향을 바꿔 놓습니다. 하나님의 이름이 병거와 말보다 세다고 믿습니다. 이것을 인정하고 따르는 것이 믿음이자 신앙입니다.

이 말씀은 다윗이 골리앗과의 싸움에서도 똑같이 적용한 말씀입니다. 칼과 단창을 가지고 나온 골리앗과의 싸움에서 다윗은 만군의 하나님 이름을 의지하고 싸웁니다. 왜냐하면, "전쟁은 하나님께 속한 것"(삼상 17:47)이라는 믿음이 있었기 때문입니다. 이것이 신앙입니다. 바알의 선지자 450명에게 도전한 엘리야도 의지한 것이라고는 "여호와의 이름"(왕상 18:24)뿐이었습니다

이것이 신앙 아닌가요?

우리 인생길에서 이기거나 일어설 수 있는 힘은 내 눈앞에 있는, 내 손에 잡히는 물질이나 권력으로부터 나오는 것이 아니라, 보이지 않는 하나님으로부터 그리고 하나님의 말씀으로부터 나옵니다. 왜냐하면, 인생 자체가 여호와께 속한 것이기 때문에 그렇습니다.

이사야는 말합니다.

> 너희는 인생을 의지하지 말라 그의 호흡이 코에 있나니 셈할 가치가 어디 있느냐 (사 2:20).

호흡이 코에 없으면 끝나는 것이 인생이라는 말입니다. 그러니 인생을 의지하지 말고 호흡이 끝나지 않는 만군의 하나님을 의지하라는 말씀입니다. 그런데 살아가다 보면 누군가가 끄집어낸 그럴듯한 패가 그럴듯해 보

입니다. 흔들립니다.

　기억해야 할 것은 우리는 언제나 "하나님"이라는 패를 가지고 있다는 사실입니다. 그 패 의지하면 일어서지만, 그럴듯한 패 의지하면 그럴듯해 보이지만 비틀거리고 넘어지게 되어 있습니다. 연약하기에 완전하신 주님 붙잡아야 합니다.

　찬양 중에 〈주는 완전합니다〉란 곡이 있습니다. 가사가 이렇습니다.

　　　주여 우린 연약합니다
　　　우린 오늘을 힘겨워합니다
　　　주 뜻 이루며 살기엔 부족합니다
　　　우린 우린 연약합니다

　　　주여 우린 넘어집니다
　　　오늘 하루 또 실수합니다
　　　주의 긍휼을 구하는 죄인입니다
　　　우린 주만 바라봅니다

　　　한없는 주님의 은혜
　　　온 세상 위에 넘칩니다
　　　가릴 수 없는 주 영광
　　　온 땅 위에 충만합니다

　　　주님만이 길이오니
　　　우린 그 길 따라갑니다
　　　그날에 우릴 이루실
　　　주는 완전합니다

가사가 너무 좋지 않습니까?
곡도 너무 좋습니다. 이런 의미 같습니다.

> 주님, 오늘도 인생살이 힘겹습니다. 오늘도 넘어지고 실수하며 살아갑니다. 연약한 인생입니다. 죄인입니다. 그러기에 완전하신 주만 바라봅니다. 주님 가신 길 저도 따라가겠습니다. 믿음 더하여 주옵소서.

믿음으로 사는 삶이 대체로 너무 수동적일 때가 많습니다.
믿음은 전적으로 하나님의 은혜로 받은 것인데 그 믿음을 가지고 능동적으로 살 수 없을까요?
여기서 '은혜'와 '믿음의 삶'의 관계를 네 가지로 살펴보고자 합니다.

첫째, 은혜는 하나님에게서 받는 것이니 수동태입니다. 은혜에 능동태가 있을 수 없을 것 같습니다. 그러나 그렇다고 은혜받은 믿음의 삶이 수동적이어서는 안될 것입니다. 능동태여야 합니다.

둘째, 은혜가 수동태이기에 수동태로 살아가는 신앙은, 하나님의 은혜만을 구하며 살아가는 신앙 같지만, 사실은 내 삶을 적극적으로 살아가지 않아도 되는 면죄부로 은혜를 여길 가능성이 높습니다.

셋째, 이와 반대로 은혜를 능동태로 생각하여 은혜도 우리의 힘으로 받는 것이라 생각하면서 능동태로 살아가는 신앙은, 적극적으로 은혜를 구할 뿐만 아니라 삶 또한 적극적으로 살아가는 신앙이기에 한편으로는 자유주의적 경향이 있습니다.

넷째, 은혜를 능동태로 간주하면서 수동태로 살아가는 신앙은 적극적으로 은혜를 구하지만 삶은 그냥 사는 종교인의 모습과 비슷합니다.

어쩌면 '은혜를 수동태로 받아들이며 능동태로 살아가는 신앙'이야말로 우리가 추구해야 할 삶이 아닐까 생각해 봅니다. 은혜는 받으니 수동형이지만, 은혜받은 삶은 그 은혜에 합당한 삶을 살기를 원하고 요구하니 능동형이어야 합니다.

하나님의 은혜로 믿음을 얻어 살아가기에 그 믿음의 삶이 수동태인 것 같지만 우리의 믿음은 주님을 보지 않고도 믿을 수 있고 고난 중에도 주님을 따를 수 있는 적극적이고 역동적인 능동적 믿음의 삶을 살 필요가 있습니다. 믿음의 출처가 수동태라고 믿음으로 사는 삶 마저 수동태여서는 아니 될 것입니다. 그것이야말로 은혜를 값싸게 만드는 것이 아니고 무엇이겠습니까.

6. 누가 버티는가?

조선 시대 4대 문장가 중 한 사람인 상촌(象村) 신흠(申欽, 1566~1628) 시인이 이렇게 읊었습니다.

> 동천년노항장곡(桐千年老恒藏曲)이요, 매일생한불매향(梅一生寒不賣香):
> 오동나무는 천년이 되어도 항상 곡조를 간직하고 있고,
> 매화는 일생 동안 춥게 살아도 향기를 팔지 않는다.
>
> 월도천휴여본질(月到千虧餘本質), 유경백별우신지(柳經百別又新枝):
> 달은 천 번을 이지러져도 그 본질이 남아 있고,
> 버드나무는 100번 꺾여도 새 가지가 올라온다.[14]

---

14 http://premium.chosun.com/site/data/html_dir/2008/01/23/2008012367004.html
「조선일보」 2008년 1월 23일자 조용헌의 글에서 가져옴.

오동나무도 매화도 달도 버드나무도 한결같음을 유지한다는 의미입니다. 자연은 어떤 어려움이 있더라도 굳건하게 버티는 것을 말해 줍니다.

사춘기에 들어선 아들이 언젠가부터 부쩍 아빠한테 성질을 내더군요. 그런데 언젠가 저녁놀을 보러 갔다가 오는 컴컴한 길에, 아들 녀석이 무서운지 제 옆에 와서 찰싹 달라붙습니다. 아들은 아들입니다. 기댈 곳이 아빠밖에는 없다는 의미입니다. 우리 인생도 마찬가지입니다. 기댈 곳이 하나님 아버지밖에는 없습니다.

사사 시대에 이스라엘 백성들은 하나님을 잊어버리고 우상을 섬겼습니다. 하나님이 진노하시고 벌을 내리십니다. 그러면 이스라엘 백성들은 여호와께 부르짖습니다. 이 패턴이 계속 반복됩니다. 그럴 때마다 사사가 한 명씩 등장합니다. 옷니엘이 그렇게 등장하고, 에훗, 드보라, 기드온도 그렇게 등장합니다.

이스라엘 백성들도 마찬가지지만 우리도 이런 패턴을 반복합니다. 하나님을 잊어버리고 심지어 대들고 그러다가 하나님의 진노를 맞으면 회개하고 살려 달라 부르짖습니다. 이 죄의 고리를 끊어야 합니다. 어느 시대를 막론하고 똑같은 패턴으로 돌아가는 이런 죄의 순환을 반복하지 않도록 우리가 끊어야 합니다.

그 방법이 무엇인가요?

우리 스스로 "우리의 행위들을 조사하고 여호와께로 돌아"가야(애 3:40) 할 것입니다. 오직 하나님을 진심으로 삶으로 믿는 것밖에 없습니다. 의지적으로 그렇게 해야 합니다.

이것이 십계명의 첫 계명인 "너는 나 외에는 다른 신들을 네게 두지 말라"는 의미이기도 합니다. 오직 믿음은 하나님만 믿겠다는 의미입니다. 하나님 이외의 그 어떤 우상에게 관심을 두지 않겠다는 고백을 의미합니다.

더 나아가 오직 하나님만 믿는 참다운 신자로 살아야 합니다. 본회퍼 목사님이 『옥중서신』이라는 책에 쓰신 내용을 읽어 봅시다.

> 누가 버티는가?
> 자신의 이성, 자신의 원칙, 자신의 양심, 자신의 자유, 자신의 덕행을 최후의 척도로 삼지 않는 사람만이 버틴다. 그는 하나님에 대한 믿음과 그분과의 전적 결속 속에서 이루어지는 복종 행위와 책임 있는 행위로 부름받아, 이 모든 것을 기꺼이 희생하는 사람이다. 자신의 온 생애를 하나님의 물으심과 부르심에 대한 응답이 되게 하려고 애쓰는 책임감 있는 사람만이 버틸 수 있다. 이런 책임감 있는 사람들은 어디에 있는가?[15]

하나님은 우리 인생이 하나님만 바라보고 하나님 한 분만으로 만족하는 한결같은 신앙을 갖기를 원하십니다.
누가 확고하게 설 것인가요?
바로 우리 자신이어야 할 것입니다. 다 같이 외쳐 봅시다.

오직 믿음!

---

[15] 디트리히 본회퍼, 『옥중서신』, 김순현 옮김 (복있는사람, 2016), 28.

제5장

오직 하나님께 영광

(고린도전서 6:19-20)

1. 움직이려면 생명이 있어야

개미들이 이동하는 것을 본 적이 있으실 겁니다. 길 이쪽에서 저쪽까지 양방향으로 오고 가곤 합니다. 언젠가는 그 모습이 너무 신기해서 가던 걸음을 멈추고, 어떤 일이 벌어지고 있는지, 쪼그려 앉아 가만히 들여다봤습니다. 한 방향으로 가는 개미들은 입에 무언가를 물고 있습니다. 식량일 겁니다. 다른 방향으로 가는 개미들은 입에 아무것도 없습니다. 먹이를 구하러 가는 중일 겁니다. 모두 부지런히 움직입니다.

개미는 부지런함의 상징이지요. 잠언에서도 개미에 대해 이렇게 말합니다.

> 게으른 자여 개미에게 가서 그가 하는 것을 보고 지혜를 얻으라. 개미는 두령도 없고 감독자도 없고 통치자도 없으되 먹을 것을 여름 동안에 예비하며 추수 때에 양식을 모으느니라 (잠 6:6-8).

그 개미들은 열심히 식량을 모으는 중이었던 것 같습니다. 그 개미들에게서 우리는 부지런함을 배워야 합니다.

그런데 그 개미 무리 중에 가끔 방향을 잃고 헤매는 개미들도 있습니다. 자기가 '먹이를 구하러 가는 중인지' '먹이를 구하고 오는 중인지' 헷갈

리나 봅니다. 우리도 가끔 그럴 때가 있습니다. 계단 한가운데 서서 자신이 올라가던 중인지, 내려가던 중인지 헷갈릴 때가 있습니다. 식당 입구에 서서 밥을 먹으러 들어가던 중이었는지 먹고 나오던 중이었는지 헷갈릴 때가 있습니다. 인간도 헷갈립니다.

그렇게 이동하는 개미들을 가만히 보고 있으면, '무엇이 저 작은 개미들을 움직이게 할까'라는 궁금증이 생깁니다. 아니 심지어 개미보다 훨씬 더 작아서 눈에 잘 보이지도 않는 미생물도 움직이는 것을 본 적 있을 겁니다.

신기하지 않습니까?
도대체 어떤 것이 그 속에 있기에 그 작은 것들이 움직일까요?
위장이든 심장이든 그런 장기들이 그 속에 있어야 움직일 것 같은데 그런 것들이 그 속에 있을까요?

미생물들의 구조가 어떤지는 잘 몰라도 그들이 움직이는 것은, 그 속에 '생명'이 있기에 움직일 것입니다.

그리스 작가인 플루타르크는 '누군가 죽은 사람을 세우려 했는데 서지 않더라'는 겁니다. 그러면서 "오, (인간이 똑바로 서려면) 그 안에 뭔가 있어야겠다"[1]고 말합니다. 죽은 사람은 혼자 설 수 없습니다. 그 속에 뭔가 있어야 설 수 있습니다.

그 뭔가가 무엇이겠습니까?
바로 '생명'입니다.

미생물이든, 동물이든, 사람이든, 그 어떤 것이든, 그 속에 생명이 있어야 움직입니다. 우리는 그렇게 살아 움직이는 것을 '생명체'라 부릅니다.

---

1 토머스 왓슨, 『웨스트민스터 소요리 문답 해설』, 15.

생명체는 가만히 있지 않고 움직입니다. 꿈틀거립니다. 아무리 작은 미생물도 '생명'이 있기에 움직입니다. 반대로 아무리 큰 물체라 하더라도 '생명'이 없으면 움직이지 않습니다. 책상도 건물도 죽은 사람도 생명이 없으니 스스로 움직이지 않습니다. 그러니 움직이는 것과 움직이지 않는 것의 차이는 생명이 있고 없고의 차이입니다.

교회든, 그 어떠한 공동체든, 움직이려면 생명이 있어야 합니다.[2] '힘'이 있어야 합니다. '뜨거움'이 있어야 합니다.

그런데 그 생명과 힘과 뜨거움이 어디서 옵니까?

우리 스스로 그 생명과 힘과 뜨거움을 만들어 낼 수 있습니까?

없습니다.[3]

왜 못합니까?

그것은 사람에게서 나오는 것이 아니라 성부, 성자, 성령 삼위일체 하나님에게서 나오기 때문에 그렇습니다.

시편 기자가 산을 향하여 눈을 들어 탄식하듯 질문합니다.

"나의 도움이 어디서 올까?"

인생의 도움이 어디서 옵니까?

그는 "나의 도움이 천지를 지으신 여호와에게서" 온다는 것을 깨닫습니다(시 127:1-2).

---

2 그러기 위해서는 공동체는 좀 북적일 필요가 있다. 비유가 될지 모르지만, 잠언 14:4에 '소가 없으면 구유는 깨끗할지 모르지만, 소의 힘으로 얻는 것이 많다'고 말씀한다. 구유에 소가 없다면 그 구유는 존재 의미가 없다. 구유에는 소가 있어야 한다. 소가 없는 구유는 깨끗할 수는 있어도 소가 있어야 얻는 것이 많다는 말이다.

3 설령 우리 인간들 스스로 만든 공동체에 힘과 뜨거움이 있다 하더라도 오래 가지 못한다. 왜 그런가? 그 힘의 출처가 사람이기 때문이다. 사람에게서 나오는 것은 모두를 만족시키지 못한다. 어떤 사람은 이것을 좋아하고 또 어떤 사람은 저것을 좋아한다. 일시적으로 서로 일치점을 얻는다 해도 어떤 부분에서 의견의 일치가 이루어지지 않으면 금방 헤어지는 것도 바로 그런 이유에서다.

삼위일체 하나님에게서만 도움이 옵니다. 삼위일체 하나님만이 우리 자신과 공동체를 지키시고, 삼위일체 하나님만이 우리 자신과 공동체를 살아 숨 쉬게 할 수 있으시고, 삼위일체 하나님만이 우리와 공동체를 움직이게 하십니다.

이것을 고백하고 믿는다면, 즉 삼위일체 하나님 때문에 우리와 교회가 존재한다면, 우리는 무엇하며 살아야 하고, 교회는 무엇 하며 살아야 합니까?

답은 간단하고 정해져 있습니다. '오직 하나님께 영광' 돌리는 삶을 살아야 할 것입니다.

이것 외에 또 무엇이 있겠습니까?

기독교 영성가로 유명한 헨리 나우웬은, 고등학생 시절 예수회 수도사들의 가르침에 따라, 노트 한 장 한 장마다 위쪽에 "A.M.D.G(Ad Majorem Dei Gloriam, 하나님께 더 큰 영광을)"[4]라고 적었다 합니다. 그가 가장 원했던 것은 하나님께 더 큰 영광을 돌리는 삶이었습니다. (저도 고등학교 때 주의 종이 되어야겠다고 결단하고 목사가 되기까지 책을 사면 속지 첫 페이지에 "주님의 도구로 삼으소서"라고 적었습니다. 한 장 한 장마다 그렇게 썼었으면 헨리 나우웬이 되었을텐데 아쉽습니다).

우리도 우리 인생의 페이지 페이지마다 '하나님께 더 큰 영광을 돌리는 삶'을 살아야 할 것입니다. 그것이 우리의 인생의 목적이어야 할 것입니다. 오직 시리즈 마지막 5번째로 '오직 하나님께 영광'(Soli Deo Gloria)에 대해 같이 나누고자 합니다.

---

4 헨리 나우웬, 『제네시 일기』, 37.

2. 우리 몸은 성전

고린도전서 6장에서 바울은, 우리가 '하나님께 영광' 돌릴 것을 말합니다.

그런데 무엇으로 하나님께 영광 돌리라고 합니까?

우리 "몸으로" 하나님께 영광 돌릴 것(honor God with your body, 20절)을 말합니다. 아니 명령하고 있습니다. 그 근거와 이유를 19절과 20절에서 말씀해 주십니다.

> 너희 몸은 너희가 하나님께로부터 받은 바 너희 가운데 계신 성령의 전인 줄을 알지 못하느냐 너희는 너희 자신의 것이 아니라(고전 6:19).

1) 자신의 것 아니라 받은 것

바울은 우리 몸이 '우리 자신의 것이 아니라' 합니다. 우리 몸이 우리 자신의 것이 아니라는 말은, 우리가 우리 자신의 '주인'이 아니라는 말이기도 합니다. 그런데 이상합니다.

우리가 우리 자신의 것이 아니고, 우리가 우리 자신의 주인이 아니라면, 우리는 누구 것이며, 누가 우리 자신의 주인인가요?
우리는 우리 자신의 것 아닌가요?
우리가 우리 자신의 주인 아닌가요?
바울은 왜 우리 자신이 우리 자신의 것이 아니라고 합니까?

그것은 우리 몸이 '하나님께로부터 받은 것'이기 때문입니다. 우리가 우리 몸을 만든 것이 아니라 하나님이 우리 몸을 우리에게 주셔서 우리가 받은 겁니다. 하나님이 이 몸을 주시지 않으셨으면, 우리는 존재하지 않습니다. 그러니 우리가 우리 몸의 주인이 아니라는 결론에 도달합니다.

'내 몸인데 내 몸이 아니라니, 뭐 이리 헷갈리게 하나' 하시는 분들 계실지도 모르겠습니다. 그런데 이건 요즘 아이돌 노래 가사인, '내 꺼인 듯 내 꺼 아닌 내 꺼 같은 너'보다는 덜 헷갈립니다.

내 몸은 내 꺼인 듯한데 내 꺼가 아닙니다. 만일 내 몸이 내 꺼라고 하면, 나의 의지로 세상에 존재할 수 있어야 합니다. 그러나 나는 나의 의지로 이 세상에 존재한 것이 아닙니다. 그 누구도 자기 의지로 자신의 몸을 이 땅 가운데 존재하게 할 수 없습니다. 우리는 모두 그 누군가에 의해 이 땅에 '주어진 존재'입니다. 그 '누군가'를 창조주 하나님으로 고백합니다.

만일 우리가 자신의 의지로 태어날 수 있다면, 지금 태어난 가정에서 태어났겠습니까?

기왕이면 더 좋은 가정에서 태어나고 싶었을 것 같습니다. 저 같은 경우에 기왕이면 한국이 아닌 미국에 태어났으면, 영어로 고생하지 않았겠지요. 적어도 대한민국 안에서라면 경북 안동이 아닌 서울 강남 서래마을, 대치동 부잣집에서 태어났을 것입니다(고향이 안동이라고 하니 저를 만나신 분들은 깜짝 놀라시는 분들이 많으실 것 같습니다. 완벽한 서울 사람 같죠. '고향이 경북 안동인데 어떻게 저렇게 사투리를 쪼매치도 안 쓰고 대화할 수 있는지' 궁금해 하실 것 같습니다. 오직 하나님의 은혜임을 고백합니다. 하하).

사람들이 이런 마음 가지고 살면 세상이 돌아가겠습니까?

우리 몸은 우리가 선택한 것이 아니라 하나님으로부터 받은 것입니다. 그러니 '어느 집에 태어났으면 더 좋았을 텐데' 하는 쓸데없는 몽상에 빠지지 말고, 자신의 자리에서 "하나님께 영광" 돌리며 살아야 할 것입니다.

2) 성령의 전

바울은 우리가 하나님에게서 받은 이 몸 안에 성령께서 계시기에, 우리 몸이 "성령의 전"(a temple of the Holy Spirit)이라 합니다.

우리 몸이 성령께서 계시는 '거룩한 성전'이니, 이 몸이 얼마나 소중한가요?

성령께서 우리 몸 안에 계시니 성령께서 우리 몸의 주인이지요.

고린도전서 6:15도 "너희 몸이 그리스도의 지체인 줄을 알지 못하느냐" 하십니다. 그런데도 그리스도의 지체를 가지고 "창녀의 지체를 만들겠느냐"고 바울은 꾸짖듯 말합니다. '결코, 그럴 수 없다' 합니다. '지체'라는 말은 '한 몸'이라는 말입니다.

우리는 창녀와 한 몸이 아니라 존귀하신 주 예수 그리스도와 한 몸입니다. 그러니 이 몸은 음란을 위하여 있지 않고 "오직 주를 위하여"(6:13) 있다는 것입니다. 우리는 그리스도의 지체이며, 성령께서 계시는 '성전'입니다. 얼마나 귀한가요.

더 나아가 이 몸은 예수 그리스도가 '값을 지불하고 산 몸'(20절)입니다.

어떤 값인가요?

바로 예수 그리스도의 보혈 값입니다. 우리 몸은 하나님께서 선물로 주신 몸이지만, 아담의 타락으로 인해, 죽을 수밖에 없는 몸이 되었습니다. 이 죽을 수밖에 없는 몸을 위해 우리 주 예수 그리스도께서 십자가에 못 박혀 죽으심으로 우리 몸을 사신 것입니다.

하나님이 우리에게 이 몸을 주셨고, 우리 주 예수 그리스도가 우리를 위해 십자가에 달려 죽으심으로, 이 몸을 귀한 값을 지불하고 사셨으니, 우리가 어떠한 인생을 살아야 하는지, 우리가 누구를 위해 살아야 하는지는 너무 자명하지 않습니까. 그래서 바울은 "그런즉 너희 몸으로 하나님께 영광을 돌리라" 하십니다.

3) 몸으로 영광 돌리라

로마서 12:1에도 바울이 "너희 몸을 하나님이 기뻐하시는 거룩한 산 제물로 드리라" 하면서 그것이 너희가 드릴 "영적 예배라" 하십니다. 여기서 "너희 몸"을 드리라는 것은 "존재 전체"를 드리라는 명령입니다. '죽은 몸'이 아니라 '살아 있는 몸'입니다. 그것은 우리의 삶 자체를 드리라는 의미입니다. 그것이 '영적 예배'라 합니다. 궁금해요. 어떻게 몸을 드리는 것이 영적 예배인가요.

성경은 몸과 영을 이분법적으로 분리하지 않습니다. 분리하는 것은 플라톤 철학입니다. '영은 거룩하고 몸은 더럽다' 하거나 '육은 영혼의 감옥'이라 주장하는 것은 플라톤 철학입니다.

이 플라톤 철학이 교회로 들어왔는데 엄밀히 말하면 이런 이분법적 사고는 복음이 아닙니다. 이렇게 이분법적 사고가 강하다 보니 기독교가 예배는 잘 드리는데 삶에서 그리스도인으로 살아가는 부분은 굉장히 약하지요. 그 출발이 바로 영육 이원론에 있습니다. 우리 기독교는 영지주의가 아님을 기억해야 할 것입니다.

NIV에 보면 "영적 예배"(spiritual act of worship)에서 "영적"(spiritual)을 "합리적"(reasonable)로도 쓸 수 있다고 합니다. 몸을 드리는 것이 합리적 예배라는 의미도 되지만 이처럼 영육을 분리하지 않는 것이 합리적이라는 의미로도 들립니다.

예수 그리스도는 관념으로 우리 몸을 산 것이 아니라 보혈로 우리 몸을 사셨습니다. 예수님은 부활하신 후에 제자들에게 자신의 '몸'을 보이시면서 이렇게 말씀하십니다.

> 내 손과 발을 보고 나인 줄 알라 또 나를 만져 보라 영은 살과 뼈가 없으되 너희 보는 바와 같이 나는 있느니라(눅 24:39).

예수님의 '몸'이 죽으시고 '몸'이 부활하셔서 우리의 '몸'을 값을 지불하고 사신 것입니다. 그렇다면 우리도 예수 그리스도를 위해 살아야 합니다.
갈라디아서 2:20은 이 모델을 잘 보여 주고 있습니다. 바울은 이렇게 고백합니다.

> 내가 그리스도와 함께 십자가에 못 박혔나니 그런즉 이제는 내가 사는 것이 아니요 오직 내 안에 그리스도께서 사시는 것이라 이제 내가 육체 가운데 사는 것은 나를 사랑하사 나를 위하여 자기 자신을 버리신 하나님의 아들을 믿는 믿음 안에서 사는 것이라 (갈 2:20).

바울은 자신이 그리스도와 함께 십자가에 못 박혔기 때문에 이제는 자신이 사는 것이 아니라 합니다. 이 말은 자신의 자아가 죽었다는 말일 겁니다. 토저는 우리가 하나님께로 나아가지 못하게 만드는 "휘장"이 있는데 그것은 바로 "자기 목숨", 즉 "자아"라고 합니다.

> 휘장은 우리 안에 있는 심판 받지 않은 본성, 십자가에 못 박히거나 거부당한 적 없이 여전히 살아 있는 육신의 타락한 본성입니다. 한 번도 진심으로 인정해 본 적 없는 자기 목숨, 속으로 부끄럽게 여겨온 자기 목숨, 그래서 한 번도 십자가 심판의 자리로 가져가 본 적 없는 자기 목숨이야말로 촘촘히 짜인 마음의 휘장입니다.[5]

---

5   A. W. 토저, 『하나님을 추구하라』, 52.

토저는 자아가 십자가에 죽은 경험이 없다면 그 자아가 하나님과 우리 사이를 가로막고 있는 휘장이라는 것입니다. 토저는 이렇게 십자가에 죽어본 적이 없는 자아가 그 상태로 하나님을 믿을 수 있다고 합니다. 하지만 그것은 바람직하지 않다는 것을 이렇게 말합니다.

> 제단 위에서조차 자아는 책망받지 않고 살아 있을 수 있습니다. 주님이 희생물이 되어 피 흘리시는 것을 보면서도 아무 영향을 받지 않을 수 있습니다. 그 상태에서 종교개혁자들이 전한 믿음을 위해 싸울 수도 있고, 은혜로 구원받는다는 신앙고백을 유창하게 설교할 수도 있으며, 자기 노력으로 강해질 수도 있습니다.[6]

자아가 죽지 않고도 얼마든지 은혜를 추구하며 살 수 있다는 것입니다. 토저는 또 이렇게 말합니다.

> 사실상 자아는 정통신앙을 먹고 자라는 것 같습니다. 자아는 술집보다 사경회를 더 편하게 느낍니다. 하나님을 갈망하는 상태 자체가 자아가 번성하고 자라나는 훌륭한 조건이 될 수 있습니다.[7]

정통신앙을 먹고 자라고, 사경회가 더 좋고, 하나님을 갈망하는 자아가 무슨 문제가 있습니까?
그러나 그 자아가 십자가에 죽지 않았다면 그것은 진정한 해방이 아니라는 것입니다.

---

[6] A. W. 토저, 『하나님을 추구하라』, 53-54.
[7] A. W. 토저, 『하나님을 추구하라』, 54.

토저가 말하는 '자아가 해방되려면 십자가에서 죽어야 한다'는 말은 바울이 말하는 "내가 그리스도와 함께 십자가에 못 박혔나니"와 같은 의미입니다. 죽어야 자아가 해방됩니다. 그래야 하나님의 임재 속으로 들어갈 수 있습니다. 그래서 바울은 '내가 십자가에 죽고 난 후 이제는 내가 살지 않고 그리스도가 내 안에 사신다'고 합니다.

그럼 나는 뭔가요?

나는 존재하지 않는 건가요?

아닙니다. 말씀은 그다음에 '이제 내가 육체 가운데 사는 것은'으로 이어집니다. 내가 죽었는데 내가 여전히 육체 가운데 있습니다. 이때 그리스도와 함께 죽었음에도 불구하고 여전히 있는 '나'는, '새롭게 거듭난 나'일 것입니다.

그렇게 새로운 존재가 된 나는 무엇 하며 살아야 하는지를 바울은 말합니다. 그것은 나의 삶이 '나를 사랑하시고 나를 위해 자신을 버리신 하나님의 아들, 우리 구주 예수 그리스도를 위해' 살아야 한다는 것입니다. 그것이 하나님께 영광 돌리며 사는 삶입니다. 우리가 우리 자신을 위해서가 아니라, "하나님을 위해" 살아야 하는 신앙의 논리적 근거가 여기 있습니다. 자아가 죽어야 하나님의 영광을 위해 살 수 있습니다.

3. 베드로와 요한의 삶

그럼 이제 이렇게 몸으로, 삶으로 하나님께 영광 돌리며 살았던 인물들을 사도행전 4장으로 가서 만나보고자 합니다. 그들은 바로 베드로와 요한입니다.

베드로와 요한은 '예수 안에 죽은 자의 부활이 있다'(행 4:2)고 백성들을 가르칩니다. 그러자 예수를 인정하지 않고 부활을 받아들이지 않은 제사장들과 성전 맡은 자, 즉 성전 경비대장과 사두개인들이 그들을 잡아 공회 앞에 세웁니다. 그때 공회원들이 그들에게 "무슨 권세와 누구의 이름으로 이 일을 행하였느냐" 묻습니다(7절).

여기서 '이 일'은, 사도행전 3장에 나오는, 성전 미문에 앉아서 구걸하며 '걷지 못하던 이'를 베드로와 요한이 나사렛 예수의 이름으로 걷게 한 그 일입니다. 못 걷는 사람을 걷게 해 주었는데 그들은 '무슨 권위로 그렇게 했냐'고 묻습니다.

사람들은 '본질'보다는 '권위'를 물을 때가 많습니다. 사람들이 말싸움할 때 공통적으로 많이 하는 질문은, '당신이 뭔데' 혹은 '당신 누구야'입니다. 이것은 권위에 관한 질문입니다. 신기하게도 저는 제가 사는 집에서 누군가로부터 이런 질문을 종종 받곤 합니다.

'당신이 뭔데?'

그러면 저는 골방에 들어가 심각하게 고민합니다.

'나는 무엇일까?'
'나는 누구인가?'
'나는 누구이기에 나의 정체성을 종종 묻는 이와 같이 사는가?'
'저분은 무슨 권세가 있기에 나로 하여금 이토록 자주 나를 골방으로 몰아넣어 나를 겸허히 돌아보게 하는가?'
'당신이 뭔데, 당신 누구야'라는 질문에 우리는 무엇이라 답해야 합니까?
직업을 말하면 되나요?
이름을 말하면 되나요?

그런데 그들이 정작 알고 싶어 하는 것은, 직업도 이름도 아닌, 그 사람이 자기와 싸우는 그 '권위'가 어디서 왔느냐는 것일 겁니다.

베드로와 요한에게 질문했던 공회원들은 '권위'라고 하는 것은 자기들만 갖고 있다고 생각했습니다. 그런데 요즘 말로 '듣보잡'(듣도 보도 못한 잡것들)들이 어느 날 갑자기 나타나서 '예수에게 부활이 있다' 하고, 걷지 못하는 이를 걷게 하니, 그렇게 한 권위의 출처를 물었던 것입니다.

4. 두렵지 않은 세상 권위

베드로가 이 권위의 문제에 대해 당시 최고의 종교지도자들이었던 대제사장 안나스와 그의 문중 앞에서(행 4:6) 답합니다. 이런 높은 사람들 앞에서 답하는 것이 쉬운가요. 얼마나 떨렸겠습니까. 그런데 베드로는 떨지 않고 "성령이 충만하여"(8절) 답합니다. 성령 충만하니 '담대히' 답합니다.

사실 베드로가 오순절 성령 체험하기 전 예수님이 십자가에 돌아가실 때 어떻게 했습니까?

주님을 세 번이나 부인하지 않았습니까?

주님과 삼 년이나 함께 생활하고 주님의 수제자라는 별명을 얻은 자였지만, 그는 로마 제국에 잡힐까 두려워 주님을 부인했던 것입니다. 그런 그가 성령 체험하니 두려운 것이 없습니다. 목숨이 두렵지 않습니다. 담대히 선포합니다.

베드로는 '백성의 관리들과 장로들아', 만일 병자에게 행한 '착한 일'에 대해 '그 사람이 어떻게 구원받았느냐'고 묻는다면, "이것을 알라" 하면서 답변을 하는 것이 아니라, '예수 그리스도를 설교'합니다. 강심장입니다. '이 사람은 너희가 십자가에 못 박았지만, 하나님이 살리신 나사렛 예수 그리스도의 이름으로 건강하게 되었다'(9-10절)고 답합니다.

베드로의 태도에서 몇 가지를 배울 수 있습니다.

첫째, 베드로는 '예수 그리스도'께서 그를 일으켜 세웠다는 것을 강조합니다. 이렇게 자꾸 예수 그리스도를 이야기하면 베드로는 점점 더 위험해집니다. 죽음의 위협이 그에게 더 다가옵니다. 그런데도 베드로는 나사렛 예수가 그 병자를 건강하게 했다고 선포합니다. 다시 말해 죽음의 위협이 두렵지 않다는 말입니다. 사실이니까요.

둘째, 여기서 멈추지 않고 베드로는 점점 더 적극적으로 예수 그리스도를 고백합니다. '이 예수는 너희들이 버린 돌이지만 집의 머릿돌이 되신 분'(11절)이라고 합니다. 이 말은 당신들이 예수를 길가의 돌처럼 버렸지만, 그분은 사실 집에서 가장 중요한 머릿돌이심을 선포하는 말씀입니다. 대제사장과 사두개인들은 안 그래도 예수가 미운데 그 예수가 집에서 가장 중요한 주춧돌이라 하니 그들의 심기가 불편했을 겁니다.

셋째, 더 나아가서 베드로는 예수를 '유일한 구세주'로 고백합니다.

> 다른 이로써는 구원을 받을 수 없나니 천하 사람 중에 구원을 받을 만한 다른 이름을 우리에게 주신 일이 없음이라(행 4:12).

오직 예수 그리스도만이 '구세주'임을 공회원들 앞에서 말합니다. 이것을 말했다는 것은 목숨 내놓았다는 말이기도 합니다.

그런데 이 말에 '공회원들이 베드로와 요한을 잡아 옥에 가두더라?'

아닙니다. 그들은 베드로와 요한이 본래 배우지 못한 보통 사람인데, 그렇게 담대히 말하는 것을 보고 '놀랍니다'(were astonished, 새번역, NIV, 13절). 이것이 어떻게 가능했을까요. 그것은 베드로와 요한이 성령 충만했기 때문에 가능했습니다. 그들이 아무리 공회원들이고 권력을 가진 자들이라 할지라도, 베드로와 요한은 그들을 두려워하지 않았습니다.

왜 그런가요?

'오직 하나님만' 바라봤기 때문입니다.

걷지도 못하던 사람이 지금 병이 나은 채로 베드로와 요한 옆에 서 있습니다. 이 모습을 공회원들이 자신들의 '눈으로' 보고 있으니 비난할 말이 없습니다(14절). 자신들도 이미 봐서 아는 걷지 못하던 이가, 지금 눈앞에 서 있는데, 어떻게 그 사실을 부인할 수 있겠습니까. 그 이적이 예루살렘 모든 사람에게 알려졌기에 자신들도 '부인할 수 없다'(16절)고 말합니다.

공회원들은 다만 사람들에게 이 사실이 더 퍼지지 못하도록, 베드로와 요한을 위협하여, "예수의 이름으로 말하지도 말고 가르치지도 말라"(18절)고 경고만 합니다.

5. 권력자의 말이냐 하나님의 말씀이냐

1) 너희들이 판단하라

이런 경고에 베드로와 요한이 어떻게 반응합니까?
"아이고, 감사합니다" 하고 얼른 뛰쳐나가는가요?
아닙니다. 여기서도 베드로와 요한은 그들에게 도발적으로 말합니다. "하나님 앞에서 너희의 말을 듣는 것이 하나님의 말씀을 듣는 것보다 옳은가 판단하라"(19절)고 합니다.

공회원들 앞에서 이런 식으로 답변한다는 것이 가능합니까?
베드로의 이 말은 어떤 면에서 약간의 '해학과 조롱'이 섞여 있는 말이기도 합니다. '당신들이 생각하기에 우리가 당신들의 말을 들을까, 아니면 하나님의 말씀을 들을까'라고 되묻는 질문이기도 합니다. 그것도 '어느 것이 옳은지 당신들이 판단해 보라'는 것입니다. 우리는 말하지 않을 테니 당신들 입으로 우리의 결정을 말해 보라는 말입니다.

공회원들의 표정이 그려지지 않습니까?

우리도 살아가면서 누구의 말을 들을지 결단해야 할 때가 있습니다. 권력자의 말을 들을지, 하나님의 말씀을 들을지 말입니다. 이 말은 우리의 시선이 누구에게 초점을 맞추고 있는지, 우리의 중심에 누가 있는지를 재확인하는 순간일 것입니다.

사도 바울 또한 갈라디아 교인들에게 편지를 쓰면서 사람들과 하나님 사이에서 누구를 기쁘게 하는 것이 바람직한지 말해 줍니다.

> 이제 내가 사람들에게 좋게 하랴 하나님께 좋게 하랴 사람들에게 기쁨을 구하랴 내가 지금까지 사람들의 기쁨을 구하였다면 그리스도의 종이 아니니라(갈 1:10).

바울은 자신의 목회 신념을 '사람'이 아닌 '하나님'을 기쁘시게 해 드리는 것으로 규정합니다. 사람을 기쁘게 한다는 것은 사람을 의지한다는 말입니다. 그런데 시편 146:3-4은 이렇게 말합니다.

> 귀인들을 의지하지 말며 도울 힘이 없는 인생도 의지하지 말지니 그의 호흡이 끊어지면 흙으로 돌아가서 그날에 그의 생각이 소멸하리로다(시 146:4).

귀인들(princes), 즉 권력자들이든, 도울 힘이 없는 인생들이든 의지하지 말라 합니다.

왜 그렇습니까?

호흡이 끝나면 끝인 인생들이기에 그들이 무슨 거창한 생각(plans, 계획)을 하고 있다 할지라도 전혀 쓸모없게 된다는 말입니다. 그러니 우리는 사람이 아닌 '하나님만 의지해야 하고, 하나님만을 기쁘시게 해 드리고, 하나님께만 영광 돌리는 삶'을 살아야 할 것입니다.

2) 말하지 않을 수 없는 진리

베드로와 요한은 '예수의 이름으로 말하지도 말라'는 경고에 단도직입적으로 말합니다.

> 우리는 보고 들은 것을 말하지 아니할 수 없다(20절).

공회원들이 그렇게까지 '예수에 대해 말하지 말라' 하는데 '말하지 않을 수 없다'는 것은, '예수를 말하겠다'는, 아니 더 적극적으로, '예수를 말하지 않고는 살 수 없다'는 강한 의지의 표현입니다. 이 말은 그들의 말을 거역하겠다는 것입니다. 그들이 그토록 중히 여겼던 '권위'를 인정하지 않고 무너뜨리겠다는 의미입니다.

'말하지 말라' 하는데 '왜 말하지 않을 수 없다'고 답합니까?

'보고 들었기 때문'입니다. 확신의 근거는 보고 들은 것에 있습니다. 그들은 이미 예수를 봤고, 예수의 말씀을 들었고, 예수님과 함께 살았기 때문입니다. 그러니 말하지 않을 수 없는 것이지요.

베드로와 요한은 예수님의 삶을 보고 예수님이 말씀하시는 하늘의 신비를 들었기에 하나님을 두려워합니다. 그러니 세상 권력의 두려움은 사실 아무런 두려움도 아닙니다. 잠언 14:27에서는 '여호와를 두려워할 줄 아는 것'이 '생명의 샘'이라고 말합니다. 생명의 샘은 모든 생명체의 근원입니다. 모든 생명이 살기 위해서는 생명의 샘에서 물을 길어 마셔야 합니다.

그것이 어떻게 가능한가요?

'여호와를 경외'하는 것에서 가능합니다.

(여기까지 설교 원고를 다듬고 있는데 아내한테서 문자가 왔습니다.

"밥 먹으라고."

이 말은 두 번째 말이니 말을 잘 들으라는 의미입니다. 처음 '밥 먹으라'고 말을 한 번 했는데 방안에서 설교 준비한다고 무시하고 계속했더니 경고의 문자가 온 것입니다. 그렇지만 하나님만 두려워하라 하셨으니 저 문자가 두렵지 않습니다. 그리고는 담대히 가서 밥 먹었습니다.)

베드로와 요한이 여호와를 두려워할 줄 알기에 담대하게 선포할 수 있지 않습니까?

'보고 들은 것을 말하지 아니할 수 없다'고 말입니다. 신앙은 보고 들은 것을 말하는 것에서 형성됩니다. 어떠한 권력이 억압하더라도 눈으로 보고 귀로 들은 진리의 징표에 관해서는 확신을 가지고 담대히 선포해야 합니다. 왜냐하면, 그것이 우리의 '존재의 심장'을 건드렸기 때문입니다. 그것이 우리의 존재에 감동을 주었기 때문입니다. 그러면 말하지 않을 수 없게 됩니다.

6. 심장을 터치한 것

후배가 미국으로 먼저 유학 와서는 좋은 자매를 만나 사랑에 빠졌습니다. 서른이 넘도록 아직 결혼하지 못한 저에게 이메일을 보내왔습니다.

"형, 심장이 터질 것 같아."

그 메일을 보는 순간 저는 열불이 나서 속이 터질 것 같았습니다. 그런데 그 표현이 너무나도 솔직하고 정확한 표현인 것 같습니다. 사랑에 빠지니 심장이 터질 수밖에요. 살아가면서 마음을 터치하고 우리의 심장을 터치한 것은 잊을 수가 없습니다. 기억에 남아 있는 것들 대부분은 심장을 통과했던 것들입니다.

우리는 삼위일체 하나님을 고백하고 삼위일체 하나님을 예배하며 살아가는 그리스도인들입니다.

그런데 죽을 수밖에 없었던 죄인인 우리가 어떻게 예수 그리스도를 믿는 그리스도인이 되었습니까?

그것은 성부, 성자, 성령 삼위일체 하나님의 말씀이 우리의 심장을 건드렸기 때문입니다.

예레미야가 여호와의 말씀으로 인해 사람들에게 조롱을 당하자 하나님께 하소연합니다.

> 이제는 주님을 말하지 않겠다. 다시는 주님의 이름으로 외치지 않겠다' 하고 결심하여 보지만, 그 때마다, 주님의 말씀이 나의 심장 속에서 불처럼 타올라 뼛속에까지 타들어 가니, 나는 견디다 못해 그만 항복하고 맙니다(렘 20:9, 새번역).

예레미야는 하나님의 말씀을 선포하다 당하는 조롱 때문에, 더 이상 주님을 말하지 않겠다고 결심하고 결심하지만, 결국은 하나님의 말씀을 선포할 수밖에 없게 된다고 합니다.

왜 그런가요?

하나님의 말씀이 예레미야 심장에 불처럼 타올라서 뼛속까지 사무쳐 있기 때문입니다. 하나님의 말씀이 그의 존재의 심장을 건드렸을 뿐만 아니라 뼛속까지 말씀이 들어가 있기 때문입니다.

우리 인생에서 우리의 심장을 가장 강하게 건드리고 마음을 터치한 것이 무엇인가요?

그것은 바로 '예수 그리스도의 십자가 사랑'입니다. 그 사랑이 놀랍습니다. 그 사랑이 너무나도 감사합니다. 그러니 우리가 주님을 한 번이라도 진심으로 만났으면 떠날 수 없습니다. 주님을 진정으로 만나 뒤집힌 그 체험과 기억이 있다면 방황하더라도 돌아오게 되어 있습니다. 우리에게 이 체험이 중요합니다. 예수 그리스도를 진하게 만나서 뒤집힌 그 체험이 있어야 합니다.

7. 십자가 앞에 꿇어 엎드리는 역동적 신앙

로이드 존스 목사는, 구약 성도들은 하나님의 약속이 이루어지기 전에도 하나님을 진심으로 만나기를 갈망했고(시 42편), 하나님의 영광을 보여 달라고 간구(출 33장)했는데, 신약 시대를 살고 있는 우리는 이미 예수 그리스도의 삶과 죽음과 부활을 통해 하나님의 약속이 이루어졌음에도 불구하고 또 그것에 대한 명백한 기록을 알고 있음에도 불구하고, 주님의 영광을 정말로 사모하고 있는지 묻습니다.[8] 하나님을 인격적으로 직접 만나기를 갈망해야 할 것입니다.

네덜란드 개혁 신학자 헤르만 바빙크는 철학의 중요성을 강조한 신학자입니다. 그럼에도 그는 사람이 열망하는 것은 "순수한 신 개념"이 아니라 "살아 계신 하나님 자신"이라 합니다. 하나님이 그의 아버지가 되기 전까지는 사람에게 그 어떤 안식도 없다는 것입니다.[9]

같은 의미로, 토저도, 누군가가 "논리적 설득"에 의해 기독교를 받아들였다면, 그 사람은 어떤 다른 지혜로운 사람이 나타나 같은 "논리적 설득"에 의해 기독교를 버리게 할 수도 있다는 것입니다. 그렇지만 우리가 '성령님의 조명에 의해 그리스도를 만나고 하나님의 자녀임을 직접적으로 알게 되었다면' 그 신앙을 허물 수 없다는 것입니다.[10] 그만큼 인격적으로 주님을 만난 체험이 있어야 함을 강조하는 말일 것입니다.

토저는 또 이렇게 말합니다.

> 나의 신앙은 나의 머리에 있지 않고 나의 마음에 있다. 신앙이 머리에 있는 것과 마음에 있는 것에는 큰 차이가 있다. 만일 우리의 신앙이 머리로

---

8   마틴 로이드 존스, 『부흥』, 397.
9   헤르만 바빙크, 『헤르만 바빙크의 기독교 세계관』, 김경필 옮김 (다함, 2019), 112.
10 A. W. 토저, 『보혜사』, 227-228.

> 믿는 것이라면 철학이 우리에게 어느 정도 도움을 줄 수 있다. 그러나 신앙이 마음으로 믿는 것이라면 철학이 할 수 있는 것은 오직 겸손히 옆으로 물러서서 모자를 벗어 들고 '거룩하다 거룩하다 거룩하다 주 하나님 곧 전능하신이여'(계 4:8)라고 외치는 것뿐이다.[11]

맞는 말입니다. 아무리 지성을 강조하는 사람도 인생이 답답하고 어려우면 위대한 신학자나 철학자의 책 몇 페이지 펴놓고 읽으며 위로받는 것이 아닙니다(그렇다고 철학을 부정하는 것이 아닙니다). 하나님 앞에 나아오고, 예수 그리스도의 십자가 앞에 나아와 무릎 꿇고 부르짖습니다.

왜 그런가요?

'여호와가 우리의 목자시오, 그가 우리를 푸른 풀밭에 누이시며 쉴 만한 물가로 인도하시기 때문입니다(시 23:1-2).

우리 주님을 보십시오. 예수님도 하나님 아버지 앞에 꿇어 엎드리셨습니다. '십자가 사랑' 그 자체이신 예수 그리스도조차도 하나님 앞에 엎드려 간구하셨습니다. 그렇다면 아무것도 아닌 우리가 하나님 앞에 엎드려야 하는 것은 당연합니다. 그 십자가 신앙을 가져야 합니다.

이 십자가 사랑이 우리 각자를 통해 우선은 교회 안에 흘렀으면 합니다. 그래서 교회가 영적으로 움직이고 살아 있어서 역동적인 신앙 공동체가 되기를 원합니다. 예수 그리스도 안에서, 오직 예수님 때문에, '오직 복음' 때문에, 서로 만나면 즐겁고, 헤어지면 보고 싶고, 그렇게 사랑으로 이어져 있는 그러한 뜨거운 사랑의 공동체가 되기를 원합니다.

그런 다음 이 사랑이 밖으로 흘러, 만나는 사람들에게 오직 주 예수 그리스도의 복음으로 힘을 주어, 그 사람들을, 그 공동체를, 꿈틀거리게 만드는 그런 생기 있는 역할을 우리가 감당했으면 합니다.

---

[11] A. W. 토저, 『보혜사』, 229-230.

그래서 십자가 사랑이 온 세상에 흐르는 모습, 그 모습을 꿈꿔 보면, 가슴 뛰지 않습니까?

8. 일상에서 하나님께 영광을

중세 기독교 문학의 거장인 토마스 아 켐피스의 『그리스도를 본받아』에 보면, "하나님의 기뻐하시는 뜻이 이루어지기를 구하는 기도"가 있습니다.

> 주의 뜻이 나의 뜻이 되게 하시고, 나의 뜻이 늘 주의 뜻을 좇아서, 주의 뜻과 나의 뜻이 온전히 일치하게 하소서.
> 내가 원하는 것이든 원하지 않는 것이든, 나의 모든 뜻이 주의 뜻과 하나가 되게 하셔서, 나로 하여금 오직 주께서 원하시는 것만을 원하게 하시고, 주께서 원하지 않으시는 것들은 무엇이든 다 원하지 않게 하소서.
> 세상에 있는 모든 것에 대해 죽게 하시고, 주를 위하여 이 세상에서 멸시받으며 이름도 없이 빛도 없이 살아가는 것을 기뻐하게 하소서.[12]

우리 삶의 목적은 단 하나, "오직 하나님께 영광" 돌리는 삶을 살아가는 것이어야 합니다. 교회가 부흥을 외쳐야 하는 이유도 하나님께 영광 돌리기 위해서입니다. 우리에게 어떠한 삶의 조건이 주어진다 하더라도, 하나님을 영화롭게 하며 살아갑시다.

---

[12] 토마스 아 켐피스, 『그리스도를 본 받아』, 박문재 옮김 (크리스천다이제스트, 2016), 166.

헨리 나우웬이 머물렀던 트라피스트 수도원의 존 유드 원장은 "나는 하나님의 영광"이라는 명제에 대해 깊이 생각해 보라고 권합니다. "그대가 바로 하나님의 집(topos tou theou)"이라는 것입니다.

그리고 이런 질문을 합니다.

> 하나님의 영광이 어디에 있는가?
> 내가 있는 곳에 주님의 영광이 머물러 있지 않다면, 그 밖에 어디서 찾을 수 있는가?[13]

우리의 존재 목적이 하나님의 영광을 위해 사는 것이라 한다면, 우리의 발걸음이 닿는 모든 곳에서, 하나님의 영광을 위해 살아야 합니다. 그것은 일상에서 하나님의 영광을 위해 사는 것과 다르지 않습니다. '어떻게 하나님의 영광을 위해 살아갈지'를 고민하는 것은 "어떻게 지음 받은 모습 그대로 살아가며 가장 깊은 자아를 실현할 수 있을까"[14]를 고민하는 것으로 이어질 수 있습니다. 둘은 분리될 수 없습니다.

그래서 한 번 사는 인생, 가슴 뛰게 살아 봅시다. 예수 그리스도께 우리의 심장을 드립시다. 우리의 존재 전체를 그분께 바칩시다. 그러면 '보고 들은 것을 말하지 않을 수 없게 될 것입니다.' 그런 뜨거운 신앙생활 해보고 싶지 않습니까?

그 십자가 사랑 때문에 말입니다.

사도행전 4장에서 베드로와 요한이, '보고 들은 것을 말하지 않을 수 없다'고 말한 것은, 목숨을 내놓고 말한 것이었습니다.

그런데 그들은 어떻게 되었나요?

잡혀 죽었나요?

---

13 헨리 나우웬, 『제네시 일기』, 99.
14 헨리 나우웬, 『제네시 일기』, 99.

아닙니다.

왜 그렇습니까?

이 모든 광경을 지켜본 백성들이 '하나님께 영광을 돌렸기' 때문입니다(21절). 잡아 죽이려 했는데 오히려 백성들이 그들의 담대한 신앙을 보고 하나님께 영광을 돌렸기 때문입니다.

불은 붙으면 번집니다. 신앙의 불도 붙으면 주변으로 번지게 되어 있습니다. 우리가 하나님께 영광 돌리는 삶을 살면, 그 모습을 보는 우리 주변 사람들도 하나님께 영광 돌리는 삶을 살 것입니다. 우리가 하나님께 영광 돌리는 삶을 살면, 하나님이 우리 인생 책임져 주실 것입니다.

하나님이 하실 것입니다. 이것이 예수 그리스도의 복음의 능력입니다. 이것이 예수 그리스도의 십자가 사랑의 능력입니다. 우리도 '말하지 않을 수 없는' 예수 그리스도의 십자가 신앙을 가지고 우리의 몸으로, 우리의 삶으로, '오직 하나님께 영광 돌리는 삶'을 살아갑시다.

고형원 찬양사역자가 쓴 〈내 눈 주의 영광을 보네〉라는 곡이 참 좋습니다.

> 내 눈 주의 영광을 보네 우리 가운데 계신 주님
> 그 빛난 영광 온 하늘 덮고 그 찬송 온 땅 가득해
> 내 눈 주의 영광을 보네 찬송 가운데 서신 주님
> 주님의 얼굴은 온 세상 향하네 권능의 팔을 드셨네
> 주의 영광 이곳에 가득해 우린 서네 주님과 함께
> 찬양하며 우리는 전진하리 모든 열방 주 볼 때까지

우리의 눈이 하나님의 영광을 보기 원합니다. 어떠한 일이 있어도 하나님의 영광을 위해 살아갑시다. 다 같이 외쳐 봅시다.

오직 하나님께 영광!

하나님 아버지!
우리 안에 예수 그리스도의 십자가 사랑이 있게 하소서.
우리 안에 말하지 않을 수 없는 십자가의 은총이 있게 하소서.

우리 안에 성령께서 임하여 주소서.
우리가 속한 가정과 직장과 교회에 성령을 불어 넣어 주소서.

성령님이여, 우리의 심장을 터치하여 주소서.
신앙의 뜨거움과 간절함을 회복하기 원합니다.
그래서 오직 하나님께만 영광 돌리는 삶을 살게 하소서.

예수님의 이름으로 기도합니다. 아멘.

제6장
"모두 병들었는데 아무도 아프지 않다면"
(창세기 4:1-15)

1. 일상에 만연한 죄

드라마 좋아하시나요?

어떤 드라마 기억나십니까?

제가 본 드라마는 90년대 초반에 나온 "넌 대체 누굴 보고 있는 거야. 내가 지금 여기 눈앞에 서 있는데"라는 곡으로 유명한 〈질투〉, 90년대 후반에 용이 눈물을 흘려서 대박이 난 〈용의 눈물〉, 2010년을 넘어서는 촌놈들 사투리 엄청 쓰면서 서울 생활하는 〈응답하라 시리즈〉와 직장인의 삶을 다룬 〈미생〉. 이런 것이 거의 전부였습니다.

그러다가 언젠가 부자들만 모여 사는 곳에서 벌어지는 일상을 담은 〈SKY 캐슬〉을 본 적이 있습니다. 대학 입시 코디 김주영 선생님이 자신이 맡은 학생인 예서 어머니 한서진에게 말합니다.

"어머니, 저를 믿으셔야 합니다. 저를 믿는다는 건 어떤 상황이 오든 두려워하지 않고 반드시 최고의 결과를 보리라 기대하시는 겁니다."

그때 예서 어머니가 답합니다.

"네 선생님, 믿어요. 믿고말고요."

좋은 대학을 보내기 위해서는 자신을 믿으라는 말입니다.

그 장면을 보는 순간 마가복음 9장에 나오는 한 장면이 오버 랩 되었습니다. 한 아버지가 귀신들린 아들을 예수님께 데려와서는 간청합니다.

"무엇을 하실 수 있거든 우리를 불쌍히 여기사 도와주옵소서."

예수님이 이렇게 대꾸하십니다.

"할 수 있거든이 무슨 말이냐 믿는 자에게는 능히 하지 못할 일이 없느니라."

그러자 그 아버지가 소리 질러 말합니다.

"내가 믿나이다. 나의 믿음 없는 것을 도와주소서."

〈SKY 캐슬〉을 보면서 "모든 인간은 죄인"이라는 분명한 사실을 다시금 깨달았습니다. 좋은 대학 가기 위해, 사회적 신분을 상징하는 피라미드 꼭대기에 올라가기 위해, 또 자기 목적을 이루기 위해, 그 어떤 것도 가리지 않으며, 사람들 이용하고, 쓸모없으면 버리고, 배신하고, 왕따시키고, 불법을 저지르는 등등 이루 말할 수 없는 온갖 더러운 것들이 사람들의 일상생활에 있음을 보았습니다.

그것은 사도 바울이 로마서 1:28 이하에 "합당하지 못한 일"로 열거한 목록들과 거의 비슷하다 할 수 있습니다. 즉 '모든 불의, 추악, 탐욕, 악의가 가득한 것, 시기, 살인, 분쟁, 사기, 악독이 가득한 것, 수군수군 하는 것, 비방하는 것, 능욕, 교만, 자랑, 악을 도모하는 것, 부모를 거역하는 것, 우매한 것, 배약하는 것, 무정한 것, 무자비한 것'이 그것들입니다.

이런 죄의 목록은 특정 사람이나 특별 상황에서 벌어지는 것이 아니라 일상에서 벌어지는 것들입니다.

그러면 이런 일상의 합당하지 않은 것들이 벌어지는 원인이 무엇인가요?

바울은 '그들이 마음에 하나님 두기를 싫어하기 때문에' 그런 일이 생긴다(28절)고 합니다. 모든 죄는 하나님을 자신의 삶에 두지 않은 데서 기인한다는 것을 다시금 보게 됩니다. 이런 죄의 결과가 가벼운 것이 아닙니다. 바울은 그러한 일을 하는 자는 "사형에 해당한다"(32절)고 말합니다.

그런데 이런 죄의 목록 중에 "내"가 저지르는 것들도 있습니다. "우리 크리스천들"이 저지르는 것도 있는 것 같습니다.
바람직한가요?
그런 생각과 더불어 이런 질문이 생깁니다.

'우리 안에 이런 모습이 있으면, 우리는 정말로 예수님 믿고 있는가?'
'세상 사람들 하듯이 똑같이 하고 살아간다면, 우리는 정말로 예수님 믿는 것인가?'
'우리는 정말로 신자인가?'
'신자라고 말은 하는데 정작, 우리도 마음에 하나님 두기를 싫어하는 것 아닌가?'

모두가 일상에서 범하는 죄이기에, 그 죄에 대해 괴로워하는 모습조차 없이 덤덤하다면, 우리는 하나님 믿는다고 할 수 있을까요?
이성복 시인이 〈그날〉이라는 시에서 이렇게 말합니다.

  모두 병들었는데 아무도 아프지 않았다.

제목은 이 시에서 가져왔습니다.
세상이 병들었는데, 아픈 사람이 없다면, 이상하지 않나요?
모두 죄인인데, 아무도 그것으로 고민하지 않고, 회개하지 않고, 평온하게 살아간다면, 문제 아닌가요?

2. 죄가 원하나

본문 말씀은 아담과 하와의 두 아들 가인과 아벨에 관한 이야기입니다. 가인은 농부였고 아벨은 목동이었습니다(창 4:2). 세월이 지나 가인은 농사지은 것으로 하나님께 제사 드리고 아벨은 '양의 첫 새끼와 그 기름'으로 드렸습니다(3-4절). 사건이 벌어졌습니다. 하나님이 아벨의 제사는 받으셨지만, 가인의 제사는 받지 않으셨습니다(4-5절).

궁금합니다. 하나님은 왜 가인의 제사를 받지 않으셨는가요?

지금까지 정황으로는 잘 모르겠습니다. 하나님의 이런 행동으로 가인은 '몹시 화를 내며 안색이 변하였습니다'(5절).

사람에게 버림받는 것도 받아들이기 쉽지 않은데, 하나님께 버림받는다는 것, 쉽게 받아들일 수 있겠습니까?

그러니 한편으로 가인의 마음도 조금은 이해할 수 있을 것 같습니다. 하지만 하나님은 그런 가인에게 '왜 화를 내며 왜 안색이 변하였냐고' 물으십니다(6절).

기도가 응답받지 못할 때가 있습니다. 그럴 때 가인을 돌아보아야 합니다. 무슨 이유에서 하나님이 그 기도를 들어 주시지 않는지 잘 모르지만 그렇다고 가인처럼 하나님께 화를 내어서는 안 될 것입니다. 하나님께 화를 낸다고 답을 알 수 있는 것이 아니기 때문입니다. 하나님은 그 상황에서도 하나님을 신뢰하고 순종할 것을 원하십니다.

하나님이 가인의 제사를 받지 않으신 이유를 슬쩍 말씀하십니다.

> 네가 선을 행하면 어찌 낯을 들지 못하겠느냐(창 4:7a).

새번역은 "네가 올바른 일을 하였다면, 어찌하여 얼굴빛이 달라지느냐"로 번역했고, NIV는 "If you do what is right, will you not be accepted?"(의역:

만일 네가 옳은 일을 했으면, 네가 받아들여지지 않았겠니?)로 번역했고, 현대인의 성경은 "네가 옳은 일을 했다면 왜 내가 네 예물을 받지 않겠느냐"로 번역했습니다.

이 말씀으로 봐서, 가인은 그것이 정확히 무엇인지는 모르겠지만, 옳지 않은 일을 한 것으로 보입니다. 요한일서 3:12도 비슷하게 말합니다.

> 가인같이 하지 말라 그는 악한 자에게 속하여 그 아우를 죽였으니 어떤 이유로 죽였느냐 자기의 행위는 악하고 그의 아우의 행위는 의로움이라(요일 3:12).

하나님이 가인에게 이어서 말씀하십니다. 이 부분이 중요합니다.

> 선을 행하지 아니하면 죄가 문에 엎드려 있느니라(창 4:7b).

새번역은 "네가 올바르지 못한 일을 하였으니 죄가 너의 문에 도사리고 앉아서"라고 번역하고, 공동번역은 "그러나 네가 만일 마음을 잘못 먹었다면 죄가 네 문 앞에 도사리고 앉아"라고 번역하고 있습니다.

죄가 문에 '엎드려 있다'거나 죄가 '도사리고 있다'는 말은, 죄가 그 사람 바로 가까이에서 호시탐탐 넘어뜨리려고 지켜보고 있다는 말입니다.

개신교 최초의 교리 문답서는 마틴 루터의 『소교리 문답』입니다. 루터는 "죄가 언제 드러나는가"라는 질문에 "죄는 부지불식간에 드러난다"고 합니다. 예를 들면, '생각 없이 행동하거나, 자기 자랑에 빠져 있거나, 타인을 무시할 때' 잘 드러난다고 합니다. 그러면서 시편 19:13을 인용합니다.

> 또 주의 종에게 고의로 죄를 짓지 말게 하사 그 죄가 나를 주장하지 못하게 하소서. 그리하면 내가 정직하여 큰 죄과에서 벗어나겠나이다(시 19:13).[1]

죄가 항상 우리 곁에 있기에 정신 차리고 살아야 합니다. 죄가 우리를 부지불식간에 지배하지 못하도록 깨어 있어야 합니다. 그런데 우리 힘으로는 불가능합니다. 그러니 하나님께 죄짓지 않도록 도와달라고 기도해야 할 것입니다.

3. 죄를 다스릴지라

하나님은 이어서 가인에게 "죄가 너를 원하나 너는 죄를 다스릴지니라"(7c) 하고 적극적으로 죄에서 벗어날 것을 원하십니다. 자신의 제사가 받아들여지지 않았을 때 가인의 마음에는 '하나님에 대한 분노의 마음'이 생겼습니다. 이것이 바로 죄가 가인의 문 앞에 엎드려 있거나 도사리고 있는 모습입니다. 넘어가면 안 됩니다.

보통 죄로 인해 분노가 생기기도 하지만, 분노가 더 많은 죄를 짓게 만들기도 합니다. 죄가 이런 우리를 원합니다. 죄가 이런 우리를 보고 있습니다. 죄는 분노에 사로잡혀 있는 우리가 넘어오기를 기다리고 있습니다.

"죄가 너를 원하나 너는 죄를 다스리라"는 말은 기독교 윤리학자 라인홀드 니버의 말을 연상시킵니다.

> 죄는 불가피하다. 그러나 반드시 필연적인 것은 아니다.[2]

---

1 마틴 루터, 『마틴루터 소교리문답 해설』, 최주훈 옮김 (복있는사람, 2018), 93.
2 다니엘 밀리오리, 『기독교 조직신학 개론』, 267.

무슨 말입니까?

아담의 원죄로 말미암아 죄를 피할 수 없지만, 그렇다고 반드시 죄를 지어야 하는 것은 아님을 말해 줍니다. 아담의 원죄로 죄가 불가피하다 해서, 그것이 우리가 짓는 죄를 정당화시키지는 못한다는 말입니다.

죄를 다스려야 합니다.

그런데 죄인인 우리가 죄를 다스릴 수 있습니까?

우리 자신이 죄 사함을 받아야 할 죄인 아닙니까?

그러기에 예수 그리스도가 필요한 것입니다. 바울이 고백합니다.

> 그 아들 안에서 우리가 속량 곧 죄 사함을 얻었도다(골 1:14).

죄 용서받는 것이 복음입니다. 보통은 죄를 "보복당할 수도 있고, 매력 있는 사업이나 가족 문제 앞에서는 덮고 넘어갈 수도 있었지, 용서받을 수 있는 것은 아니었"[3]던 것으로 간주했습니다. 『이야기 뵈뵈』에서 종이었던 티투스는 용서를 말해 주는 이에게 용서의 낯섦을 이야기합니다.

> 내가 아직 용서받을 준비가 되어 있지 않았습니다. 내가 저지른 잘못은 이제 지난 일이고 용서받았다는 식의 처리는 나 스스로 나에게 줄 수는 없는 사치였습니다.[4]

용서는 낯선 것이 맞습니다. 그러나 예수 그리스께서 십자가 보혈로 우리 모든 죄를 용서해 주신 것입니다. 이것이 복음입니다. 우리가 주 예수 그리스도의 보혈로 죄 사함을 받았다면 이제는 죄를 다스려야 합니다. 우리 안에 죄를 다스릴 능

---

3   폴라 구더, 『이야기 뵈뵈』, 207.
4   폴라 구더, 『이야기 뵈뵈』, 209.

력이 있어서가 아니라 우리를 속량하신 예수 그리스도의 능력으로 말입니다.

4. 분노가 만든 살인의 정당화

일상과 역사는 하나님의 바람과 말씀대로 돌아가지 않을 때가 많습니다. 가인의 경우가 그렇습니다. 가인은 자신을 원한 죄에 넘어갑니다. 가인이 아벨에게 '들로 가자'고 말하고는 거기 가서 아벨을 쳐 죽입니다(창 4:8). 하나님에 대한 분노가 동생에 대한 시기로 옮겨갔습니다. 그 결과는 살인이었습니다. 자신을 원하는 죄를 다스리지 못한 결과입니다.

여호와 하나님이 가인에게 슬쩍 물어보십니다. 몰라서 물으시는 것이 아니라, 가인의 반응을 보기 원하셨던 것입니다.

> 하나님: 네 아우 아벨이 어디 있느냐?(9절)
>
> 가인: 내가 알지 못하나이다. 내가 내 아우를 지키는 자니이까(10절)

하나님께 화만 내고 안색만 변하던 가인이 이제 말로 하나님께 반항합니다. 분노는 자신의 행동을 정당화합니다. 자신이 아무리 악한 행동을 했더라도, 그것은 자신을 분노하게 만든 그 무엇 때문에 저지른 행동이지 자신의 잘못이 아니라는 것입니다. 그럴 만한 이유가 있다는 것입니다. 그러니 '아벨이 어디 있느냐'는 하나님의 물음에 '모른다'고 답하지 않습니까.

이 정도 거짓말은 흔히 예상할 수 있습니다. 그런데 가인은 거기에 말을 덧붙입니다.

"내가 동생을 지키는 자입니까?"

거짓은 말이 길어집니다. '모른다'는 거짓말을 또 거짓으로 포장하려니 말이 길어지는 것입니다. 말이 억세집니다. 죄가 죄를 더하게 합니다.

언젠가 차에 문제가 있어서 1년 정도 이용한 자동차 정비소를 찾았습니다. 평소 별로 말씀이 없으신 사장님이 좋아 보였습니다. 그런데 그날따라 말이 많으십니다. 무엇을 갈아야 하는데 견적이 거의 800달러가량 나왔다는 겁니다. 너무 비싸서 생각해 보고 오겠다고 하고는 혹시나 해서 다른 곳에 가 봤습니다. 그랬더니 그 값의 십 분의 일도 되지 않는 견적이 나왔습니다. 말이 길면 거짓말일 가능성이 큽니다.

5. 핏소리의 호소

이렇게 반응하는 가인에게 하나님은 이제 둘러서 말씀하지 않으시고 직접 말씀하십니다.

> 네가 무엇을 하였느냐 네 아우의 핏소리가 땅에서부터 내게 호소하느니라(창 4:10-11a).

가인은 들에 나가서 아벨과 단둘이 있을 때 아벨을 죽였기에, 누구도 보지 못했을 것으로 생각했을 겁니다. 어쩌면 완전 범죄를 꿈꾸었는지도 모르겠습니다. 그런데 '아벨의 핏소리가 땅에서부터 하나님께 호소'합니다(10절).

세상에 수많은 소리가 있지만 핏소리 들어보셨나요?

빗소리는 들어도 핏소리는 못 들어 봤을 겁니다. 그 핏소리가 하나님께 억울함을 호소합니다, 절규합니다. 그것은 아마도 세상에서 들리는 가장 긴급하고 다급하고 슬픈 소리였을 겁니다.

하나님은 더 적나라하게 표현하십니다.

> 땅이 그 입을 벌려 네 손에서부터 네 아우의 피를 받았은즉(창 4:11a).

새번역은 이 부분을 "땅이 그 입을 벌려서, 너의 아우의 피를 너의 손에서 받아 마셨다"로 번역했고, 현대인의 성경은 "땅이 입을 벌려 네 손에서 떨어지는 네 동생의 피를 받았으니"라고 번역했습니다.

아벨을 죽인 가인의 손에서 떨어지는 아벨의 피가 땅에 떨어졌는데, 그 땅에 떨어진 피가 그 억울함을 어떻게 할 수 없어서 소리를 지릅니다. 그것을 하나님이 들으신 것입니다. 세상에 일어나는 모든 것은 하나님께 알려집니다. 하나님께서 모든 것을 알고 계십니다. 하나님이 살아 계시고, 우리의 모든 행동을 보고 계신다는 것을, 우리의 입술로 고백한다면, 하나님 두려워할 줄 알아야 합니다.

그 핏소리를 들으신 하나님이 가만히 계시나요?

하나님은 가인에게 '네가 저주를 받고, 농사를 지어도 소용이 없을 것이며, 땅에서 떠돌아다니는 자가 될 것이다'(11b-12절)라고 하십니다.

얼마나 슬픈 죄의 결과인가요?

6. 감당할 수 없는 죄의 벌

이제 가인이 말할 차례입니다. 그는 이렇게 말합니다.

> 내 죄벌이 지기가 너무 무거우니이다(창 4:13).

가인은 하나님이 자신의 범죄를 모르실 것으로 생각해서 거짓말로 반응했는데, 이제는 하나님이 어떤 분이심을 알고, 또한 자신의 죄의 벌이 얼마나 중한지를 알게 된 것이지요. 그것은 견딜 수 없는 벌입니다. 감당할 수 없이 무거운 벌임을 고백합니다.

가인은 그러한 중한 죄의 벌을 받고 살아갈 자신이 어떻게 될 것인지를 스스로 말합니다. 자신이 '쫓겨나서 주의 얼굴을 뵙지 못할 것'(14a절)이라 합니다.

어쩌면 가장 슬픈 일 아닌가요?

하나님의 임재가 아닌 부재를 경험하고 살아야 할 인생이기에 비참한 인생입니다. 가인은 계속해서 '내가 땅에서 피하며 유리하는 자가 될 것인데 나를 만나는 자마다 나를 죽이려 할 것이다'(14b절)라며 괴로워합니다. 가인은 이제 자신의 삶과 죽음이 두려운 것입니다.

그러나 여호와 하나님은 가인을 보호하십니다.

> 여호와께서 그에게 이르시되 그렇지 아니하다 가인을 죽이는 자는 벌을 칠 배나 받으리라 하시고 가인에게 표를 주사 그를 만나는 모든 사람에게서 죽임을 면하게 하시니라 (창 4:15).

하나님이 이렇게 하신 이유가 무엇일까요?

동생 아벨을 죽였으니, 가인이 예상하는 벌을 내리셔도 무방할 것 같은데, 하나님은 다른 각도로 가인을 인도하십니다.

그 이유가 무엇일까요?

1절로 가 봅시다. 하와가 가인을 낳고 "내가 여호와로 말미암아 득남하였다"고 고백합니다. 가인은 "여호와 하나님의 도우심으로 말미암아"(with the help of the Lord, NIV) 태어난 것임을 알 수 있습니다. 그러니 하나님이 가인과 함께하신 것입니다.

우리 모두 죄인입니다. 모두가 죄인임에도 불구하고, 모두가 하나님의 도우심으로 말미암아 태어났기에, 주 예수 그리스도를 믿으면, 이 무거운 죄에서 벗어날 수 있습니다. 이것이 은혜 아닌가요. 이보다 더 큰 은혜가 어디 있겠습니까.

7. 우리는 가인이자 아벨

우리는 죄인이자 동시에 의인입니다. 일찍이 마르틴 루터가 그렇게 말했지요. 우리는 선을 행하기도 하고 동시에 죄를 범하기도 합니다. 그런 의미에서 우리는 아벨이기도 하고 동시에 가인이기도 합니다. 이 이중성을 인정하는 것이 좋습니다. 아니 인정하지 않을 수 없습니다.

그런데 "나는 가인이다"라고 드러내 놓고 다니는 사람은 거의 없습니다. 대신 "나는 아벨이다"라고 드러내는 사람은 많습니다. 그러니까 살아가면서 가인과 아벨 중, 자신은 가인과 전혀 관계없는 사람이라며, 아벨을 자기와 동일시 할 때가 많습니다. 나는 가해자가 아니요, 언제나 피해자라는 것입니다. 나는 악한 자가 아니라, 언제나 선한 자라는 것입니다.

맞나요?

상상해 보면, 억울하게 죽은 아벨 입장에서는 버젓이 살아가는 가인이 도무지 이해되지 않았을 것입니다. 어쩌면 가인을 그렇게 두는 하나님을 원망했을 수도 있었을 겁니다.

그러나 가인은 영원히 가인인가요?

가인은 동생 아벨을 죽였기에 죽어야만 했던가요?

당연히 죽어야 하거나 아니면 죽음에 가까운 중한 벌을 받아야 하는 것이 우리네 인생사의 논리입니다.

그러나 하나님은 어떻게 반응하십니까?

하나님은 그를 보호해 주십니다(15절).

아벨 입장에서는 억울하지만, 가인 입장에서는 은혜입니다. 피해자 입장에서는 이해할 수 없지만, 죄인 입장에서는 이보다 더한 은혜가 없습니다. 이것은 죄를 정당화하는 것이 아닙니다.

우리는 어쩌면 아벨보다 가인 같은 죄인 아닌가요?

우리는 죄인이기에, 죄인을 용서하시고, 죄인을 사랑하시고, 죄인을 품어 안으시는 그리스도의 사랑이 없으면, 한순간도 설 수 없는 존재입니다. 그러니 하나님이 가인을 품어 안으시는 것이 우리에게도 은혜입니다.

세상에는 지금도 한순간의 범죄와 실수로 낙오되어 살아가는 사람들이 많습니다. 우리는 그들을 위해 기도하고 그들이 새로운 삶을 살 수 있도록 도와주어야 합니다.

그것이야말로 진정한 하나님의 사랑을 베푸는 것 아니겠습니까?

왜냐하면, 우리 자신이 바로 그런 가인일 수 있기 때문입니다.

8. 예수의 피밖에 없다

그럼 이제 이 질문을 던지지 않을 수 없습니다.

이 죄에서 어떻게 벗어날 수 있겠습니까?
죄를 어떻게 다스릴 수 있습니까?
3학점 수업을 들으면 없어지나요?
돈으로 해결할 수 있나요?

오직 예수 그리스도의 보혈이 있어야 합니다.
히브리서 9:12-14를 봅니다.

(그리스도께서) 염소와 송아지의 피로 하지 아니하고 오직 자기의 피로 영원한 속죄를 이루사 단번에 성소에 들어가셨느니라 염소와 황소의 피와 및 암송아지의 재를 부정한 자

에게 뿌려 그 육체를 정결하게 하여 거룩하게 하거든 하물며 영원하신 성령으로 말미암아 흠 없는 자기를 하나님께 드린 그리스도의 피가 어찌 너희 양심을 죽은 행실에서 깨끗하게 하고 살아 계신 하나님을 섬기게 하지 못하겠느냐(히 9:12-14).

우리 죄를 정결하게 해 하나님을 믿게 해 주는 것은 흠 없는 예수의 피밖에 없습니다. 이것이 예수 그리스도께서 흘리신 보혈의 능력입니다. 그 예수님의 보혈 의지해서 회개부터 해야 합니다. 기도해야 합니다.

찬송가 274장,〈나 행한 것 죄뿐이니〉가사가 회개와 기도와 죄 사함의 과정을 그대로 보여 주고 있습니다.

> 나 행한 것 죄뿐이니 주 예수께 바옵기는 나의 몸과 나의 맘을 깨끗하게 하옵소서
> (죄뿐인 인생이기에 몸과 마음을 깨끗하게 해 달라고 기도할 수밖에 없습니다)
>
> 내 어두운 눈 밝히시니 참 기쁘고 고마우나 그보다 더 원하오니 정결한 맘 주옵소서
> (자신의 어두운 눈 밝히는 것보다 마음을 정결하게 해 주는 것이 가장 시급하다고 간구합니다)
>
> 정결한 맘 그 속에서 신령한 빛 비치오니 이러한 맘 나 얻으면 눈까지도 밝으리라
> (그렇게 우리 마음을 정결하게 해 주시면 눈까지도 밝아질 것입니다)
>
> 못된 행실 다 고치고 악한 생각 다 버려도 주 앞에서 정결타고 자랑차는 못하리라

(그렇게 해서 못된 행실 못된 생각 다 버려도, 그것을 자랑하지 못하는 것은, 우리는 돌아서면 여전히 죄짓고 살아가기 때문이며, 동시에 우리가 잘나서 정결하게 되는 것이 아니라 그리스도의 보혈이 우리를 정결하게 해 주었기 때문입니다)

물 가지고 날 씻든지 불 가지고 태우든지 내 안과 밖 다 닦으사 내 모든 죄 멸하소서(후렴)

"하나님, 정말로 우리의 모든 죄를 멸하여 주소서"라고 기도합시다. 물로 씻든지 불로 태우든지 해서 다시금 예수 그리스도 앞에 우리의 모든 죄를 토해 놓고 정결하게 씻음받기를 소망합시다. 죄를 지어도 무감각해진 우리의 마음을 다시금 예수 그리스도의 십자가 보혈로 정결하게 해 달라고 기도해야 할 것입니다.

이 글을 준비하면서 처음 주님을 인격적으로 만난 고등학교 때가 떠올랐습니다. 교회 지하 기도실에서, 기도원 동굴에서 기도하며 예수님을 인격적으로 만나 내가 죄인임을 고백하고 예수 그리스도가 구세주임을 고백했었습니다.

주님을 뜨겁게 만난 체험이 중요합니다. 이 경험을 잊어버리니 '내가 죄인'이라는 인식이 무뎌지는 것입니다. 그런 체험은 중고등부 때에만 하는 것이 아니라 주님 오시는 그날까지 해야 할 것입니다.

9. 죄를 적극적으로 거부하자

예수 그리스도에 대한 첫사랑을 회복하여 더 나아가 봅시다. 성경은 우리에게 더 적극적으로 죄를 거부할 것을 말씀하고 있습니다.

에스겔 24장에 보면, 하나님이 에스겔에게 바벨론 왕이 예루살렘을 침략하러 온다고 말씀하십니다. 가마 하나를 걸어서 거기에 양 한 마리를 골라 넣고 삶으라 하십니다. 그런데 그 가마는 그냥 가마가 아니라 녹슨 가마입니다.

녹슨 가마이니 그 속에 양을 넣고 삶은들 그것을 먹을 수 있겠습니까?

이것은 유대인들이 죄로 가득함을 비유로 보여 주는 말씀입니다.

하나님이 그 녹을 벗기려고 무진 애를 써도 벗겨지지 않는다는 것입니다. 그러면서 하시는 말씀이 "내가 너를 깨끗하게 하나 네가 깨끗하여지지 아니하니"(겔 24:13)라고 하십니다. 하나님은 이스라엘 백성들이 음란과 죄에서 벗어나서, 하나님만 온전히 섬기기를 간절히 원하시는데, 그들은 그것을 원치 않습니다. 하나님께도 어쩔 수 없는 것이 있으십니다. 죄를 없애려고 그렇게 애를 쓰시지만, 유다의 죄가 지워지지 않습니다. 그것은 그들이 죄에서 벗어나려는 마음이 없기 때문입니다.

요한일서 3:4에 "죄를 짓는 자마다 불법을 행하나니 죄는 불법"이라 하십니다. 죄는 불법입니다. 요한은 더 구체적으로 들어갑니다.

> 그(주) 안에 거하는 자마다 범죄하지 아니하나니 범죄하는 자마다 그를 보지도 못하였고 그를 알지도 못하였느니라(요일 3:6).

우리는 주님을 마음으로 보았고 주님을 알지 않습니까?

그렇다면 우리 속에 죄가 없어야 하는데 우리는 여전히 죄짓고 살아갑니다.

그러면 우리는 주님을 모르는 것 아닌가요?

요한은 더 심하게 말합니다. "죄를 짓는 자는 마귀에게 속하나니 마귀는 처음부터 범죄함"(8절)이라 하십니다. 그러면서 대구로 "하나님께로부터 난 자마다 죄를 짓지 아니하나니 이는 하나님의 씨가 그의 속에 거하기"(9절) 때문이라 하십니다. 죄를 짓는 자는 주님을 알지 못할 뿐만 아니라 마귀에게 속해 있다는 것입니다. 우리는 이것을 문자 그대로 받고 있습니까.

요한은 그 단락을 이렇게 맺습니다.

> 가인같이 하지 말라 (요일 3:12).

요한의 논리를 따르면 우리와 가인이 그렇게 다르지 않습니다. 첫 살인자 가인과 우리가 별반 다를 게 없음을 보게 됩니다.

그러니 죄가 우리를 지배하지 못하도록 해야 합니다. 그렇지 않으면 우리는 하나님의 자녀가 아닌 마귀에게 속한 자가 될 것입니다. 죄짓는 것을 핑계 대면 안 됩니다. 적극적으로 거부해야 합니다.

장 칼뱅은 『기독교 강요』에서 "살인이 악이라는 것은 누구나 인정하는 일반적인 원리인데, 원수를 죽이는 것은 마치 선한 것처럼 생각한다"고 말합니다. 원수를 죽이는 정당성은 없다는 것입니다. 그것도 죄라 합니다. 덧붙여서 "간음이 일반적으로 악한 것인데, 자신이 저지르면 그것을 정당화한다"고 합니다.[5]

이것이 죄입니다. 일반화된 죄를 자신에게도 똑같이 적용하지 않으면 안 될 것입니다. '나는 괜찮아'라는 사고가 죄를 키웁니다. 그러니 죄를 적극적으로 거부해야 합니다.

하나님은 죄를 질책하십니다. 웨스트민스터 총회(1643-1649)에서 토마스 왓슨은, 웨스트민스터 소요리 문답을 해설하면서, 하나님이 죄를 짓는 우리를 꾸짖으시는 모습을 이렇게 적고 있습니다.

> 나는 네게 건강, 능력, 재산을 주었다. 그러나 너는 내게 선을 악으로 갚으며 내가 준 자비로써 나를 상처입히는구나.
>
> 이것은 네가 친구를 대하는 친절이냐?

---

5   존 칼빈, 『기독교 강요 상』, 원광연 옮김 (CH북스, 2015), 342.

내가 네게 죄지으라고 생명을 주었더냐?

내가 네게 마귀를 섬기라고 급료를 준 것이냐?[6]

이 질문에 "예"라고 대답할 이가 어디 있을까요?

아닌 것을 알기에 하나님이 꾸짖으시는 것입니다. 그렇다면 속히 이 죄에서 벗어나야 할 것입니다. 하나님은 우리가 더 많은 죄를 지으라고 오늘도 생명을 연장해 주는 것이 아닙니다. 더 많은 죄를 지으라고 복을 주시는 것이 아닙니다. 하나님이 우리에게 건강과 능력과 재산을 주신 것은 하나님을 닮아 가라고 주셨음을 기억해야 할 것입니다.

10. 예수를 닮아 가자

좀 더 나아가 봅시다. 예수 그리스도의 보혈이 전부임에도 불구하고, 그 보혈의 은혜는 우리의 삶이 바뀌기를 원합니다. 죄 씻음 받고 나서는, 예수 그리스도를 닮아 가야 합니다. 삶이 바뀌지 않은 이상, 즉 예수 그리스도를 닮아 가지 않은 이상, 우리는 예수 그리스도의 보혈을 '값싼 피'로 만들어 버립니다.

히브리서 12:1-2에서 권면하십니다.

> … 모든 무거운 것과 얽매이기 쉬운 죄를 벗어 버리고 인내로써 우리 앞에 당한 경주를 하며 믿음의 주요 또 온전하게 하시는 이인 예수를 바라보자(히 12:1-2).

---

[6] 토머스 왓슨, 『웨스트민스터 소요리 문답 해설』, 245.

이 말씀을 간단히 하면, '무거운 죄를 벗어 버리고 예수를 바라보자'는 말씀입니다.

여기서 주목할 것은, 단지 죄를 벗어 버리는 것에서 머물러서는 안 된다는 것입니다. 그것과 동시에 우리 앞에 놓인 인생길을 인내로 달려서 더 적극적으로 예수를 바라보자고 말씀하십니다.

왜 예수를 바라보자 하십니까?

그것은 예수님이 "믿음의 주요 또 온전하게 하시는 이" 이기 때문입니다.

"믿음의 주"를 영어 성경에 보니 "author of our faith", 즉 "우리 믿음의 저자"라고 번역하고 있습니다. 이것은 우리가 우리의 믿음을 만든 것이 아니라, 주님께서 우리의 믿음을 만드신 것임을 말해 주는 것입니다. 예수 그리스도가 우리 믿음의 저자라는 것입니다.

그 믿음의 저자인 예수를 바라보자는 것은, 그저 보기만 하는 것이 아니라, '예수를 닮아 가자'는 말 아닌가요?

그런데 보통 누군가를 닮고 싶다 할 때는, 자신이 이루지 못한 어떤 성공을 이룬 사람을 닮고 싶어 합니다. 그런데 예수님을 닮아 간다는 것은 그런 것과는 다릅니다. 아니 완전히 정반대입니다. 히브리서 12:2 후반에 보니까 예수님은 "그 앞에 있는 기쁨을 위하여 십자가를 참으사 부끄러움을 개의치 아니하시더니"라고 말씀하십니다.

예수님을 우리가 닮아 가야 하는 것은, 성공 때문이 아니라, 예수님이 지신 '십자가의 삶'에 있습니다. 세상 사람들에게 십자가는 선망의 대상이 아닙니다. 바라보아야 할 대상이 아닙니다. 닮아야 할 그 무엇도 아닙니다. 아니 오히려 십자가는 멀리해야 할 대상입니다. 될 수 있으면 가까이하지 않아야 할 대상입니다. 그러나 예수님은 '기쁨을 위하여' 십자가를 참으셨습니다. 부끄러움도 개의치 않으셨습니다.

그런데 무슨 기쁨인가요?

무슨 기쁨이기에 십자가 지는 것을 참고 부끄러움을 개의치 않으실 수 있었던가요?

그 기쁨은 바로 우리 한 사람 한 사람을 구원하실 기쁨입니다. 예수님은 우리 한 사람 한 사람이 주님께로 돌아오는 것을 너무나 기뻐하십니다.

죄인이 주님께 돌아오는 것보다 더한 기쁨이 하나님께 무엇이 있겠습니까?

아들이 마약에 빠져서 한동안 고생한 적이 있었다는 어느 장로님의 말씀을 들은 적이 있습니다. 집에도 오지 않더라는 것입니다. 그런데 그 장로님은 추운 겨울에도 아들이 혹시나 올까, 이불 덮어쓰고 집 밖에서 아들을 기다렸다는 것입니다. 그러던 어느 날 정말로 아들이 돌아왔다는 것입니다. 그 기쁨은 이루 말할 수 없었다고 고백하시는 것을 들은 적이 있습니다.

우리 주 예수님께는 무엇이 기쁨일까요?

세상 사람들이 주님께로 돌아오는 것입니다. 그 기쁨이 우리에게도 소망이 되었습니다. '주 예수 그리스도만 믿으면 영생한다'는 소망을 우리에게 주셨기에, 이 소망 가지고 살아가야 할 것입니다.

십자가 지신 예수님은 십자가에서 삶이 끝나 버리신 것이 아니라, 부활하셔서 "하나님 보좌 우편에 앉"아 계십니다(히 12:2).

그런데 원래 하늘 보좌에 계셨던 분이신데, 이 땅에서 삶을 다 사시고, 십자가 지시고, 부활 승천하신 후, 하늘 보좌에 계시는 것이, 예수님께 무슨 그리 대단한 일이겠습니까?

오히려 우리가 예수님에게서 봐야 하는 것은, 십자가 없는 하나님 보좌 우편이 아니라, 십자가의 삶을 사시고 부활 승천하신 후의 하늘 보좌여야 할 것입니다.

그 보좌 우편은 야고보와 요한의 어머니가 찾아와서 예수님께 부탁했던 '십자가 없는 영광의 자리'가 아니라 '십자가를 지시고 이기고 부활하신 자리'였음을 보게 됩니다. 그 자리는 아부나 정치를 해서 올라갈 수 있는 그런 자리가 아닙니다. 십자가를 져야 갈 수 있는 자리입니다. 주님께서 지신 십자가를 우리도 지고 가야 우리도 주님 곁으로 갈 수 있습니다.

11. 영적 불감증 시대에

자신도 가정도 사회도 병들어 있는데 아무도 아프지 않다면 그것은 불감증입니다. 모두가 죄인임에도 불구하고 아무런 죄책감도 느끼지 않는다면 그것은 영적 불감증입니다. 이런 영적 불감증의 시대에, 다시금 우리가 누구인지 돌아보고, 우리가 왜 예수님을 믿어야 하는지, 깊이 묵상하고 고민하는 시간이 되었으면 합니다.

『죄와 벌』에서 주인공 라스콜니코프는 사람을 둘이나 죽이고 난 후 그렇게 그렇게 지내다가 어느 날 양심의 가책을 느끼는데 저자 도스토예프스키는 이렇게 기술합니다.

> 너무 괴로워 견딜 수가 없었다. 그 순간 어디론가 떠나 완전히 혼자 있을 수 있다면 설령 평생 그래야 할지라도 그는 행복하다고 생각했을 것이다. 하지만 문제는 최근 들어 거의 항상 혼자였음에도 결코 자기가 혼자라는 느낌을 가질 수 없었다는 점이다 장소가 외지면 외질수록 누군가가 가까이 불안스레 함께 있는 것 같은, 무섭다기보다는 어쩐지 몹시 짜증스러운 의식이 더 강해졌으며, 그 때문에 어서 빨리 도시로 돌아와 사람들 틈에 섞이곤 했다. 하지만 끝에 가서는 갑자기 또 불안해졌다. 갑자기 양심의 가책이 그를 괴롭히기 시작하는 것 같았다.[7]

---

7 표도르 도스토예프스키, 『죄와 벌 2』, 김연경 옮김 (민음사, 2012), 303-304.

양심의 가책을 받는다는 것은 죄의식을 느낀다는 것입니다. 아무리 혼자 있어도 그것을 잊으려 한다 해도 잊을 수 없는 것이 죄의식입니다. 우리 안에 있는 이 죄의식, 우리가 죄인임을 깨닫게 해 주는 이 죄의식, 숭고한 의식입니다.

존 번연은 하나님의 은혜를 깨닫고 18개월간 죄를 깨달은 데서 오는 고통으로 아팠다 합니다. 심지어 들판에 있는 거위가 부럽게 느껴졌다 하며, 차라리 사람으로 태어나지 않았으면 더 좋았겠다고까지 생각했다 합니다.[8] 죄를 깨달으면 아픕니다. 영적으로 몸이 반응한다는 의미입니다.

캘리포니아로 포피꽃을 보러 간 적이 있습니다. 그날따라 사람들이 얼마나 많았는지 5만 명이 모였다고 들었습니다. 그런데 꽃이 그렇게 피니까 덩달아 나비들이 엄청 많이 날아다니고 있었습니다("어디서 왔니" 물어보니 대답이 없습니다. "Where are you from?" 여전히 대답이 없습니다. 그래서 혹시나 해서 "De donde eres?" 하니 "Mexico" 하더군요. 농담입니다).

그 나비들은 멕시코에서 왔다고 합니다. 그 이야기를 들으니 문득 '나비에게는 국경이 없구나' 하는 생각이 들었습니다. 나비가 멕시코에서 미국으로 날아올 때, 비자를 받아야 한다거나 신분증을 제시해야 한다는 소리를 들어본 적이 없습니다.

처음에는 피조물 사이에도 경계가 없었을 것입니다. 아니 처음에는 창조주 하나님과 피조물 사이에 막힌 담도 없었습니다. 이 말은 피조물이 마음대로 창조주의 영역을 침범해 들어갈 수 있었다는 말이 아닙니다. 창조주와 피조물의 소통을 가로막고 있는 장벽이 없었다는 말입니다. 그런데 하나님과 피조물 사이에 장벽이 생겨 버렸습니다.

무엇 때문인가요?

아담의 죄 때문이었습니다.

---

[8] 마틴 로이드 존스, 『부흥』, 207.

그런데 그 장벽이 보기에 좋지 않아, 성부 하나님이, 성자 예수 그리스도를 이 땅에 보내 주셔서, 그 막힌 장벽을 십자가의 보혈로 허물어 주셨습니다. 더불어서 인간과 인간 사이를 가로막고 있는 장벽도 허물어 줄 수 있는 것은 십자가밖에 없습니다.

에베소서 2장에 보니, 바울이 에베소 교인들을 이렇게 설명합니다. 그들은 예전에 '이방인이요, 할례받지 않은 무리요, 그리스도 밖에, 이스라엘 나라 밖에 있었고, 약속의 언약에 대해 외인이요, 세상에 소망이 없고, 하나님도 없는 자'(11-12절)였다고 적나라하게 말합니다.

그런데 그들의 상태가 바뀌었다는 것입니다. '이제는 전에 멀리 있던 그들이 그리스도 예수 안에서 그리스도의 피로 가까워졌다'(13절)고 하십니다.

그리스도께서 어떻게 하셨기에 그렇게 되었습니까?

'예수 그리스도가 중간에 막힌 담을 자신의 육체로 허셨기에'(14절) 가까워진 것입니다. 예수님이 자신의 "영"으로 막힌 담을 허신 것이 아닙니다. "말"로 막힌 담을 허신 것이 아닙니다. 예수님의 "몸"으로 허물어 주신 것입니다. 이것이 십자가 보혈의 은총입니다.

예수 그리스도의 보혈로 에베소 교인들과 이스라엘 백성들이 가까워졌습니다.

마찬가지로 우리를 이렇게 한 공동체에서 예배드리게 해 주는 끈은 무엇인가요?
우리 사이에 무엇이 있기에 이렇게 붙어 있을 수 있는가요?
무엇이 있기에 함께 모여 신앙생활 하게 하는가요?

그리스도의 보혈밖에 없습니다.

그리스도의 보혈이 우리를 하나 되게 묶어 주고 가까워지게 해 줍니다. 다른 것이 우리를 묶어 줄 수 없습니다. 다른 것이 들어오는 순간 거기에 분열이 생깁니다. 예수님이 자기의 육체로 막힌 담을 허셨다면, 우리도 그것을 삶으로 배워야 할 것입니다.

제목으로 돌아가서, '모두 병들었는데 아무도 아프지 않다면', 다시 말해 모두 죄인임에도 불구하고, 아프지 않을 수 있는 것은, 우리 주 예수 그리스도께서 우리 모두를 위해 십자가를 지셨기 때문입니다.

이사야 선지자는 시온성에 사는 백성들이 다음과 같이 말할 것이라 합니다.

> 거기에서는 아무도 '내가 병들었다'고 말하지 않겠고, 거기에서 사는 백성은 죄를 용서받을 것이다(사 33:24, 새번역).

칼뱅도 말합니다.

> 하나님이 손을 대시지 않고 그냥 내버려 두시는 사람은 하나도 없다. 왜냐하면 한 사람의 예외도 없이 모든 사람이 병에 걸려 있다는 것을 하나님이 잘 알고 계시기 때문이다.[9]

모든 사람이 죄로 병들었는데 아프지 않을 수 있는 것은, 예수 그리스도로 말미암아 죄를 용서받았기 때문입니다. 이것이 은혜입니다. 이런 치유의 은혜가 우리 삶 가운데 있기를 소망합니다.

---

9 존 칼빈, 『기독교 강요 중』, 223.

제7장

공동체로 경험하는 성령 충만
(다니엘 5:10-16)

1. 비문을 해석하며

언젠가 이제 자려고 하는데 같이 사는 여자 사람이 묻습니다.
"내일이 며칠이지?"
학교 포럼을 마치고 밤 11시 너머 집에 들어왔으니 그 질문이 제대로 귀에 걸리겠습니까?
대충 얼버무리는데 토씨 하나 틀리지 않고 여자 사람이 또 묻습니다.
"내일이 며칠이지?"
이러면 이제 남자 사람은 정신을 빠짝 차려야 합니다. 여자 사람이 똑같은 질문을 토씨 하나 틀리지 않고 묻는다는 것은, 마치 경찰이나 검사가 범죄자를 심문할 때, '마지막으로 묻는다. 바른대로 대답해'와 같은 굉장히 엄중한 상황이라는 것을 의미합니다. 그러기에 무너지는 눈꺼풀을 치켜뜨고, 희미해져 가는 의식의 눈동자를 심폐 소생해야 합니다.
왜냐고요?
이는 그날이 무슨 날인지 기억하느냐 못하느냐에 따라 앞으로의 인생살이가 감옥 같은지 아니면 '시온의 대로'가 되는지 결정되기 때문입니다.
이런 질문 같은 경우 거의 백 프로 둘 중 하나입니다. '본인 생일' 아니면 '결혼기념일.' 16주년 되는 결혼기념일이었습니다. 같이 만나서 산 이후로 지구가 16바퀴 정도 태양 주위를 돌고 있으면 이제는 그만 잊고 살

때도 된 것 같은데 여자 사람은 그렇지 않나 봅니다.

결혼기념일 당일이었습니다. 저녁이 되어 가는데 아내가 저녁 준비할 생각을 하지 않더군요. 그러면서 '맛있는 거 먹으러 가겠다'고 합니다. 전 그냥 집에서 먹자 하니, 어젯밤에 제가 했던 말을 기억하지 못하냐 합니다. "내일은 맛있는 거 먹어야겠네"라고 했다는 겁니다. 잠결에 그런 엄청난 말을 했나 봅니다. 그렇게 말했으면 지켜야 하는데 기념일을 햄버거로 대신했으니 며칠간 산타아나(Santa Ana) 바람보다 더 거센 엄청난 후폭풍이 휘몰아쳤습니다.

이럴 때 어떻게 해야 하나요?

그럴 때일수록 남자는 무슨 수를 써서라도 정신 바짝 차리고 쫓겨나지 않고 살아남아야 합니다. 어느 분이 그러더군요. 살아남기 위해서는, 아내가 말씀하실 때, 마치 고양이나 개가 자신보다 강한 상대를 만나면 두 손 들고 벽에 찰싹 붙어 있는 것처럼 그런 상태를 유지해야 한다고 말입니다.

1년 뒤 그날이 왔습니다. 한 해 전의 악몽을 반복 학습하지 않기 위해 "꽃과 케익을 든 경상도 남자"가 되었습니다. 이 표현은 사실 형용모순입니다. 형용모순 중에서도 '으뜸'입니다. 으뜸이라고까지 굳이 표현하는 것은, 꽃과 케익을 함께 들었기 때문입니다. 둘 중 하나만 드는 것은 형용모순 중 아류입니다. 17년을 함께 살다 보니 그동안 살아온 습관대로만 살면 안 된다는 것을 어느 날 갑자기 날아든 마지막 경고 메시지처럼 서늘하게 깨닫기 때문입니다.

경상도 남자는 꽃과 케익을 들어서는 절대로 안 된다는 것을 삶으로 보여 주신 아버지로부터 배운 학습효과를 저의 삶에서도 지키고 따르는 것이야말로 삼강오륜을 지키는 것과 맞먹는 남자의 도리인 줄 알았는데, 그 도리만으로는 도저히 살 수 없음을 인정하고 타협하게 됩니다.

'아버지, 불효자를 용서하소서! 저도 살아야 하지 않겠습니까.'

얼마간은 평온하리라!!!

때론 형용모순이 삶과 사회를 바꿀 수 있습니다. 습관과 전통과 고정관념을 바꾸는 것이기에 그렇습니다.

살아가면서 상대와 주고받는 말을 잘 '이해하고 해석'할 필요가 있습니다. 특히나 여자 사람과 남자 사람 사이에 주고받는 '비문'은 잘 해석할 필요가 있습니다. 더 나아가 우리 삶에서도 이런 비문들을 접할 때가 있습니다. 그 의미가 무엇인지 모른 채 답답해하고 한숨지을 때가 많습니다.

그럴 때 우리는 무엇을 해야 하나요?

어떻게 해야 하나요?

그것을 다니엘을 통해 배우고자 합니다.

다니엘 5장 말씀은 그러한 '비문'에 관한 메시지와 더불어 우리에게 왜 성령이 필요한지를 말씀해 주고 있습니다. 성령 충만을 개인적/사적 경험을 넘어서 공동체/공적으로 경험할 필요가 있음을 말해 줍니다.

2. 우상 숭배의 허무함에서 벗어나기

1) 벨사살왕의 우상 숭배와 우리의 우상

다니엘 5장에 보니 벨사살왕이 귀족 천 명을 초청해서 큰 잔치를 베풀고 그들과 함께 술을 마십니다(1절). 귀족들과 잔치를 하니 모든 것을 화려하게 준비했을 겁니다. 자신의 아버지 느부갓네살왕이 예루살렘에서 탈취해 왔던 금, 은그릇을 가져오게 해서 그것으로 먹고 마십니다(2-3절).

왕이 베푸는 잔치는 그런 잔치는 그런대로 이해할 수 있습니다. 그런데 그들은 술을 마시고 나서 무엇을 했습니까?

금, 은, 구리, 쇠, 나무, 돌로 만든 신들을 찬양합니다(4절). 인간이 만들어서 숭배하는 것은 그것이 무엇이든 우상입니다. 그들은 그 자리에서 우상 숭배를 한 것입니다.

우상 숭배를 가만히 생각해 보면 우습지 않은가요?

예를 들면, 아이들이 해변에서 모래성을 만들었으면, 아이들이 그 모래성의 창작자 내지 만든 자이며, 모래성은 아이들의 작품입니다.

그런데 아이들이 모래성을 만들고 나서 그 모래성에 절하면, 뭔가 이상하지 않나요?

만든 사람이 만들어진 대상에게 절하고 경배하는 것은 뭔가 앞뒤가 맞지 않은 것 같습니다.

> 새긴 우상은 그 새겨 만든 자에게 무엇이 유익하겠느냐 부어 만든 우상은 거짓 스승이라 만든 자가 이 말하지 못하는 우상을 의지하니 무엇이 유익하겠느냐(합 2:18).

> 조각한 우상을 의지하며 부어 만든 우상을 향하여 너희는 우리의 신이라 하는 자는 물리침을 받아 크게 수치를 당하리라(사 42:17).

지금 이 시대도 수많은 우상이 있습니다. 우리도 하나님을 믿는다고 하는데 잘못하면 성경이 말씀하는 하나님이 아니라 우리가 '만든 하나님'을 믿을 수 있습니다. 그건 우상입니다.

우리는 신을 물질로 만들지는 않지만, 우리의 야망이나 욕망이나 권력이나 명예, 물질을 지키기 위해 하나님을 믿는다면, 그건 하나님을 믿는 것이 아니라 하나님을 우리 자신의 삶을 위해 존재하는 분으로 전락시키는 것입니다. 자신이 만든 신을 성경의 하나님으로 둔갑시켜서는 안 될 것입니다.

2) 시선을 주님께로

그럼 우상을 섬기지 않기 위해 무엇을 해야 합니까?
삶의 시선을 주님께로 모아야 합니다. 하나님께 초점을 맞추고 살아야 합니다. 〈시선〉이라는 찬양곡의 가사가 바로 이것을 말해 줍니다. 한 번 그 가사를 묵상해 보도록 하겠습니다.

> 내게로부터 눈을 들어 주를 보기 시작할 때 주의 일을 보겠네
> 내 작은 마음 돌이키사 하늘의 꿈 꾸게 하네 주님을 볼 때
> 모든 시선을 주님께 드리고 살아 계신 하나님을 느낄 때
> 내 삶은 주의 역사가 되고 하나님이 일하기 시작하네

너무 멋진 고백입니다. "내게로부터 눈을 들어 주를 보기 시작"하는 것은 '신앙'이지만, '주님으로부터 눈을 돌려 나를 보기 시작'하는 것은 '우상'입니다. 신앙과 우상은 나의 시선이 어디를 향해 있느냐에 따라 결정됩니다. 우리의 시선이 우리 자신을 향하는 것이 아니라 하나님을 향해야 합니다. 그럴 때 순간순간 빠지기 쉬운 우상의 유혹에서 벗어날 수 있을 겁니다.

출애굽기 33장에 보면, 하나님은 '이스라엘 백성들이 목이 곧은 백성이라 하여 함께 가나안 땅으로 가지 않겠다' 합니다. 그러면서 이스라엘 백성들에게 몸에 지닌 장신구들을 떼어 내면 달리 생각해 보겠다는 여지를 주십니다(5절). 여기서 말하는 장신구는 출애굽기 32장에서 아론이 이스라엘 백성들에게 아내와 자녀의 금귀고리를 가져오게 해서 만든 금송아지의 재료이기도 했습니다. 그것을 떼어 내라는 말입니다.

그 장신구, 장식품은 사람들의 시선을 자신에게 끄는 도구입니다. '내게로부터 눈을 들어 주를 보아야' 하는데 장식품, 장신구가 이스라엘 백

성들의 시선을 하나님께 향하지 못하게 하고 오히려 자신들에게 향하게 했기에 하나님은 그것을 뗄 것을 말씀하신 것입니다. 오로지 하나님께만 시선을 모으라는 것이지요.

우리도 하나님께 시선을 맞추는 것을 방해하는 것이 있다면, 그것이 무엇이라 할지라도 떼어 내고 오로지 하나님께 우리의 삶의 시선을 모아야 할 것입니다. 그럴 때 우리 자신의 삶이 하나님의 역사가 될 것입니다. 우리 한 사람 한 사람의 삶이 하나님이 이루어 가시는 역사가 된다는 것, 너무 감격스럽지 않은가요.

3. 손가락 글씨

벨사살왕이 귀족들과 잔치를 벌이고 우상을 찬양할 때, '사람의 손가락들이 나타나서 벽에 글자를 씁니다'(단 5:5). 왕이 그것을 보고 놀랍니다. 성경은 왕이 놀라는 장면을 이렇게 묘사합니다.

> 왕의 즐기던 얼굴빛이 변하고 그 생각이 번민하여 넓적다리 마디가 녹는 듯하고 그의 무릎이 서로 부딪친지라(단 5:6).

다니엘 2:1에 보면, 그의 아버지 느부갓네살왕도 꿈을 꾸고는 그 꿈이 무엇인지 모름에도 불구하고 번민에 사로잡혀 잠을 이루지 못했던 적이 있었습니다.

벨사살왕은 벽에 쓰인 글씨의 뜻이 무엇인지 모릅니다. 그런데도 안절부절입니다. 직감적으로 그것이 나쁜 의미임을 본인도 안다는 것이지요. 왕은 '나라에 있는 술객(마법사, enchanters), 술사(astrologers), 점쟁이들(diveners), 지혜자들'을 부르는데 어떻게 부르느냐, "크게 소리 질러"(7절) 부릅니다. 그만큼 다급하다는 것을 의미합니다.

더욱이 누구든 그 글자를 해석하면, 그들에게 '자주색 옷을 입히고, 금 사슬을 목에 걸어주고, 나라의 셋째 통치자로 삼겠다'고 선포합니다(7절). 그 환상을 해석만 하면 부와 명예와 권력을 얻을 수 있는 절호의 기회입니다. 그러나 그들 중 누구도 그 글자를 읽고 해석하지 못합니다. 이에 벨사살왕이 근심하여 얼굴빛이 변하였고 귀족들도 당황합니다(9절).

이때 왕비가 왕에게 다니엘이라는 인물이 있는데, 그는 "거룩한 신들의 영이 있는 자"(11절)이며, 그의 지혜는 "신들의 지혜와 같은"이라고 소개합니다. 한 사람을 "거룩한 신들의 영이 있는 자"로 묘사한 것과 그의 지혜가 "신들의 지혜와 같은 자"로 말하는 것은, 그에 대한 절대적 신뢰를 보여 주는 말이기도 합니다. 사실 '하나님이 다니엘에게 지혜를 주셨고 꿈과 환상을 깨달을 수 있는 그런 능력'까지도 주셨지요(단 1:17).

4. 성령 충만한 다니엘

1) 종의 후손임에도 쓰임 받은 다니엘

다니엘이 왕 앞으로 나아갑니다. 벨사살왕이 다니엘의 신분을 자신의 입으로 말하면서 확인합니다.

> 네가 나의 부왕이 유다에서 사로잡아 온 유다 자손 중의 그 다니엘이냐(단 5:13).

이 말은 다니엘이 '종으로 잡혀 온 자의 후손'이라는 말입니다. 벨사살왕 입장에서는 한편으로 자존심이 상하는 부분이기도 했을 겁니다. 자기 나라에는 그런 지혜 있는 자가 없어서 포로로 잡아 온 자의 후손에게까지

도움을 청해야 할 형편이기에 그렇습니다.

하나님은 하나님의 역사를 이루어가실 때 그 사람의 신분이 어떠하든 상관하지 않고 하나님께서 사용하고자 하는 자면 사용하십니다. 그것이 하나님이 사람을 택하는 방식입니다. 그러니 하나님이 우리를 사용하는 것 아닌가요.

우리가 잘나서 사용하시는 것이 아니라, 지극히도 못났는데도 창조주 하나님이, 역사를 주관하시는 하나님이, 역사의 한순간에 하나님 나라 위해 우리를 부르셔서 사용하시는 것입니다. 우리는 주님께서 사용하시는 주님 손안에 있는 귀한 도구임을 깨달아야 할 것입니다.

더욱이 사도 바울은 '그리스도께서 우리가 의인이었을 때가 아니라 죄인이었을 때'(롬 5:8) 부르셔서 하나님의 자녀 삼아 주시고 하나님의 일꾼 되게 해 주셨다고 고백합니다. 그러니 죄인인 우리가 하나님의 은혜로 예수를 믿고 신앙생활을 한다면, 이 은혜의 순간들을 헛되이 보내어서는 안 될 것입니다. 이는 하나님이 우리를 사용하셔서 하나님의 역사를 이루어가시기 때문입니다.

벨사살왕이 다니엘을 부른 이유를 설명합니다. '내가 들으니 네 안에는 신들의 영이 있어서 네가 명철과 총명과 지혜가 있다고 하던데'라고 합니다(14절). 다니엘은 '하나님의 영이 충만했던 자'였으며 그랬기에 그가 지혜로웠던 것을 알 수 있습니다.

우리가 지혜롭기 위해 우리 안에 성령이 있어야 합니다. 성령 받아야 합니다. 우리가 이 세상을 우리의 지혜가 아니라 하나님이 주시는 지혜로 살기 위해서는 성령 받아야 합니다. 우리의 주리고 목마른 영혼에 성령 충만함이 있어야 합니다.

2) 성령 충만으로 일상생활 극복해 나가기

일상에서 성령 충만해야 합니다.
힘든 일상, 무슨 힘으로 살아갈 수 있나요?
우리가 가진 힘으로 살아갈 수 있는지요?
한시도 살 수 없음을 우리가 날마다 경험하지 않습니까?

은혜 없으면 살 수가 없음을 우리가 고백한다면, 가정에서 성령 충만함이 있기를 기도합니다. 우리가 일하는 직장에도 성령 충만함이 있기를 소망합니다. 우리가 살아가는 일상에서 매일매일 성령 충만함이 있기를 간구해야 할 것입니다.

그러면 인생이 힘들어도 교회에 오기만 하면, 주의 성전의 십자가만 바라봐도, 주님께 시선을 모으기만 해도, 성령님이 우리의 마음을 아시고 우리의 모든 문제를 해결해 주실 것입니다. 우리에게 생명을 불어넣어 주실 것입니다. 우리를 일으켜 세워 주실 것입니다. 우리에게 참자유를 주실 것입니다(고후 3:17).

모두가 성령 충만하기를 간절히 소망합니다. 성령 충만을 여기서 멈추지 말고 좀 더 밀고 가 봅시다. 다니엘이 보인 성령 충만한 삶의 모습은 우리가 어쩌면 그동안 좀 놓쳤던 부분이기도 합니다.

5. 공동체적 성령 충만

1) 사적 이익에 관심 없는 다니엘

성령 충만한 다니엘이 벨사살왕에게 보인 반응을 봅시다. 다니엘은 글자를 해석하면 받을 수 있는 왕의 예물(자주색 옷과 금목걸이)은 왕이 친히 가지시라 하고, 상급(나라의 셋째 통치자 자리)도 다른 사람에게 주라고 말합니다. 그렇지만 왕을 위하여 이 글을 해석하겠다고 말합니다(단 5:17).

성령 충만한 다니엘은 자신의 이익을 위해 살지 않았습니다. 보통 성령 받았다는 용하신(?) 분들은 자신이 높아집니다. 사람들에게 안수 기도해 주고 돈도 벌고 심지어는 그들 사이에서 교주가 되기도 합니다. 성령 충만을 사적 이익에 쓰는 경우이며, 절대 바람직하지 않습니다.

2018년 가을, 예수교장로회 통합 측 103회 총회 주제는 "영적 부흥으로 민족의 동반자 되게 하소서"(히 13:12-16; 합 3:2)였습니다. '영적 부흥'과 '민족 공동체'를 잇는 통찰력 있는 표어였습니다. 영적 부흥 하면 보통 개인 신앙의 뜨거움 내지 교회 부흥만을 이야기하는데, 민족의 동반자를 언급함으로, 개인 영성이 민족 공동체와 이어져야 한다는 것을 말하는 것일 겁니다.

하나님의 영이 충만한 사람 다니엘은 그런 개인적 이익에 관심이 없었고 겸손했습니다. 그러니 자주색 옷도 금목걸이도 셋째 통치자 자리도 관심이 없었던 것입니다. 다니엘 2:30에도 "내게 이 은밀한 것을 나타내심은 내 지혜가 모든 사람보다 낫기 때문이 아니라 오직 그 해석을 왕에게 알려서 왕이 마음으로 생각하던 것을 왕에게 알려 주려 하심"이라며, 겸손하게 고백합니다.

다니엘은 자신의 은사를 개인적 이익을 얻는 데나 자신이 높아지려는 데 사용한 것이 아니라 나라를 위해 사용하려 했던 것을 보게 됩니다. 이것이 공적 영성의 핵심입니다. 성령 충만한 자는 사적 이익이 아닌 공동체의 이익을 추구해야 합니다. 자기 뜻을 하나님의 뜻 보다 앞세우지 않아야 합니다. 그런데 우리는 종종 여기서 걸려 넘어집니다.

베드로를 봅시다. 베드로는 초대 교회 때 성령 충만하여 삼천 명을 전도합니다. "주는 그리스도시오 살아 계신 하나님의 아들"(마 16:16)이라는 가장 완벽한 예수 그리스도에 대한 정의를 내립니다. 하지만 그런 그도 예수님의 공적 사역과 뜻을 이해하지 못해 예수님의 사역을 막으려 했을 때, 예수님으로부터 '사탄'(마 16:23)이라는 소리를 듣습니다. 이는 베드로가 사적 신앙은 뜨거웠지만, 예수님의 크신 하나님 나라 사역이라는 공적 그림을 보지 못했기 때문입니다.

2) 공동체적 성령 충만

우리는 공동체적 성령 충만, 공동체적 영성을 가질 필요가 있습니다. 공동체 속에서 함께 비전을 품어야 합니다. 공동체의 지체가 힘겨워하고 아파하고 눈물 흘리면 함께 아파하고 울 수 있어야 합니다. 그것이 공동체적 영성이자 공동체적 성령 충만한 삶의 모습일 겁니다.

언젠가 학교에서 수업 중에 눈물을 흘린 적이 있습니다. 학생 하나가 자신의 삶을 나누는데 하루에 20시간 가까이 세 가지 일을 한다고 했습니다. 왜 그렇게 일을 하는지 물으니, 홀로 계신 어머니도 모셔야 하고, 생활비도 벌어야 해서 그렇게 한다는 것입니다. 그렇게 일하지 않으면 우울증과 공황장애가 있어서 잠을 잘 수가 없다는 겁니다. 마침 그날이 너무나도 사랑했고 따랐던 아버지가 돌아가신 지 일주년 되는 날이라고 하면서 웁니다. 저도 덩달아 같이 울었습니다.

그러면서 그런 생각을 했습니다.

'신학을 가르친다는 것이 무엇인가?
삼위일체 하나님에 관해 이론만 가르치면 되는가?
칭의와 성화가 무엇이니, 종말론이 무엇이니 하는 신학 지식만 가르치면 되는가?
공동체 구성원의 아픔에는 관심 없이 교리만 가르치고 증거 하면 그것으로 하나님은 기뻐하실까?
신학은 사람을 살리는 것인데 공동체 구성원의 아픔에 함께 아파하는 것이 신학 아닌가?'

교회 공동체에 몸이 아프거나 삶이 아프거나 인생이 아픈 성도님들이 계신다면, 더욱더 그분들을 위해 기도해 주어야 합니다. 그래서 성도님들이 공동체적 간증을 할 수 있었으면 합니다. 아픈 성도를 위해 우리 공동체가 함께 기도했더니 그 아픈 지체가 나았고, 삶의 고통으로 괴로워하는 지체들을 위해 기도했더니 그들이 그 어려운 상황에서 벗어나 새로운 희망을 품고 살아가고 있다는 그러한 공동체적 간증이 많이 나왔으면 합니다.

김승섭 의사가 쓴 『아픔이 길이 되려면』이라는 책이 있습니다. 보통 아픔을 개인적 문제로 보았는데, 이 책에 보면 아픔에도 '사회 역학'이 있다고 합니다. 사회적으로 약한 자들, 소외된 자들, 가난한 자들이 더 아프다는 겁니다.

예를 들면, 비정규직 노동자가 정규직 노동자보다 더 아프다고 합니다. 왜 그런가요?

비정규직 노동자는 아파도 언제 해고될지 모르기에 병가도 연차도 쓰지 못한 채 참고 일해야 하기 때문입니다.[1] 아파도 아프다 소리를 할 수 없는

---

[1] 김승섭, 『아픔이 길이 되려면』 (동아시아, 2017), 123.

형편입니다. 이는 그 자리를 대신 할 사람이 차고 넘치기 때문입니다. 슬픈 인생입니다. 그러한 아픔을 없애기 위해서는 '사회적 돌봄'이 있어야 한다고 합니다. 그것이 공동체 정신이라는 것입니다.

그렇다면 가장 완벽한 공동체를 이루고 계시는 성부, 성자, 성령 삼위일체 하나님을 고백하는 우리는 어떠한 영성을 지녀야 하며 어떠한 삶을 살아야 합니까?

바로 공동체적 영성을 지녀야 할 것이고 공동체적 삶을 살아야 할 것입니다.

6. 세상 권력이 두렵지 않은 다니엘

1) 메네 메네 데겔 우바르신

사적 영성이 아닌 공적 영성을 지닌 다니엘의 다음 행보를 봅시다. 벨사살왕의 꿈을 해석하면서 다니엘은 왕에게 직언합니다. 죽을 수도 있는 자리입니다. 그런데 그는 담대하게 벨사살왕의 아버지 느부갓네살왕이 행한 악부터 말합니다. '하나님이 느부갓네살왕에게 나라와 큰 권세를 주었는데 그가 마음이 완악하고 교만하여져서 왕위에서 쫓겨난 것'을 말합니다(단 5:18-21).

다니엘은 그렇게 된 것을 지금 앞에 있는 벨사살왕이 보고 안다는 것입니다. 그런데도 벨사살왕은 겸손하지 않고 자신을 하나님보다 높이며, 금은으로 만든 성전 그릇으로 술을 마시고 그것들로 만든 신상들을 찬양하고, 하나님께 영광을 돌리지 않았다고 비판합니다(22-23절).

그래서 손가락이 나타나서 글을 기록하였다는 것입니다. 이제 다니엘이 그 비문을 해석해 줍니다. 글자는 '메네 메네 데겔 우바르신'이라 합니다.

"메네"는 "하나님이 이미 왕의 나라의 시대를 세어서 그것을 끝나게 하셨다"는 뜻이요, "데겔"은 "왕을 저울에 달아 보니 부족함이 보였다"는 뜻이며, "베레스"(parsin)는 "왕의 나라가 나뉘어서 메대와 바사 사람에게 준 바 되었다"는 뜻이라고 해석해 줍니다(25-27절).

이 말은 하나님이 벨사살왕의 시대를 끝내신다는 말입니다. 그 말을 다니엘이 벨사살왕에게 직접 합니다. 차라리 그 비문의 뜻을 모른다고 하면 목숨은 유지할 수 있을 것 같은데, 그 뜻을 말했기에 어쩌면 다니엘의 목숨이 위태로울 수 있습니다.

다니엘이 이렇게 담대히 왕에게 직언할 힘은 어디서 왔을까요?

그것은 바로 그가 '성령 충만한 자'였기 때문입니다. 특별히 '공적 성령 충만함'이 있었기에 다른 세상 권력은 두렵지 않았던 것입니다.

2) 금령을 어긴 다니엘

벨사살왕 이후 다리오왕 때에도 다니엘의 능력이 뛰어나 전국을 다스리게 됩니다. 이에 다른 총리들과 고관들이 다니엘을 고발할 근거를 찾습니다. 하여 '삼십일 동안에 누구든지 왕 외의 어떤 신에게나 사람에게 무엇을 구하면 사자 굴에 던져 넣기로 한 금령'(단 6:4, 7)을 세웁니다.

원래 가까이 있는 사람이 질투하는 법이며, 함께 일한 사람이 흠집을 내는 것이지요. 모르는 사람은 질투하지 않고 흠집 낼 것도 모르기 때문에 괜찮은데, 정작 가까이한 사람이 남 잘되는 것 보고 배가 아프니 좋은 소리를 하지 않습니다. 이것이 원죄의 증거이며, 공동체적 영성, 공동체적 성령 충만을 갖지 못하게 만드는 원죄의 결과물일 겁니다.

하지만 다니엘은 그런 것에 개의치 않고 오히려 그들이 보도록 자신의 집 윗방에 올라가서 창문을 열고 늘 하던 대로 하루 세 번씩 무릎 꿇고 기도합니다(10절). 하나님께 사로잡힌 성령 충만한 사람은 하나님 이외의 그 어떤 권력도 두렵지 않은 법입니다. 또 어떤 권력에 대한 야망도 없습니다.

왜 그런가요?

하나님만을 삶의 주인으로 삼았기 때문입니다.

자리가 사람을 만들어서는 안 되는데 많은 경우에 자리가 사람에게 권력을 부여할 때가 있습니다. 사람으로 보면 전혀 그러한 권력을 가질 인물이 아닌데 자리가 사람을 그렇게 만듭니다. 그런 권력을 잡으면 남용합니다. 그러니 사람들이 높은 자리로 올라가려는 것이지요. 그 자리에 가면 자신의 자리로 할 수 있는 것이 많기 때문입니다. 예수님이 괜히 낮아지라 하신 것이 아닙니다.

산책하면서 생각을 많이 합니다. 어느 날 무언가를 생각하면서 산책하는데 갑자기 개가 달려와 짖습니다. 얼마나 놀랐는지요. 자기 집 앞을 지나간다고 대문까지 달려와서는 짖습니다. 낯선 자는 경계하고 집을 지키는 것이 개의 본성일 것이기에 충분히 이해는 합니다. 더욱이 개는 주인에게 목숨 겁니다. 주인을 끝까지 지킵니다. 그에게 충성합니다. 주인이 언제 오든 늘 반깁니다.

종종 아주 먼 곳에서도 주인을 찾아오는 개가 있다는 뉴스를 접하지 않습니까?

어떻게 그 먼 길을 찾아올까요?

오로지 자기 주인만을 바라보았기 때문일 겁니다. 우리도 하나님 한 분만을 바라보는 충성 된 영성이 필요합니다. 다니엘에게서 배웁니다.

3) 다니엘이 입은 혜택

이렇게 왕에게 심한 말을 한 다니엘은 온전할까요?
해를 입지는 않을까요?
벨사살왕은 다니엘을 처벌하기는커녕 그에게 약속했던 '자주색 옷을 입히고 금 사슬을 목에 걸어 주고 나라의 셋째 통치자로 삼아 줍니다.' 그리고 벨사살왕은 그날 밤 죽임을 당합니다(단 5:29-30).
우리가 성령 충만하여 하나님만 두려워하고 하나님의 일을 하면 어떠한 세상 두려움이 있더라도 하나님이 지켜 주실 것입니다. 그것을 믿는 것이 신앙입니다. 그렇게 믿고 살아가는 것이야말로 성령 충만한 살아 있는 신앙인의 모습 아니겠습니까. 이것을 함께 공동체적으로 이루어 가야 합니다.

7. 자신의 신앙을 확인받는 공동체

존 웨슬리와 동생 찰스 웨슬리 형제가 대서양을 건널 때 거대한 폭풍이 몰려왔습니다. 그들은 두려웠는데 함께 있었던 모라비아 신자들은 밝은 모습으로 찬송가를 부르고 있었다고 합니다. 그 모습을 보고 형 존 웨슬리는 그들에게 '당신들은 어찌 기도하지 않는지' 물었지만, 동생 찰스 웨슬리는 그 모습을 보고 이미 회심한 상태가 되었다는 것입니다.
그 모습을 보고 존 웨슬리가 모라비아 신자인 피터 보울러(Peter Bowler)에 가서 물었다고 합니다.

피터! 나의 형제 피터여!
당신에게 있는 것이 내게는 없습니다.

내 동생 찰스에게 있는 것이 내게는 없습니다. 이제 내가 어떻게 해야 합니까?[2]

성령 충만한 자에게 있는 것이 우리에게도 있기를 소망합니다. 성령 충만함이 우리 속에서 작동하기를 소망합니다. 어떤 어려움 속에서도 하나님을 믿는 믿음이 흔들리지 않는 그런 성령 충만함이 우리에게도 있기를 바랍니다. 다니엘처럼 먼저 우리 한 사람 한 사람이 성령 충만한 삶을 살기를 바랍니다. 그러기 위해 늘 언제나 성령님과 동행해야 합니다. 늘 언제나 성령님을 사모해야 합니다. 늘 성령님께 시선을 모아야 합니다.

우리의 가정도 성령 충만해야 합니다. 부부 문제로, 자녀들 문제로 상상하기 어려울 정도로 무너지는 가정들이 많습니다.

무엇으로 회복할 수 있습니까?

성령 충만해야 합니다. 우리의 가정이 하나님만 믿으며, 하나님을 믿는 믿음의 유산을 자녀들에게 전해 주는 그런 성령 충만한 가정이 될 수 있기를 소망합니다.

교회도 성령 충만해야 합니다. 모이면 뜨겁게 찬양하고 뜨겁게 부르짖어 기도해야 합니다. 그래서 일상에서 지친 성도들이 공동체로 모여 자신이 고백하는 하나님을 옆에 계신 성도님이 고백하는 것을 보면서 '아, 내 신앙이 틀리지 않구나' 하는 것을 확인받고 또 힘내어 공동체를 가꾸어 가야 할 것입니다.

여기서 멈추지 말고 지역 사회와 나라에 대한 공적 영성을 가져야 합니다. 이 나라가 하나님이 통치하시고 다스리시는 나라가 되지 못하게 만드는 것들이 있다면, 우리 그리스도인들이 누구보다도 목소리를 내야 합니다. 왜냐하면, 이 땅은 하나님이 창조하시고 다스리시는 땅이기에 그렇습니다.

---

2   A. W. 토저, 『보혜사』, 131.

성령 충만한 공동체 모습을 사도행전 2장에 나오는 초대 교회에서 보면 좋겠습니다. 예수님이 승천하신 후 초대 교회 성도들은 마가의 다락방에 모여 성령 받았습니다. 그렇게 받은 성령 충만함을 공동체적으로 체험했습니다. '한마음으로 모여 물건을 서로 통용하고 자기 것을 자기 것이라 하지 않고 필요에 따라 나눠 주고 날마다 성전에 모이기를 힘쓰는' 성령 충만한 공동체를 이루었습니다. 그들은 복음 들고 전 세계로 나가 복음을 증거 하는 공적 영성을 지녔음을 보게 됩니다.

우리 일상이 이렇게 성령 충만하고 특별히 '공동체로 경험하고 공적으로 경험하는' 성령 충만함으로 살아가시기를 소망합니다.

제8장

역동적인 교회

(에스겔 37:1-14)

1. 이름에 어울리는 교회

아기가 태어나면 부모는 가장 먼저 이름을 지어 줍니다. 아기의 이름을 처음 부를 때 부모는 말로 다 표현할 수 없는 벅찬 감정을 느낍니다.

첫째 아이로 딸이 태어났을 때, 이름을 무엇으로 지을까, 가족과 상의하다가, '은유'라는 이름이 나왔습니다. '은혜 은(恩)'에 '오직 유(唯)'. '오직 은혜'란 뜻입니다. 당시에는 은유란 이름이 흔치 않아서 가족도 좋아했고 사람들도 좋아했습니다. 지금도 은유란 이름이 참 좋습니다.

둘째로 아들이 태어났을 때, 아버지가 조카들이 돌림자 '환'자를 써서 지었으니까, 우리도 그렇게 따랐으면 하는 바람이셨습니다. 그런데 '환'자를 써서 이름을 짓기가 쉽지 않아서 제 마음대로 '은철'로 지어 버렸습니다. 아빠처럼 목사가 되고 또 기왕이면 아빠가 공부한 조직신학을 공부했으면 하는 바람에서 '은혜 은'에 '철학' 할 때 쓰는 '밝을 철(哲)'을 넣었습니다. 그러니까 은혜와 철학을 병행했으면 하는 마음에서 그렇게 지었는데, 요즘 아이들 이름으로는 잘 쓰지 않는 것 같아서 조금 후회했던 적이 있습니다.

자신의 이름이 약간 마음에 안 드시는 분도 계실지 모르겠습니다. 저도 약간 마음에 안듭니다. 박(朴)동(棟)식(植). 한자로는 의미가 굉장히 좋습니다. 보통 '동'자를 '동녘 동(東)'을 쓰는데, 저는 그 글자 앞에 '나무

목(木)'이 붙어 있는 '대들보 동(棟)'을 씁니다. '식'자는 많이 쓰는 '심을 식(植)'입니다. 그래서 '동식'하면 '대들보를 심는다'는 의미입니다.

멋있지 않습니까?

그리고 세 글자 모두에 나무 목(木) 변이 들어 있습니다. 아버지가 이름을 지을 때 이성계가 꿈에 서까래를 지고 나오다가 깔렸는데 그 꿈이 왕이 되는 꿈이었다고 해서 지으셨다고 합니다.

나무 세 개가 있으면 한자로 '왕'자와 비슷하다고 해서, 그렇게 지으셨다는데 얼마나 멋있습니까?

그런데 제가 왕이 될 상인가요?

'동식' 하면 그 이미지가 '왕'이기는커녕 요즈음 애들이 쓰는 말로 '싼티'가 나는 이름입니다(같은 이름을 가진 분들께는 죄송합니다).

"차도남"(차가운 도시의 남자)의 이미지가 아닌 "시남"(시골 남자)의 이미지가 떠오르지 않습니까?

누가 제 이름을 발음할 때 좀 신경이 쓰입니다. 우리 아이들도 아빠 이름을 세게 발음해서 장난칠 때가 있었습니다. 미국 사람들이 제 이름이 '동'인 줄 알고 '동 팍'(Dong Park)만 할 때가 있는데 굉장히 서운하며 기분이 별로 좋지 않습니다.^^ 아마 이래서 사람들이 좋은 이름을 짓기 위해 작명소에도 가나 봅니다.

사람뿐만 아니라 세상에 존재하는 모든 것에는 이름이 있습니다. 새도, 꽃도, 학교도, 상가에도 이름이 있습니다. 교회도 이름이 있습니다.

어떤 교회 이름이 떠오릅니까?

영락교회, 소망교회, 온누리교회 등등 수많은 교회 이름이 있습니다. 모두 좋은 뜻일 겁니다. 때로는 교회 이름을 바꾸는 교회들도 있습니다. 새롭게 출발해 보자는 의미일 겁니다.

교회 이름 중 나쁜 이름은 하나도 없을 겁니다.

교회 이름이 '싸우는 교회', '시끄러운 교회', '분쟁하는 교회', 그런 교회 들어보셨나요?

"오늘 저희 싸우는 교회에 오신 여러분, 환영합니다"라거나 "오늘 저희 분쟁하는 교회에 오신 여러분, 반갑습니다"라고 말하면, 이상하지 않습니까?

그런데 좋은 이름을 가진 교회들인데도 시끄러울 때가 많습니다.

언젠가 출석했던 교회 도서관에서 책을 보고 있는데, 몇 분이 조금 큰 소리로 교회 이야기를 하십니다. 추측이지만 도서관에서 큰 소리로 이야기하시는 분들은 아마도 그 교회 장로님 내지는 권사님들일 가능성이 큽니다. 조금 신경이 쓰이던 차에, 그 옆에 계신 어느 여자분이, 눈은 밑으로 내리까시고, 종이에는 무언가를 끄적이시면서, 들릴까 말까 할 정도로 혼잣말로 한마디 하십니다.

"시끄럽게 떠들기는, 밖에 나가서 이야기하면 되지."

그분의 혼잣말을 들으셨는지 떠들던 분들이 썰물 빠지듯 가십니다. 그 여자분, 누구신지는 모르지만, 예전에 눈 좀 깔아 보신 분 같았습니다.

교회에서 큰 소리 내시거나 남 배려하지 않고 예의 없이 행동하시는 분들 보면 대개 그 교회를 오래 다니신 직책 높으신 분들일 수 있습니다. 일반화할 수 없지만, 교통 신호 안 지키고 마트에서 다른 사람이 있든지 없든지 종횡무진 다니시는 분들 보면 대개 교회에서 큰 소리 내시는 분들일 가능성이 큽니다. 교회는 직책 높으신 분들이 목소리부터 좀 낮추시고 보폭도 좀 작게 해야 희망이 있습니다. 예수님의 겸손을 배워야 합니다.

바라기는 교회가 나쁜 이미지에서 벗어나 좀 더 살아 있는 교회, 역동적인 교회, 꿈틀거리는 교회, 움직이는 교회, 기쁜 교회, 즐거운 교회, 신나는 교회, 성령의 술에 취하는 교회 등등, 이런 수많은 형용사에 '어울리는' 교회가 되었으면 합니다. 그렇게 해서 세상이 교회를 걱정하는 시대 분위기를 완전히 바꾸었으면 합니다.

이런 비전을 하나님께서 에스겔에게 보여 주시면서 하신 말씀을 통해 나누고자 합니다.

2. 아픈 현실을 직시한다는 것(1-2절)

하나님이 권능으로 에스겔에 임하셔서는 그를 데리시고 뼈가 가득한 어느 골짜기에 가셨습니다(겔 37:1). 분위기가 심상치 않습니다. 뼈가 가득하다는 것은 사람이든 동물이든 많이 죽었다는 이야기입니다. 하나님이 에스겔에게 그 뼈들 사이를 사방으로 지나가게 하셨습니다(2절). 온 사방에 뼈만 있는 곳을 우리 자신이 지나간다고 생각해 보세요.

상상만으로 모골이 송연하지 않습니까?

하나님이 에스겔에게 뼈들 사이를 지나가게 하신 이유가 무엇입니까?

그러한 현실을 두 눈으로 직시하라는 것입니다. 하나님이 에스겔에게 말로만 '어느 골짜기에 뼈가 많더라.' 하지 않으시고 에스겔이 직접 보도록 데려가셨습니다. 아픈 현실을 적나라하게 두 눈으로 보고 직접 몸으로 느낄 때 깨닫는 것이 더 많습니다.

작가 공지영이 쓴 『사랑 후에 오는 것들』이란 소설에 다음과 같은 표현이 나옵니다.

> 그리운 사람을 생각하면 슬픈 귀가 열린다.[1]

흐린 가을 하늘을 보는 날이든, 가을 냄새나는 어느 날 아침이든, 낙엽 지는 거리 위 어느 늦은 오후든, 문득 그리운 사람이 떠오르면 슬픈 귀든,

---

[1] 공지역, 『사랑 후에 오는 것들』 (태일소담출판사, 2005), 103.

슬픈 눈이든 열리기 마련입니다. 그렇게 닫힌 것이 열리게 되면, 남이 듣지 못하는 소리를 듣게 되고, 남이 보지 못하는 것을 보게 되는데, 그건 슬픔에 관한 이야기입니다.

마른 뼈를 보고 에스겔은 무슨 생각을 했을까요?

이태란, 차인표 주연의 〈마이 보이〉라는 영화가 있습니다. 남편 잃고 아들 둘 키우는 엄마가 있는데 그의 인생이 힘들어 보였습니다. 둘째 아들은 다리가 불편해서 때로는 휠체어에 의지해 살아갑니다. 어느 날 형을 따라가다가 교통사고로 그만 식물인간이 되고 맙니다.

형은 자신 때문에 동생이 그렇게 되었다는 죄책감으로 동생이 타고 다니던 휠체어를 가지고 집을 나갑니다. 동생과 함께 다녔던 곳을 며칠 동안 걸어 다니면서 추억을 회상합니다. 병원에서는 둘째가 호전될 기미가 보이지 않자 엄마에게 결정할 것을 말합니다.

동생이 죽던 날 엄마는 둘째를 끌어안고 하염없이 눈물 흘리고, 형은 거리로 뛰쳐나가서는 닥치는 대로 부숩니다. 그리고는 자신이 유일하게 좋아하는 드럼을 미친 듯이 치는 장면으로 영화가 끝납니다. 인생은 이래저래 아픕니다.

〈전국노래자랑〉을 30년 가까이 진행하고 계셨던 송해 선생님도 잃은 아들을 회상하시면서 그런 말씀을 하시더군요. '자식을 잃으면 가슴에 묻는다고 하는데, 그 가슴을 파면 거기서 죽은 아이가 나올 것 같다'고 말입니다.

자식 잃은 부모는 그 세월이 아무리 오래여도 눈물샘이 마르지 않은가 봅니다. 자식 잃은 부모의 슬픈 귀와 슬픈 눈은 언제나 열려 있는가 봅니다. 아이들의 소리가 무시로 들리고 아이들의 모습이 무시로 보이기 때문일 겁니다.

한국 교회가 하락하고 있다는 소식을 많이 듣습니다. 천만을 자랑하던 기독교가 지금은 6백만 내지는 5백만이라는 통계가 나오고 있습니다. 신학교도 지원자가 매년 줄어드는 바람에 미달인 학교들이 많아졌습니다.

이런 상황이 지속하면 기독교의 모습이 에스겔이 보았던 그런 마른 뼈 골짜기가 될지도 모르겠습니다. 이런 현실을 직시하려니 마음이 아프기도 합니다. 피하고 싶은 마음입니다. 그러나 하나님이 에스겔에게 마른 뼈가 가득한 곳을 보여 주시고 그 뼈가 살아난다는 것을 말씀하신 것처럼, 우리에게도 그러한 현실을 보고 희망을 찾으라는 메시지로 이 말씀을 읽어야 할 것입니다.

로이드 존스 목사는 "자기 상황을 깨닫는 것"을 "부흥"이라 했습니다. 다시 말해 현실을 직시하고 자신의 모습이 어떠한지를 깨닫는 것이 부흥의 시작이라는 말일 겁니다. 여기서 출발하여 현재 교회 상태를 점검하고 깨달아야 한다는 것입니다. 그런데 이때 비교 대상은 누가 봐도 분명히 잘못된 어떤 교회 모습이 아니라, 신약성경이 보여 주고 있고 하나님의 임재가 크게 나타났던 개혁과 부흥의 시기와 비교해야 한다는 것입니다.[2] 교회가 그런 모델을 찾고 그런 교회가 되어야 할 것입니다.

3. 하나님의 질문과 인간의 대답(3-4절)

1) 이 뼈들이 살겠는가?(3a절)

에스겔에게 마른 뼈가 있는 곳을 지나가게 하시면서 하나님이 에스겔에게 물으십니다.

> 이 뼈들이 능히 살 수 있겠느냐(겔 37:3).

---

[2] 마틴 로이드 존스, 『부흥』, 284, 286.

그런데 이 질문이 타당한 질문인가요?

사람의 목숨이 붙어 있어도 위급한 상황이면 살리기 어려울 때가 있는데, 목숨도 없고, 살도 없고 오직 뼈만 있는데, 어떻게 그 뼈가 살 수 있겠습니까?

도저히 살 수 없습니다. 정답이 이미 나와 있습니다.

그런데도 하나님은 에스겔에게 물으십니다.

"이 뼈들이 능히 살 수 있겠느냐?"

하나님의 이 질문이 어떻게 들리십니까?

하나님의 이 질문이 한편으로는 굉장히 슬프게 들리지 않습니까?

하나님도 그 뼈들을 보고 계시고, 하나님도 이미 답을 알고 계심에도 그런 질문을 하시는 것은, 현실의 안타까움을 표현하는 모순적 질문이기도 합니다. 왜 모순적 질문이냐 하면, 뼈만 있어서는 살 수 없고, 살아 있다면 뼈만 있을 수 없기 때문입니다.

하나님의 그 질문에 무엇이라 답할 수 있을까요?

한숨과 눈물밖에 나올 것이 없는 그런 황폐한 현실 앞에서 어떻게 이성적 답을 할 수 있겠습니까?

우리 인간의 지성으로 보면 도저히 살 수 없습니다. 도저히 불가능합니다.

그러나 하나님의 이 질문은 다른 한편으로 '희망'을 보여 주고자 하는 질문이기도 한 것 같습니다. 인간이 보기에는 도무지 살 수 없지만, 하나님은 다르게 보기를 원하시는 것 같습니다. 이 뼈들이 능히 살 수 있다는 것을 보여 주고자 하시는 것 같습니다.

인간 지성이 하나님의 사역을 막을 수는 없습니다. 로이드 존스 목사는 "사이비 지성주의"가 부흥의 가장 큰 장애물 중 하나라 했습니다.[3] 이성

---

3   마틴 로이드 존스, 『부흥』, 149.

적으로 보면 마른 뼈는 살아날 수 없습니다. 죽어 가는 교회도 살아날 수 없는 듯 보입니다. 그러나 부흥은 인간 지성으로만 답이 되지 않습니다. 이는 하나님이 인간 지성 안에만 갇혀 있지 않기 때문입니다.

에스겔이 우리 자신이라 생각해 봅시다. 하나님이 우리 한 사람 한 사람을 데리고 그 골짜기로 가셨다고 생각해 봅시다. 하나님이 우리 각자에게 이렇게 물어보실 것 같습니다.

"한국 교회가 살겠느냐?"

우리는 무엇이라 대답해야 합니까?

이 질문은 추상적 질문이 아닙니다. 가장 직접적인 질문입니다. 우리 스스로 물어보고 답해야 할 것입니다.

2) 주께서 아시나이다(3b절)

하나님의 질문에 에스겔은 어떻게 대답합니까?

에스겔은 이렇게 대답하지 않습니다.

"하나님, 보시면 모르십니까?

그것이 어떻게 살겠습니까?"

이렇게 대답합니다.

"주 여호와여 주께서 아시나이다"(3절).

NIV에 보니까, "O Sovereign Lord, you alone know"(오 주권자이신 주님, 주님만이 아십니다)라고 주님의 주권을 강조합니다. 에스겔의 대답은 '하나님이 그 답을 알고 계십니다. 하나님이 살리시면 살 것이요, 하나님이 살리지 않으시면 살지 않을 것'이라는 의미일 겁니다.

원래 생명(生命)의 의미도 "삶을 명령받았다" 또는 "삶으로 부름을 받았다"는 뜻이라 합니다.[4] 우리 스스로 생명을 가질 수 없고 누군가에 의해 부름을 받아 살아가는데 우리는 그 누군가를 하나님으로 고백합니다. 하나님이 불러 주셨기에 생명이 있는 것입니다.

생명의 주인은 하나님이시듯, 교회 부흥의 주체도 하나님이십니다. 어떻게 하면 교회가 살아날 것인지 하나님만이 아십니다. 그러니 우리는 하나님의 주권을 인정하는 것에서부터 시작해야 할 것입니다.

4. 말씀을 들으라(4절)

하나님은 에스겔에게 다음과 같이 마른 뼈들에 대언하라고 말씀하십니다.

> 마른 뼈들아 여호와의 말씀을 들을지어다(겔 37:4).

이 말은 누구 말입니까?

에스겔의 말입니다. 하나님은 그 뼈들에게 직접 말씀하실 수 있으셨음에도 불구하고 사람을 통해 말씀하십니다. 하나님이 깨어진 역사를 바로 잡으실 때는 사람을 통해 역사하시지 않습니까. 그렇다면 그 사람이 우리가 될 수도 있다는 말입니다.

에스겔은 마른 뼈들에 여호와의 말씀을 들을 것을 말합니다. 우리 기독교는 말씀을 듣는 것에서 시작합니다. 로마서 10:17 말씀처럼, "믿음은 들음에서 나며 들음은 그리스도의 말씀으로 말미암았"다고 했습니다. 하나

---

4 정현구, 『사계절을 위한 기도』(생명의양식, 2007), 192.

님에 대한 믿음은 말씀을 들어야 생기는 것입니다. 우리가 말씀을 만들어 낼 수 없습니다. 하나님이 예수 그리스도를 통해 하시는 말씀을 들어야 합니다.

여호수아 24:27에 보면, 여호수아가 세겜에서 백성들과 더불어 언약을 세우고 큰 돌을 세웁니다. 그러면서 백성들에게 말합니다.

> 보라 이 돌이 우리에게 증거가 되리니 이는 여호와께서 우리에게 하신 모든 말씀을 이 돌이 들었음이라 그런즉 너희로 너희 하나님을 배반치 않게 하도록 이 돌이 증거가 되리라(수 24:27).

비유적이고 상징적인 말씀이지만 돌들조차도 하나님의 말씀을 듣습니다.

그렇다면 우리 인간이 하나님 말씀을 들어야 하지 않겠습니까?

하나님은 교회가 하나님의 말씀을 들을 것을 명하십니다. 하나님의 말씀을 시대에 맞게 바르게 해석해야 하는 것은 차치하고서라도 우선 말씀을 들을 수 있는 귀가 열려 있어야 합니다.

5. 생명의 주인은 하나님(5-6절)

하나님이 에스겔에게 '뼈들에게 말하라' 하신 내용은, '그 뼈들이 살아난다'는 말씀입니다. '그 뼈 위에 힘줄을 두고 살을 입히고 가죽으로 덮고, 그 속에 생기를 넣으리니 그들이 살아나며, 하나님이 여호와이신 줄 알게 된다'(5-6절)는 말씀입니다.

에스겔이 마른 뼈들에게 '너희들이 살아난다'는 것을 말해야 합니다.

이것이 쉽습니까?

생명이라고는 전혀 없는 마른 뼈에 하나님이 말하라 해서 말하기가 쉽습니까?

우리는 하나님께 불평하듯 질문할 수 있습니다.

'하나님, 이 뼈들이 보이지 않으십니까?

듣지도 못하는 이들에게, 아니 살아 있는 생명도 아닌 뼈들에, 무슨 말을 하라는 겁니까?

말을 한들 그들이 들을 수 있겠습니까?'

그러나 에스겔은 순종했습니다. 하나님의 명령이기도 하지만 본인 마음에도 이 뼈들이 살아나야 한다는 그런 간절한 마음이 있었지 싶습니다. 말씀을 전하는 자가 하나님의 말씀을 순종하고 전해야 하는 것을 당위적인 것으로만 여기면 그 말에는 생동감이 없을 겁니다. 자신 안에 그 말씀을 전적으로 받아들이고 그 말씀을 전하지 않고는 견딜 수 없는 열정이 있어야 그 말씀이 듣는 이의 마음에 닿을 것입니다.

무너져 가는 교회를 살려보겠다는 간절함이 우리 속에 있어야 합니다. 하나님이 피로 값 주신 예수 그리스도의 몸인 교회를 살려야겠다는 사명감이 우리 속에 있어야 합니다.

그래야 하나님의 말씀을 대언할 수 있지 않겠습니까?

하나님은 마른 뼈가 살아나서 무엇을 한다고 합니까?

> 내가 여호와인 줄 너희가 알리라(겔 37:6b).

이것이 가장 중요합니다. 마른 뼈는 하나님이 누구인지 모릅니다. 그러나 마른 뼈에 생명이 들어가서 살아나면 하나님을 알게 된다는 것입니다. 그것은 생명의 주권이 마른 뼈 자신에게 있지 않고 하나님께 있다는 것을 깨닫고 인정한다는 의미입니다. '죽은 뼈도 하나님이 살리실 수 있구나', '생명이 하나님께 있구나'(시 36:9) 하는 것을 깨닫는다면, 하나님이 여호와이신 줄 알 것이라는 말입니다.

거꾸로 말하면 어떻게 됩니까?

살아 있음에도 하나님이 누구신지 모르면 마른 뼈와 다른 바 없다는 말씀입니다. 살되 죽은 듯 살지 않아야 할 것입니다. 자기 목숨의 주인이 누구인지도 모른 채 살지 않아야 할 것입니다. 그렇게 살면 목숨은 붙어 있는지는 모르지만 정말로 삶다운 삶을 사는 것은 아닐 것입니다.

6. 뼈들이 움직이는 소리(7-8a절)

에스겔이 하나님의 명령을 따라 마른 뼈들에 그 말씀을 '대언하니' 놀라운 사건이 벌어집니다. 소리가 나기 시작합니다. 죽었던 뼈가 움직이는 소리입니다. 이제 이 뼈 저 뼈가 들어맞아서 뼈들이 서로 연락합니다(겔 37:7).

뼈들이 자기에게 맞는 뼈를 찾아갑니다. 상상해 보시기 바랍니다. 생명이라고는 없던 뼈들이 하나님의 말씀을 들으니, 마치 퍼즐 맞추듯이 이어집니다. 신기하기도 하지만 무섭기도 합니다. 죽은 뼈가 움직인다는 것은 소리를 들었다는 의미입니다.

그런데 어떻게 소리를 듣습니까?

그런 것 보면 하나님의 말씀은 살아 있는 자만이 듣는 것이 아닌 것 같습니다.

예수님이 무덤에 있던 나사로에 "나오라" 했을 때 그가 나오지 않습니까?(요 11:43-44)

죽은 지 나흘이나 된 나사로가 예수님의 말씀을 어떻게 들을 수 있습니까?

예수님은 하실 수 있습니다. 참하나님이자 참인간이신 예수님은 죽은 사람도 들을 수 있게 하실 수 있습니다.

예수님이 잎사귀밖에 없는 무화과나무를 보시고 '이제부터 영원토록 열매를 맺지 못하리라' 하시니 무화과나무가 말랐었습니다(마 21:19). 예수님은 나무에 말씀하실 수 있으십니다.

심지어 하나님은 무(無)도 하나님의 말씀을 들을 수 있게 하실 수 있습니다. 태초에 하나님이 천지를 창조하실 때 아무것도 없던 무의 상태에서 하나님이 말씀하셨을 때 세상이 창조되지 않았습니까. 하나님의 말씀을 듣지 못하는 것은 아무것도 없습니다.

하나님의 말씀이 들어가면 죽어 있던 공동체도 살아날 수 있습니다. 낙심하고 좌절해 있던 교회가 조금씩 움직일 수 있습니다. 그러면 소리가 날 것입니다.

그 소리는 무슨 소리입니까?

교회를 살리기 위해 내는 소리입니다. 살아 있는 공동체에는 소리가 납니다. 살아 있다는 증거입니다.

이제 그 뼈 위에 힘줄이 생깁니다. 힘줄 위에 살이 생깁니다. 그 위에 가죽이 생깁니다(8a절). 뼈, 힘줄, 살, 가죽이 이어지는 장면을 상상하면 전율이 느껴집니다. 살기 위해 그것들은 서로 이어져 있어야 합니다. 뼈만 있어서 살 수 있는 것이 아닙니다. 힘줄만 있다고, 살만 있다고, 가죽만 있다고 살 수 있는 것이 아닙니다. 뼈, 힘줄, 살, 가죽이 모두 연결되어 있어야 살 수 있습니다.

성도는 교회 공동체 안에서 다른 성도님과 뼈, 힘줄, 살, 가죽이 이어져 있는 것처럼, 서로 연결되어 있어야 합니다. 그렇게 연결되어 있어야 진정한 유기체가 되어 살아 있는 신앙 공동체를 만들 수 있습니다. 그렇게 되면 어떤 어려움에도 쉽게 흔들리지 않을 수 있을 겁니다.

7. 생기(8b-9절)

뼈들이 서로 연결되며, 힘줄이 있고, 그 위에 살과 가죽이 덮인 모습은 온전한 인간의 모습 같아 보이지만, 아직 완전한 인간은 아닙니다.

왜 그렇습니까?

생기가 없기 때문입니다(겔 37:8b). 다시 말해 숨이 없다는 말입니다. 겉모습은 완전한 인간의 모습을 하고 있지만, 그 속에 생기가 없으니까 살아 있다고 말을 못 합니다.

'생기'가 무엇입니까?

'생기'는 영어로 말하면 'the breath of life', 즉 '생명의 숨', '호흡'이란 뜻입니다. 생령은 'a living being'(살아 있는 존재)입니다. 생기가 사람에게 들어가니 그때에야 생령이 되었습니다. 사람이 되려면 생기가 있어야 합니다.

하나님이 에스겔에게 생기를 향해 대언 할 것을 말씀하십니다. '생기야, 사방에서 와서, 죽은 자에게, 호흡을 불어넣어서 살게 하라'는 것입니다(9절).

교회가 살아나기 위해서는 하나님의 숨, 즉 성령이 임해야 합니다. 조직적으로 아무리 완벽한 공동체가 되었다 하더라도 거기에 성령이 없으면 그 공동체는 오래 가지 못합니다. 이것은 우리 인간이 한 공동체를 온전히 만들어 갈 수 없다는 것을 의미합니다. 성령께서 임하셔야 교회가 살아날 수 있습니다.

토저는 성령의 임재를 노아 홍수 때 비둘기가 마른 땅에 발을 붙이지 못하고 돌아온 것에 빗대어(창 8:9) "성령님은 자신의 발을 머물게 할 장소를 찾으신다. 성령님이 이렇게 찾아오시는 것을 우리는 '부흥'이라고 부른다. 우리는 성령님이 비둘기처럼 우리 위에 내려앉으시기를 간절히 원한다"⁵라고 언급하면서 성령이 임해야 부흥이 일어날 수 있음을 강조합니다.

성령 충만해야 교회가 역동적으로 움직일 수 있습니다. 이것은 한 공동체를 이끄는 힘이 인간에게서 나오지 않는다는 것을 보여 줍니다. 교회의 주인은 하나님이시며, 교회를 움직이고 이끄는 힘도 성령께서 주셔야 가능합니다.

8. 큰 군대인 이스라엘 민족의 상태(10-11절)

에스겔이 하나님의 명령대로 대언했더니 생기가 뼈들에 들어가 살아서 일어나는데 "큰 군대"를 이룹니다(겔 37:10). 뼈들이 서로 분해되어 있었을 때는 그것이 무엇인지 알 수 없었습니다. 그러나 그 뼈들이 서로 이어지고 나니 그들이 큰 군대였던 것을 알 수 있습니다.

교회 공동체는 서로 이어져 있어야 합니다. 서로 흩어져 있어서는 할 수 있는 일이 많지 않습니다. 서로 지체로 이어져 있을 때 큰 군대가 될 수 있습니다. 할 수 있는 것이 많아집니다.

하나님이 에스겔에게 이 뼈들은 "이스라엘 온 족속"(11a절)이라고 말씀하십니다. 그러니까 골짜기에 있었던 뼈들이 이스라엘 민족임을 상징적으로 보여 줍니다. 거꾸로 이야기하면, 이스라엘의 현재 모습이 꼭 마른 뼈와 같은 모습이라는 것입니다.

그 죽은 이스라엘이 '우리의 뼈들은 말랐고 소망은 없고 다 멸절했다'(11b절)고 탄식합니다. 이스라엘은 자신들의 상태를 알고 있습니다. 죽은 뼈처럼 소망이 없고 멸절한 것을 알고 있습니다.

---

5 A. W. 토저, 『보혜사』, 97.

로이드 존스 목사가 웨스트민스터 채플 목사가 되었을 때, 그를 알던 이들은 그가 잉글랜드 자유교회를 위해 헌신해 줄 것을 원했습니다. 그러나 존스 목사는 이렇게 말합니다.

> 영적 능력이란 수학의 세계에 속한 어떤 문제가 아니다. 우리가 모든 교파를 연합하고 각 교파가 지닌 능력을 다 합친다 해도 그것이 영적 생명을 창조하지는 않을 것이다. 많은 시신을 한 묘지에 다 묻는다 해도 그것이 부활로 이어지지 않는 것과 마찬가지다. 생명은 연합보다 더 중요하다.[6]

한국 교회가 다시금 살아나기 위해서는 이스라엘이 탄식한 것처럼 탄식이 있어야 합니다. 교회마다 탄식과 회개가 회복되어야 합니다. 그럴 때 교회에 '생명'이 생길 것입니다. 성도에게 영적 생명이 있어야 합니다. 그래야 살아 있는 성도가 될 것이며 절망이 아니라 소망이 생길 것입니다.

하나님은 이스라엘 백성들이 살아나기를 희망하셨듯이, 교회가 살아나기를 희망하십니다. 소망은 하나님에게서 옵니다. 그러니 우리가 포기하면 안 됩니다. 교회도 하나님의 말씀이 들어가면 살아날 것입니다. 그 말씀이 성도들의 생명을 살릴 겁니다. 그 말씀으로 인해 성도가 서로 이어지고 교회가 이어져서 움직이는 소리가 날 것입니다. 꿈틀거리는 소리가 날 겁니다. 그것은 살려고 몸부림치는 소리일 겁니다.

---

6 이안 머레이, 『마틴 로이드 존스』, 446.

9. 너희 무덤을 열고 나오게 한 즉(12-14절)

뼈들이 이스라엘 민족임을 말씀하신 후 하나님은 에스겔에게 이스라엘 온 족속에게 세 가지를 대언하라 말씀하십니다.

첫 번째 말씀입니다.

> 내 백성들아 내가 너희 무덤을 열고 너희로 거기에서 나오게 하고 이스라엘 땅으로 들어가게 하리라(겔 37:12).

하나님은 바벨론 포로로 버려진 민족을 다시 살려서 그들의 땅으로 돌아가게 해 주시겠다 하십니다. 다시 이스라엘 민족을 살리시겠다는 말씀입니다.

두 번째 말씀입니다.

> 내 백성들아 내가 너희 무덤을 열고 너희로 거기에서 나오게 한즉 너희는 내가 여호와인 줄을 알리라(겔 37:13).

하나님이 이스라엘 민족을 다시 살리시는 궁극적 목적은 하나님을 알게 하시는 데 있습니다. 그 하나님이 죽은 자도 살리시는 생명의 하나님이심을 알게 하시는 데 있습니다. 그 하나님이 자신들의 조상들이 믿었던 하나님임을 알게 하는 데 있습니다.

세 번째 말씀입니다.

> 내가 또 내 영을 너희 속에 두어 너희가 살아나게 하고 내가 또 너희를 너희 고국 땅에 두리니 나 여호와가 이 일을 말하고 이룬 줄을 너희가 알리라(겔 37:14).

이 말씀은 하나님이 너희를 살리시겠다는 그 말을 지키시고 이루실 것이며 그것을 너희가 알게 될 것이라는 의미입니다. 하나님은 자신이 하신 말씀과 약속을 이루시는 분임을 깨달으라는 의미입니다.

하나님은 이스라엘 백성들이 바벨론 포로로 잡혀 있지만 그대로 두지 않으시고 돌아가게 해 주실 것을 약속하며 그 약속을 이루실 것입니다. 백성들은 그 약속이 이루어질 것을 기다려야 합니다. 기다리는 것도 신앙입니다.

구약의 핵심 메시지 중 하나는, '이스라엘 백성들이 고통 속에 있지만, 약속의 말씀을 믿고 기다리라'는 것입니다. 우리 인생에 어려움이 있더라도, 답이 더디게 오더라도, 기다리는 가운데 하나님을 더욱 신뢰해야 합니다. 그것이 살아 있는 신앙일 겁니다.

10. 자신이 섬기는 교회

마른 뼈에 하나님의 말씀이 들어가니 그 마른 뼈가 살아났습니다.

그런데 이것을 세상이 어떻게 이해하겠습니까?

이것은 세상이 도저히 이해할 수 없는 소식입니다. 오히려 이것은 세상을 어지럽게 하는 소식임이 틀림없습니다. 복음은 세상을 어지럽힙니다. 세상을 뒤집어 놓습니다. 이것이 토저가 말하는 "그리스도의 십자가는 혁명적 변화를 요구한다"[7]라는 말의 의미일 것입니다.

십자가가 혁명적 변화를 요구할 때 어찌 우리 자신뿐만 아니라 세상도 가만히 둘 수 있겠습니까?

사도행전 17장에 보면, 바울이 데살로니가 지방으로 가서 안식일에 유대인의 회당에서 성경을 가지고 예수가 그리스도이심을 강론합니다. 경건

---

[7] A. W. 토저, 『보혜사』, 29.

한 헬라인의 큰 무리와 귀부인도 그 말씀을 듣고 바울과 실라를 따릅니다. 하지만 유대인들은 시기하여 불량한 사람들을 데리고 바울과 실라를 맞아 들였던 야손의 집으로 침입합니다.

거기서 바울과 실라를 찾으려 했지만 찾지 못합니다. 그러자 야손과 몇 형제들을 끌고 읍장들 앞에 가서 이렇게 표현합니다.

> 천하를 어지럽게 하던 이 사람들이 여기도 이르매 야손이 그들을 맞아 들였도다.
> (행 17:6-7a).

이 말을 듣고 무리와 읍장들이 "소동"합니다(8절). 유대인 입장에서 바울과 실라는 천하를 어지럽게 하던 이들이었습니다. '가이사의 명을 거역하며 다른 임금 곧 예수'가 있다고 말하며(7b절) 따랐기 때문입니다.

바울은 자신이 그토록 싫어했던 예수지만 그 예수를 만나 자신의 인생이 뒤집혔기에 어떻게 가만히 있을 수 있겠습니까?

어떻게 천하를 어지럽히지 않을 수 있겠습니까?

예수 그리스도 때문에 자신의 인생이 어지럽혀진 것이 바울입니다.

예수 믿는 이들을 잡아 박해했던 인물이 예수 그리스도를 증거 하러 다니는 것을 어떻게 이해할 수 있겠습니까?

벌써 어지럽지 않습니까?

그런 그가 어떻게 가만히 있을 수 있겠습니까?

이것은 나쁜 의미로 문제를 일으키는 것이 아닙니다. 세상의 고정된 가치관을 어지럽히는 것입니다. 복음이 능력 있다는 말은 이럴 때 하는 말일 겁니다.

마른 뼈에 하나님의 말씀이 들어가니 살아납니다. 이것은 세상을 어지럽게 하는 소식임이 틀림없습니다. 하나님은 이스라엘 백성들이 살아나기를 희망하셨듯이, 교회가 살아나기를 희망하십니다. 소망은 하나님에게서 옵니다. 그러니 우리가 포기하면 안 될 것입니다.

마른 뼈 같은 교회도 하나님의 말씀이 들어가면 살아날 것입니다. 그 말씀이 성도들의 생명을 살릴 겁니다. 그 말씀으로 인해 성도가 서로 이어지고 교회가 이어져서 움직이는 소리가 날 것입니다. 그 소리는 교회를 어지럽게 하는 시끄러운 소리가 아니라 꿈틀거리는 소리일 겁니다. 살려고 몸부림치는 소리일 것입니다.

솔로몬이 성전을 건축하고 하나님께 봉헌한 후 하나님이 솔로몬에게 하신 말씀을 우리는 기억할 필요가 있습니다. 하나님을 버리고 다른 신을 섬기면 하나님께서 그들을 끊어 버릴 것을 말씀하십니다. 심지어 하나님의 성전을 버려서 속담거리가 되게 하실 것이라 합니다. 지나가는 사람이 비웃으며 '여호와께서 무슨 까닭으로 이 땅과 이 성전에 이같이 행하셨는고' 하면 '그들이 그들의 조상들을 애굽 땅에서 인도하여 내신 그들의 하나님 여호와를 버리고 다른 신을 따라가서 그들을 경배하여 섬기므로 하나님이 이 모든 재앙을 그들에게 내리셨다'고 말할 거라 합니다(왕상 9:6-9).

드러난 우상을 섬기는 교회는 없습니다. 그러나 하나님을 믿는 것 같은데 자신의 욕망을 하나님보다 더 위에 두면 그것이 우상입니다. 그러면 하나님이 어떻게 하실 것인지 기억해야 합니다. 세상 사람들의 속담거리가 되는 것에 하나님은 상관하지 않으십니다. 한 사람이라도 제대로 된 신자를 찾기 원하십니다. 그러면 그 한 사람으로 인해 교회가 다시금 살아날 수 있기에 그렇게 하시는 것입니다.

기독교 영성가인 리처드 포스터가 우드레이크 에비뉴교회에 목회할 때, 철학자이자 기독교 영성가로 유명한 달라스 윌라드를 처음 만났습니다.

당시 자신은 성도들을 빨리 변화시키고 싶었고 건축 사업을 목회 성공의 증표라 생각했다고 합니다.

그러나 '목회는 그렇게 급하게 할 수 없다'는 윌라드의 말을 듣고, 자신의 속마음을 들여다보게 되었다 합니다. 자신의 내면에는 목회 성공이라는 욕망이 있었고, 그것이 자신의 내면의 본 모습이었음을 깨닫게 되었다는 것입니다.[8]

우리도 예외일 수 없을 겁니다.

하나님은 능력이 많으십니다. 하나님이 예레미야에게 말씀하십니다.

> 나는 여호와요 모든 육체의 하나님이라 내게 할 수 없는 일이 있겠느냐(렘 32:27).

하나님은 모든 것을 하실 수 있는 전능하신 분입니다. 그런데 이렇게 말씀하신 하나님이 이다음에 무엇을 하시는지 보는 것이 중요합니다.

못하시는 것이 없으신 하나님이 어떤 기적을 베푸십니까?

아닙니다. 유다 백성이 하나님의 말씀을 듣지 않아 이렇게 말씀하십니다.

> 이 성을 갈대아인의 손과 바벨론의 느부갓네살 왕의 손에 넘길 것인즉 그가 차지할 것이라(렘 32:28).

당혹스럽습니다. 하나님께서 하나님의 능력을 자기 백성들을 도와주는 데 쓰시는 것이 아니라 되레 어렵게 하는 데 쓰시니 말입니다. 이유가 있습니다. 이는 그들이 '등을 하나님께로 돌리고 자기들의 얼굴을 하나님께로 향하지 아니하였고 또 하나님이 그들을 가르치고 또 가르쳤지만, 그들

---

8 게리 문, 『달라스 윌라드』, 264-265.

이 하나님의 교훈을 듣지도 아니하고 받지도 아니하였기' 때문입니다. 그리고는 하나님의 이름이 있는 집에 우상을 세워서 하나님의 집을 더럽게 했기 때문입니다(렘 32:33-34).

하나님이 하나님의 능력을 이렇게 사용하시는 것에 우리가 무슨 말을 할 수 있겠습니까?

우리가 하나님께 능력을 그렇게 사용하지 마시라고 할 수 있겠습니까?

11. 그러한 교회 되게 하소서!

우리 주님 이 땅에 오신 이유는 이 땅을 살리기 위해 오셨습니다. 이 땅에 생명을 불어넣기 위해 오셨습니다. 죽어 가는 자들에게 하늘의 소망과 영생을 주시기 위해 오셨습니다. 예수라는 이름이 '저희를 죄에서 구원했다'는 의미 아닙니까.

> 그러므로 형제자매 여러분, 우리는 예수의 피를 힘입어서 담대하게 지성소에 들어가게 되었습니다. 예수께서는 휘장을 뚫고 우리에게 새로운 살길을 열어 주셨습니다. 그런데 그 휘장은 곧 그의 육체입니다(히 10:19-20, 새번역).

우리가 지성소(the most holy place)에 담대하게 들어갈 수 있는 것은, 우리가 잘나서가 아니라, 바로 예수 그리스도의 보혈 때문입니다. 그 보혈이 우리에게 성소로 들어갈 길을 만들어 주신 것입니다. 예수님이 십자가에서 육체를 찢기시고 피 흘려 주셔서 우리에게 새로운 살길을 열어 주신 것입니다. 그러니 교회가 얼마나 소중한가요.

사도 바울은 빌립보 교인들에게 말합니다.

> 너희 안에서 행하시는 이는 하나님이시니 자기의 기쁘신 뜻을 위하여 너희에게 소원을 두고 행하게 하시나니(빌 2:13).

하나님이 우리 안에서 행하십니다. 그것도 하나님의 기쁘시고 선한 뜻을 위하여 우리에게 소원을 두시고 행하게 하십니다. 다시 말해 우리는 하나님의 뜻에 따라 소원하고 행해야 합니다.

그것이 무엇이겠습니까?

바로 생명 살리는 일일 겁니다.

그러기에 우리도 세상을 구하는 일에 우리의 삶을 쏟아야 합니다. 생명 없는 곳에 생명을 불어넣고, 희망 없는 곳에 희망을 불어넣어야 합니다.

누구를 통해서요?

예수 그리스도를 통해서 말이죠. 그렇게 되면 마른 뼈도 살아날 수 있습니다.

그러기 위해 교회가 다음과 같은 교회가 되었으면 합니다.

- 서로 보면 신나고 힘이 나고, 헤어지면 또 한주가 기다려지는 그런 교회
- 한 번의 예배를 드려도 감동이 있고 감격이 있는 그런 예배를 드리는 교회
- 가슴을 내어놓고 이야기하고 토론하고 공부하는 그런 교회
- 성령의 충만함이 있는 교회
- 그리스도의 심장 가지고 서로 마음을 합하여 함께 비전을 바라보고 나아가는 교회
- 이 땅의 불의한 현실을 향하여 과감히 'NO'라고 말하는 교회
- 세상이 감당치 못하는 교회

우리가 모두 이런 역동적인 교회를 꿈꾸면 좋겠습니다. 그러기 위해 예배 드릴 때마다 살아 계신 삼위일체 하나님을 만나겠다는 간절함을 가지고 예배드려야 합니다. 예배드리고 나오면 달라져 있는 자신을 기대하며 예배를 드려야 합니다. 그만큼 예배를 사모해야 합니다.

무너져 가는 한국 교회를 살려보겠다는 간절함이 우리 속에 있으면 좋겠습니다. 하나님이 피로 값 주시고 사신 예수 그리스도의 몸인 교회를 살려야겠다는 사명감이 우리 속에 있으면 좋겠습니다. 그래야 하나님의 말씀을 대언할 수 있지 않겠습니까.

로이드 존스 목사는 기독교의 부흥은 교회 안에서 시작된다고 했습니다. 교회에서 시작되어 밖으로 퍼져 나간다고 했습니다.[9] 우리가 섬기는 교회에 진정한 부흥이 있기를 소망합니다. 그 부흥이 밖으로 퍼져 나가기를 소망합니다. 그 시작이 우리 한 사람 한 사람에게서 시작되기를 소망합니다.

〈주님 다시 오실 때까지〉 찬양 가사처럼, 주님 다시 오실 때까지 부흥의 소망을 품고 '좁은 문 좁은 길 십자가 지고 정말로 사모하는 주님을 위해 일어나 달려가야' 할 것입니다. 일어나 노래해야 할 것입니다.

누구보다 하나님은 우리가 모두 그런 열정적이고 역동적인 마음을 가지고 살아가기를 원하십니다. 우리가 모두 그런 비전과 꿈을 가지고 힘차게 달려갈 수 있기를 소망합니다

---

9   마틴 로이드 존스, 『부흥』, 121.

제9장

서로 섬기는 거룩한 두 손
(출애굽기 17:8-16)

1. 서로 도와야 하는 인생

주일 학교에서 부른 찬양 중에 〈사막에 샘이 넘쳐〉라는 곡이 있습니다. 가사가 이렇습니다.

> 사막에 샘이 넘쳐흐르리라 사막에 꽃이 피어 향내 나리라
> 주님이 다스릴 그 나라가 되면은 사막이 꽃동산 되리

그런데 어떤 사람이 이 곡을 이렇게 불렀다고 합니다.

> 사막에 샘이 넘쳐흐르리라 사막에 꽃이 피어 향내 나리라
> 그 누가 아무리 자기네 땅이라 우겨도 독도는 우리 땅 우리 땅

〈사막에 샘이 넘쳐〉 복음성가가 〈독도는 우리 땅〉과 짬뽕이 되어 버렸습니다. 찬양 한 곡도 정신 차리면서 불러야 제대로 부를 수 있는 것 같습니다. 잠깐 정신을 다른 곳에 두는 사이에 찬양이 유행가가 되기도 합니다.

정신 차리지 않으면, 교회 예배드리러 가다가도 출근하는 방향으로 운전할 때가 있고, 반대 방향으로 가는 전철에 올라탈 수도 있고, 가스 불도

켜 놓고 외출하거나, 현관문도 열어놓고 잘 수 있습니다.

언젠가 몹시 춥고 바람이 많이 불던 날이었습니다. 새벽에 너무 추워서 깼습니다. 속으로 '오늘 날씨가 정말로 추운가 보다' 생각하고 히터 켜려고 일어났는데, 웬걸 현관문이 활짝 열어 있는 겁니다. 현관문이 회전문인 줄 알았습니다.

순간 어떤 생각이 들었을까요?

'그분이 다녀가셨나, 그분이 홀연히 성령님처럼 다녀가셨는지', 아니면 '여전히 이곳에 임재하고 계신지' 몰라서 당황한 적이 있습니다. 알고 보니 아내가 전날 아마존 택배 물건을 받고는, 문을 꼭 닫지 않았던 겁니다. 저도 자기 전에 매일 하던 문단속을 그날따라 하질 않았고, 또 그날따라 바람이 심하게 불어서 그렇게 열려 있었던 것입니다.

인생이 혼자 정신 차리고 산다고 되는 게 아닌 것 같습니다. 부부가 같이 살면서도 서로 부족한 것이 있기에 서로 도와주며 살아야 합니다. 그래서 하나님은 "사람"이 혼자 사는 것이 좋지 아니하여, 그를 위해 "돕는 배필"을 지으신 것입니다(창 2:18).

달리 하와를 지어 주신 것이 아니라, '도우라고' 지어 주신 것입니다. 이것이 첫 사람을 위해 두 번째 사람을 지으신 목적입니다. 그런데 여자만 남자를 도와야 하는 것이 아니라, 남자도 여자를 도와야 합니다. 그것이 본뜻입니다. 서로 도우라고 하나님이 남자와 여자를 지어 주신 것입니다.

이것이 어찌 부부 사이에만 적용되겠습니까?

직장에서도, 사회에서도, 인간이 사는 모든 곳에 적용이 되어야 할 것입니다.[1] 신앙생활도 마찬가지입니다. 신앙생활도 함께 해야 합니다. 물론

---

[1] 그런데 누군가는 '홀로 살아갈 수 있다고', '홀로 정신 차리고 살 수 있다고' 합니다. 실제로 홀로 살아가는 인생들이 있습니다. 혼자인 것이 좋아서 살아가는 이들이 있습니다. 왜 없겠습니까? 하지만 인생은 홀로 살아가는 것이 아니라, 더불어 살아가야 합니다. 더불어 살아갈 때, 진정한 인생을 맛볼 수 있습니다. '너'라는 씨줄과 '나'라는

교회 오지 않고 홀로 신앙생활 하는 "가나안 성도"들도 계십니다. 그런 분들이 한국에 100만 내지 200만이라는 통계 수치를 본 적이 있습니다.

이민 사회에는 없겠습니까?

그런 분들은 이런저런 이유로 홀로 신앙생활 하십니다. 그런 분 중에 하나님만 바라보며, 하나님만 의지하며 살아가는, 깊은 신앙을 지닌 분들도 계실 겁니다.

왜 없겠습니까?

그러나 신앙생활은 더불어 해야 합니다. 그래야 서로 의지할 수 있기 때문입니다.

교회 공동체의 존재 이유가 어디에 있습니까?

'홀로 신앙생활' 하는 것에서 벗어나 '더불어 신앙생활' 하기 위해서입니다. '서로 도우며 하나님 나라를 만들기 위해' 교회 공동체가 존재합니다.

2. 모세와 다투며 하나님을 시험하던 이스라엘

출애굽기 17:8은 이렇게 시작합니다.

> 그때 아말렉이 와서 이스라엘과 르비딤에서 싸우니라(출17:8).

여기서 "그때"는 언제입니까?

이것을 알기 위해서는 17장 전반부를 볼 필요가 있습니다. 17:1에 보니, 이스라엘 백성들이 신 광야에서 떠나 르비딤에 장막을 쳤는데 마실 물이

날줄이 만나서 '우리'라는 큰 작품을 만들어 내는 것이 인생인 듯합니다.

없습니다. 문제가 여기서 시작됩니다.

이스라엘 백성들이 하나님의 뜻을 어기고, '자신들 마음대로' 신 광야를 떠나, 르비딤에 장막을 쳤기 때문에 물이 없습니까?

아닙니다. 반대입니다. "여호와의 명령대로" "그 노정대로 행하"였는데 물이 없습니다.

이것을 어떻게 해석해야 합니까?

하나님 말씀대로 했으면, 물이 있어야 하는 것 아닌가요?

그럼, 생각을 좀 해 봅시다(신앙은 덮어 놓고 믿는 것이 아니라, 성경을 펼쳐 놓고 생각하며 믿어야 합니다).

하나님을 믿는다는 것은, 하나님의 말씀에 순종한다는 것은, 꼭 복이 보장되기 때문에 믿고 순종하는 것인가요?

아닙니다. 그것은 세상 가치관입니다. 우리가 하나님을 믿고 순종하는 이유는, 하나님이 말씀하시기 때문이며, 하나님이 명령하시기 때문입니다. 하나님이 명령하시기 때문에, 복이 보장되지 않더라도, 성공이 보장되지 않더라도, 순종하는 것이 진정한 신앙입니다.

마실 물이 없자, 이스라엘 백성들이 어떻게 합니까?

지도자인 모세와 다투면서 마실 물을 요구합니다(17:2a). 백성들이 마실 물이 없으면 불평할 수도 있습니다.

그런데 한 장 앞인 출애굽기 16장에 보면, 이스라엘 백성들이, '먹을 것이 없어서' 모세를 원망하지 않았습니까?(16:2-3)

그래서 하나님이 그 원망을 들으시고, '만나와 메추라기'를 날마다 주셨습니다. 그러한 은혜를 체험한 이스라엘 백성들이 이번에는 물이 없어서 모세를 원망합니다.

은혜는 금방 잊어버릴 때가 많습니다. 그 순간뿐일 때가 많습니다. 돌아서면 잊고 또 다른 현실의 고통이 앞을 막으면 불평합니다. 심지어 과거 애굽에 있을 때가 더 좋았다 합니다. 먹을 것이 없으니까, 애굽의 고기가마를 그리워하고(16:3), 마실 물이 없으니까, '왜 애굽에서 인도하여 죽게 하느냐'고 모세와 다툽니다(17:3).

이것이 은혜받은 태도인가요?

이것이 참된 신자의 삶인가요?

아닙니다. 이것은 은혜를 잊어버리는 인간의 죄 된 본성의 표현이자 나약한 인간의 모습입니다.

모세가 대꾸합니다.

> 너희가 어찌하여 나와 다투느냐, 어찌하여 여호와를 시험하느냐(출 17:2b).

이 표현에 복선이 깔려 있습니다. 모세의 말에 따르면, 이스라엘 백성들은 지도자 모세와 다툴 뿐만 아니라, 하나님을 시험한 것입니다. 이것이 곧 사실로 드러납니다.

하나님이 모세에게 나일강을 치던 지팡이로 호렙산 반석을 치게 하셔서 물을 얻게 하십니다(5-6절). 그리고 그곳 이름을 "맛사"(시험)와 "므리바"(싸움)라 불렀습니다. "맛사"라 부른 이유는, 그들이 "여호와께서 우리 중에 계신가 안 계시는가"를 시험하였기 때문이고, "므리바"라 부른 이유는, "이스라엘 자손이 다투었"기 때문입니다(7절).

그러니까 마실 물이 없자, 이스라엘 백성들이 지도자 모세에게 대들고, 또한 '하나님이 자기들 가운데 계신지 안 계신지' 시험한 것입니다.

자신들이 바라는 복이 없으면, 하나님마저 시험하는 것이 올바른 신앙인가요?

그러니 복만 보장해 주면, 하나님 아닌 그 어떤 우상도 섬기는 것이 가능했던 것입니다. 우리 안에도 이스라엘 백성들 같은 이런 모습이 없는지 늘 깨어서 살펴봐야 할 것입니다.

우리 생각 같아서는, 이렇게 하나님을 시험하고, 하나님이 자신들 가운데 계신지 안 계신지 의심하는 사람들은 그냥 버리시면 될 것 같은데, 인자하시고 사랑이 많으신 하나님은, 그들을 버리지 않으시고 깨닫게 해 주십니다.

3. 여호수아의 등장과 하나님의 지팡이

출애굽기 17:8의 "그때"는 바로 이스라엘 백성들이 모세와 다투고 '하나님을 시험하던 그때'를 말합니다. 그때 아말렉이 쳐들어와서 이스라엘 백성들과 르비딤에서 전쟁합니다(17:8). 설상가상입니다. 이제 이런 상황을 어떻게 돌파하는지 보도록 하겠습니다.

지도자 모세가 "여호수아"에게 사람들을 택하여 전쟁터로 가서 아말렉과 싸우라 합니다(9a절). 여호수아가 이때 처음으로 성경에 등장합니다.

여호수아가 누구입니까?

모세의 뒤를 이어 이스라엘 백성들을 가나안으로 인도한 인물입니다. 그런 그가 처음에는 모세의 명을 따라 아말렉과 싸웠던 것을 볼 수 있습니다. 그러니 모세 옆에는 여호수아가 있었음을 봐야 합니다.

훌륭한 리더 옆에는 늘 도와주는 사람이 있기 마련입니다. 자기 혼자 잘나서 훌륭한 리더가 되는 것이 아닙니다. 리더가 이것을 잊는 순간 교만하게 되며 그 결과는 넘어지게 될 것입니다.

그렇게 여호수아에게 전쟁터로 가 싸우라고 한 모세는 무엇을 합니까?

집에서 쉬나요?

아닙니다. 자신도 '내일 하나님의 지팡이를 손에 잡고 산꼭대기에 서겠다' 합니다(9b절). 그 지팡이는 모세가 홍해를 갈랐던 지팡이며, 동시에 호렙산 바위에서 물을 낸 바로 그 지팡이를 말합니다.

모세가 여기서 그 지팡이를 누구의 지팡이라 하는지를 보는 것이 중요합니다.

자신의 지팡이라 합니까?

아닙니다. "하나님의 지팡이"라 합니다. 그 지팡이가 '모세의 지팡이'였다면, 홍해를 가를 수도, 호렙산 반석에서 물도 낼 수 없었을 것입니다. 그러나 그 지팡이는 하나님의 지팡이였기에, 홍해를 가르고 반석에서 물도 낼 수 있었습니다. 하나님의 지팡이가 모세의 손에 있었던 것이지요.

여기서 '하나님의 지팡이'는 '하나님의 능력'을 의미합니다. 모세는 그 하나님의 지팡이가 자신의 손에 있다고, 그것을 자신의 지팡이처럼 여기지 않았습니다. '하나님의 능력'을 '자신의 능력'으로 둔갑시키지 않았습니다. 즉, 교만하지 않았습니다.

그런데 요즘 영적으로 능력 있든, 교회를 부흥시켰든, 소위 능력 있다는 사람들을 보면, 하나님의 지팡이를 자신의 지팡이로 착각하는 이들이 많습니다. 그래서 넘어집니다.

우리 손에 "하나님의 지팡이"가 있어야 합니다. 그것은 다름 아닌 어떤 일에도, 하나님만을 의지하고, 하나님의 능력만을 사모한다는 의미입니다.

우리에게 "하나님의 지팡이"가 무엇이겠습니까?

하나님의 말씀과 기도입니다. 헬라파 유대인과 히브리파 사람들이 구제 문제로 갈등을 빚을 때, 열두 제자가 '하나님의 말씀을 제쳐놓고 접대를 일삼는 것이 마땅하지 않다' 생각하여, "성령과 지혜가 충만하여 칭찬 받는 사람 일곱을 택하라" 합니다. 그들에게 구제 사역을 맡기고 자신들은 "오로지 기도하는 일과 말씀 사역"에 힘쓰겠다 합니다(행 6:1-4).

말씀과 기도에 생명이 있고 능력이 있습니다. 그것이 우리에게 '하나님의 지팡이'가 되어야 합니다. 그것 의지해야 합니다. 우리 자신도, 가정도, 교회도, 하나님의 지팡이인 말씀과 기도에 전념하기를 소망합니다.

4. 두 종류의 다른 두 손

여호수아는 모세의 말대로 아말렉과 싸우고, 모세는 산꼭대기에 섭니다. 이때 모세와 동행한 사람이 누구냐, 바로 아론과 훌입니다.[2] 이제 앞으로 나올 장면에서 "두 가지 종류의 다른 두 손"을 보고자 합니다. 하나는 '하나님을 향해 든 모세의 두 손'과 다른 하나는 '모세를 도와주는 아론과 훌의 두 손'입니다.

1) 하나님을 향해 든 모세의 두 손

여호수아가 아말렉과 싸울 때, 모세는 산꼭대기에서 그 장면을 보고 있습니다. 그런데 모세는 그 전쟁을 축구 구경하듯이 보고 있는 것이 아닙니다. 그는 하늘을 향해 자신의 '두 손을 들었습니다.' 신기합니다. 모세가 하늘을 향하여 두 손을 들면 이스라엘이 이기고, 모세가 손을 내리면 아말렉이 이깁니다(출 17:11).

그런데 가만히 보면 이런 전쟁이 어디 있습니까?

팔만 들면 이길 수 있는 전쟁이 어디 있습니까?

팔만 들어 이긴다면, 누구나 팔만 들려고 할 것입니다.

사실 하나님은 모세가 팔을 들지 않아도 이기게 하실 수 있지 않습니까? 왜 못하시겠습니까?

팔을 든다는 것은 하나님을 찾는다는 의미입니다. 하나님께 도움을 구한다는 의미입니다. 바로 기도의 의미가 있습니다. 하나님은 하나님의 백

---

[2] 아론은 모세의 형이었고, 훌은, 역사학자 요세푸스에 의하면, 모세의 누이 미리암의 남편이었다. 성경은 그의 손자가 회막의 기술자 브사렐이었다(출 31:2)는 것 그리고 출애굽기 24:14에 보면 모세가 시내산에 율법을 받으러 올라갈 때 아론과 같이 따라갔음을 밝히고 있을 뿐이다.

성들이 하나님을 간절히 '찾기를' 원하십니다.

아모스 5:4에서도, 여호와께서 이스라엘 족속에게 "너희는 나를 찾으라 그리하면 살리라" 하십니다. 예레미야 29:13에서도 "너희가 온 마음으로 나를 구하면 나를 찾을 것이요 나를 만나리라" 하십니다. 살기 위해서는 하나님 찾아야 합니다. 하나님은 하나님을 찾는 우리의 두 손을 원하십니다.

언젠가 차를 타고 가다가 빨간 불에 섰습니다. 그때 건너편 버스 정류장에 중년의 백인 남성 한 분이 버스를 기다리는 모습이 보였습니다. 버스가 제시간에 오지 않았는지, 갑자기 두 손을 하늘로 쳐들고는 분을 못 참으며 F로 시작하는 욕을 남발합니다. 그 모습을 보면서 그런 생각을 해 봤습니다.

'하나님은 무슨 죄가 있으셔서 그 F 소리를 들으셔야 하는가?'

'사람 사는 세상, 서로 일 처리만 잘해도 하나님이 욕을 덜 들으시겠다.'

우리는 우리의 두 손을, 자기 일이 잘 풀리지 않아, 하나님을 욕할 때 드는 것이 아니라, 하나님만을 인정하며, 하나님께 도움을 구하기 위해 들어야 합니다. 지금은 우리가 우리의 두 손을 하늘을 향해 들 때입니다. 개교회도 그렇고, 한국 교회도 그렇고, 더욱더 두 손을 하나님을 향해 들 때입니다. 하나님의 은혜와 긍휼하심과 도우심을 구할 때입니다. 다시금 한국 교회를 회복시켜 달라고 두 손을 들 때입니다.

두 손을 든다는 것은, 우리의 삶의 방향이 하나님께로 향해 있어야 함을 의미합니다. 땅만 바라봐서는 안 됩니다. 지금 나의 삶이 힘들다고, 지금 내가 딛고 있는 삶의 터전이 힘들다고, 땅으로만 우리의 손과 우리의 시선이 옮겨져서는 안 될 것입니다. 그것은 곧 죽음입니다. 힘들 때일수록 더욱더 하나님께 우리의 두 손을 높이 들어야 합니다. 하나님만이 우리 인생의 주인이시기에, 그분께 우리의 존재 전체를 맡겨야 합니다.

모세가 두 손을 드니까 여호수아가 전쟁에서 이깁니다. 물론 여호수아가 전쟁에 나가서 싸우는 것도 큰일이지만, 모세가 두 손을 들지 않았으면, 여호수아는 전쟁에서 이기지 못했을 겁니다. 배우는 게 있습니다. 우리 인생이 잘 풀리고 뭔가 잘 될 때, 자신이 잘나서 그렇게 된 것이 아니라, 그 뒤에는 자신도 모르게, 누군가 두 손 들고 자신을 위해 기도해 주시는 분이 분명 있기에, 그러함을 깨달아야 할 것입니다.

2) 모세를 도와주는 아론과 훌의 두 손

모세가 하나님의 도움을 구하기 위해 하늘을 향해 두 손을 들지만, 모세 혼자 힘으로는 감당이 되지 않습니다. 두 손을 들고 있는 것도 몇 분이지 자꾸 팔이 아파서 내려갑니다. 시간이 갈수록 이스라엘이 지는 것이 분명합니다.

자신의 힘만 가지고는 두 손을 하나님께로 끝까지 들 수 없습니다. 도와주는 손이 없이는 오래 가지 못합니다. 내려가는 손을 하나님이 함부로 올리지 않으십니다. 하나님이 못하셔서 안 하시는 것이 아니라, 인간이 서로 돕도록 하기 위해서입니다. 그래서 아론과 훌이 존재합니다.

모세의 팔이 '피곤하니'(12a절), 아론과 훌이 돌을 구해 와서, 모세가 그 위에 편히 앉도록 해 줍니다. 아론은 이편에서, 훌은 저편에서, 모세의 두 손을 붙들어 올렸습니다.

모세의 손을 들어줄 때, 아론과 훌이 어떻게 들었을까요?

자신들의 한 손으로 모세의 한 손을 각각 들었을까요?

아닐 겁니다. 자신들의 두 손으로 모세의 한 손씩을 들어 주었을 것입니다.

돕는 손은 한 손이 아니라, 언제나 두 손이어야 합니다. 우리가 교회에서 봉사하고 섬길 때, 두 손으로 섬겨야 합니다. 마음을 다해 섬겨야 한다는 의미입니다. 서로 섬기는 두 손이 서로에게 끝까지 힘이 되기를 소망합니다. 예수님도 '섬김을 받으려 함이 아니라 섬기러 오셨다'(마 20:28a)고 말씀하십니다. 그렇다면 우리도 섬겨야 합니다. 기도하다 지친 이들의 두 손을 들어 주어야 합니다.

그렇게 아론과 훌이, 피곤한 모세를 도와 두 손을 들어 주니, 그 손이 해가 지도록 내려가지 않았습니다(12절). 그 결과 여호수아가 칼날로 아말렉과 그 백성을 쳐서 이깁니다(13절).

5. 승리의 요인들

그럼 승리의 원인은 어디에 있는지 한 번 더 보겠습니다.

1) 모세와 여호수아의 협력

하나는 모세와 여호수아에게 있습니다. 그들의 공이 큽니다.

그러면 모세와 여호수아 중 누구의 공이 큰가요?
모세인가요?
여호수아인가요?

이 질문은 속된 질문이며, 잘못된 질문이며, 의미 없는 질문입니다. 성경은 누구 공이 큰지에 관심이 없습니다. 둘은 다르게 공이 큽니다. 모세는 하나님과 관계하고, 여호수아는 아말렉과 관계하고 있다는 점에서만 다를 뿐 지향점은 같습니다.

모세와 여호수아 둘은 서로 협력했습니다.

- 모세는 여호수아를 신뢰하고 그를 전쟁터로 보냈습니다. 반면에 여호수아는 모세의 말에 순종하고 전쟁터로 갔습니다(신뢰와 순종).
- 모세는 여호수아를 보내 놓고, 아무것도 하지 않은 것이 아니라, 그를 위해 하나님께 두 손 들고 기도합니다. 여호수아는 전쟁터에서 목숨을 걸고 싸웁니다(기도와 싸움).
- 모세는 자신이 아무리 두 손을 들어도, 여호수아가 전쟁터에 나가서 싸우지 않았으면, 이기지 못했을 겁니다. 여호수아는 아무리 전쟁터에 나가서 싸우더라도, 모세가 두 손을 들지 않았으면 이기지 못했을 겁니다(협력).

그러니 아말렉과의 전투에서 모세와 여호수아의 협력은 절대적으로 필요했다고 할 수 있습니다. 그런데 이 전투에서 승리의 요인은 모세와 여호수아에게만 있었던 것은 아닙니다.

2) 아론과 훌의 협력

누가 더 있습니까?

아론과 훌이 더 있습니다. 아론과 훌이 모세를 도와주지 않았으면, 이기지 못했을 겁니다. 아론과 훌이 모세를 도와주지 않았으면, 모세와 여호수아의 협력도 물거품으로 돌아갔을 겁니다.

언뜻 보기에 아론과 훌은 모세와 여호수아에 비하면 한 일이 별로 없는 듯합니다. 그러나 그들은 그런 것에 신경 쓰지 않고, 전쟁에서 이길 수 있기 위해 작은 것이라도 했습니다. 그들은 모세를 위해 돌을 가져다 모세가 편히 앉게 하고, 모세의 손을 해가 지도록 잡아 주었습니다.

비록 큰일이 아니지만, 무엇이라도 공동체를 도우려는 그 마음이 중요합니다. 돕는다는 것은 이렇게 연쇄작용으로 이어져 있습니다. 그들의 도움이 비록 사소한 것이라 할지라도, 결코 의미 없는 것이 아님을 보아야 합니다.

그러니 모세와 여호수아만 주목할 것이 아니라 아론과 훌도 주목해야 합니다. 주인공만 주목할 것이 아니라 조연도 주목해야 합니다. 무엇보다도, 하나님의 일을 함에서는, 주연도 조연도 없습니다. 누가 얼마만큼 "진심과 전심으로" 하는가가 중요할 것입니다.

바울이 골로새 교인들에게 편지하면서 종들에게 권합니다.

> 종들아 모든 일에 육신의 상전들에게 순종하되 사람을 기쁘게 하는 자와 같이 눈가림만 하지 말고 오직 주를 두려워하여 성실한 마음으로 하라 무슨 일을 하든지 마음을 다하여 주께 하듯 하고 사람에게 하듯 하지 말라(골 3:22-23).

누군가에게 보이기 위해, 혹은 자기 이름을 드러내기 위해 섬기는 것이 아니라, 아무리 작은 일이라도, 주께 하듯 섬겨야 합니다. 그것이 공동체를 건강하게 세울 것입니다.

3) 서로에게 되어야 할 아론과 훌

오늘 우리에게는 이런 아론과 훌 같은 사람이 있습니까?
우리가 힘들고 지쳐서, 우리의 두 손을 하늘을 향해 들 수 없을 때, 우리의 두 손을 같이 들어 줄 아론과 훌 같은 사람이 있습니까?
본 장의 원제목은 "오늘 우리에게 아론과 훌은 누구인가"였습니다. 그런데 이 질문은 자신이, 아론과 훌의 입장이 아니라, 모세 입장에서 도움을 받는 모습입니다. 우리 자신을 도와주는 아론과 훌이 있다는 것은, 우리가 모세가 된다는 의미이기도 합니다. 의식 자체가 리더로서 도움을 받는 구조입니다.

우리가 누군가를 도와주려 한다면, 이 질문이 아닌, '우리는 누구의 아론과 훌이 되어야 하는가'라는 질문을 던져야 합니다. 그래서 제목을 "오늘 우리는 누구의 아론과 훌이 되고자 하는가"로 바꾸었습니다. 이것은 자신이 누군가를 도와주려는 마음을 가진다는 의미입니다. 자신이 아론과 훌이 된다는 의미입니다.

한 번 더 생각해 보았습니다. '도움'이라는 것은, 어느 한쪽만 일방적으로 도와주는 것이 아니라, 서로 주고받는 것이기에, "우리는 서로에게 아론과 훌이 되고자 하는가"로 바꾸었습니다. 그것을 수정해서, "서로 섬기는 거룩한 두 손"이 된 것입니다.

우리는 서로에게 아론과 훌이 되고자 하는가요?

우리는 삼위일체 하나님을 고백하며, 주 예수 그리스도를 믿으며, 그가 지신 십자가를 우리도 지고, 주님을 따르고자 하는, 한 공동체 구성원입니다. 그러니 공동체 구성원이 힘들어하면, 다른 분들이 그분의 손을 잡아 일으켜 주셔야 합니다.

집사님이 힘들어하면, 장로님이 그 손을 잡아 주셔야 합니다. 장로님이 힘들어하면, 권사님이 그 손을 잡아 주셔야 합니다. 성도님들이 힘들어하면, 목사님이 그 손을 잡아 주셔야 합니다. 목사님이 힘들어하면, 성도님들이 그 손을 잡아 주셔야 합니다. 그것이 한 공동체 안에서 신앙생활 한다는 의미일 것입니다.

우리는 때로는 아론과 훌의 자리에 있을 때도 있고, 때론 모세의 자리에 있을 때도 있습니다. 즉 우리는 늘 모세일 수 없고, 늘 아론과 훌일 수 없습니다. 그러니 서로 도와주어야 합니다.

인생이 '왔다 가는 것'이듯, 우리도 왔다 갑니다. 교회도, 학교도, 그 어느 공동체도 마찬가지입니다. 왔다가 언젠가는 갑니다. 처음 교육 전도사로 나가 섬긴 교회 중등부 아이들이 두 해가 지나고 묻더군요.

"전도사님, 내년에도 계세요?"

그렇게 묻는 이유가 있었습니다. 자기들 생각에는 보통 전도사님이 2년에 한 번씩 바뀌니까 '아, 이 전도사님도 2년 지나면 가시겠지. 그러니 이 정도 선에서 그저 좋은 관계를 맺고 지내자'는 생각을 하는 것 같았습니다(참고로 그 교회에 5년 있었습니다).

내일 자신이 속한 공동체를 떠난다 해도, 있는 동안만큼은 서로가 서로에게 아론과 훌이 되어 주어야 합니다. 그저 그렇게 왔다가 그렇게 가는 성도가 되어서는 안 될 것입니다. 우리 자신이 가는 곳 어디든, 힘들고 지친 사람들의 손을 들어 줄 수 있는, 그런 아론과 훌이 되어야 할 것입니다.

왜 그렇게 해야 합니까?

교회는 예수님의 몸이며 하나님이 세우신 공동체이기에 그렇습니다. 우리는 자신이 속한 공동체가 더 좋은 공동체가 되기를 꿈꿉니다. 지금보다는 5년 뒤가 더 좋은 공동체를 꿈꿉니다. 아니 5년 뒤, 10년 뒤, 20년 뒤, 가면 갈수록 더 좋아지는 공동체가 되기를 꿈꿉니다. 그러기 위해서는 '서로가 서로의 두 손을 들어 주어야' 합니다.

6. 여호와 닛시

이스라엘 백성들이 아말렉과 싸워서 이기고 난 뒤, 하나님이 모세에게 이렇게 말씀하십니다. '이것을 책에 기록하여 사람들이 잊지 않도록 하고, 여호수아에게는, 내가 아말렉을 없이하여 천하에서 기억도 못 하게 하겠다'는 것을 알려 주라(출 17:14) 하십니다.

모세가 단을 쌓습니다. 그 이름을 "여호와 닛시"라 합니다. 번역하면 '여호와는 나의 깃발'(banner, 15)이라는 뜻입니다. 다시 말하면 '여호와가 우리에게 승리를 주셨다'는 것을 고백하는 말입니다. 하나님이 승리하게 하셔서 깃발을 높이 든다는 의미입니다.

전쟁의 결과는 전적으로 하나님께 달려 있습니다. 하나님이 들어 쓰시고, 하나님이 함께하는 사람이 이깁니다. 하나님이 모세도 여호수아도 아론도 훌도 들어서 사용하셔서 전쟁에서 이기게 하십니다. 하나님이 우리가 섬기는 교회와도 함께 하셔서 '여호와 닛시'라는 승리의 깃발을 높이 들었으면 좋겠습니다. 모두 그 승리의 깃발 아래 모여서 하나님을 고백하고 찬양하는 교회가 되기를 소망합니다.

민수기 11장에 보면, 이스라엘 백성들이 광야에서 먹을 것이 없어 불평하자, 하나님이 이스라엘 백성들에게 고기 "냄새도 싫어하기까지"(20절) 한 달 동안 먹게 해 주겠다고 하십니다. 그러자 모세가 하나님께 이렇게 말합니다.

> 나와 함께 있는 이 백성의 보행자가 육십만 명이온데 주의 말씀이 한 달 동안 고기를 주어 먹게 하겠다 하시오니 그들을 위하여 양 떼와 소 떼를 잡은들 족하오며 바다의 모든 고기를 모은들 족하오리이까(민 11:21-22).

그러자 하나님이 "여호와의 손이 짧으냐 네가 이제 내 말이 네게 응하는 여부를 보리라"(23절)라고 하십니다.

된다는 말인가요, 안 된다는 말인가요?

된다는 말입니다.

천지 만물을 창조하신 하나님께서, 기껏 육십 만 명 정도 되는 이스라엘 백성들에게, 그깟 고기를 한 달 동안 못 먹이시겠습니까?

하나님이 그렇게 작은 하나님이신가요?

하나님은 우리가 생각하기에 불가능한 것을 가능하게 하시는 분이십니다. 그것이 하나님께는 너무 쉬운 일입니다.

사도행전 3장에서, 베드로와 요한이, 성전 미문에서 구걸하며 걷지 못하던 자를 나사렛 예수의 이름으로 걷게 합니다. 그러자 공회원이 그들을 잡아서 심문하다가 가두지는 못하고 '다시는 예수의 이름으로 말하지도 가르치지도 말라'(4:18) 경고하고 풀어 줍니다.

그들이 다니면서 병든 사람을 고쳐 줍니다. 그러자 사람들이, 심지어 병든 자를 메어서, 거리에 나가, 침대 위에 둡니다. 혹시나 베드로가 지나가다가, 그의 그림자라도 병자들 위에 덮이게 되기를 바라면서 말입니다(행 5:15). 그만큼 간절했습니다.

그러자 대제사장과 사두개인들이 또 사도들을 잡아 옥에 가둡니다. 그러나 주의 사자가 옥문을 열고 풀어 줍니다. 그랬더니 그들이 성전에 가서 "생명의 말씀"을 전합니다. 대제사장의 부하들이 "보소서 옥에 가두었던 사람들이 성전에 서서 백성을 가르치더이다"(행 5:25)라고 보고합니다. 하나님의 사역은 그 어떤 탄압에도 멈추지 않습니다. 옥에 가두더라도 생명의 말씀에 대한 사랑과 그 복음을 전하겠다는 열정을 멈추게 할 수 없습니다.

하나님은 승리의 하나님이십니다. 여호와 닛시의 하나님이십니다. 모세가 아말렉과 싸워 이기고, 이스라엘 백성들에게 하나님께서 하신 말씀을 전합니다. "여호와가 아말렉과 더불어 대대로 싸우리라"(17:16) 하셨다는 것입니다. 하나님이 오고 오는 세대에 아말렉과 싸울 것이라 하십니다. 하나님이 직접 전쟁에 나서시겠다는 말씀입니다.

무서울 것이 무엇이 있을까요?

먹을 것이 없어서, 마실 물이 없어서 불평했던 이스라엘 백성들이, 이러고도 하나님께 먹을 것이 없다고, 마실 물이 없다고 불평하고 다툴 수 있습니까?

'하나님이 우리 중에 계신가 안 계신가' 의심했던 이스라엘 백성들이, 이러고도 하나님이 '그들과 함께하시는지' 의심할 수 있나요?

하나님은 이스라엘 백성들의 의심을 바꾸사, 그들과 함께하심을 확신시켜 주시고, 깨닫게 하시는 하나님이십니다. 그런 하나님이 너무 좋습니다.

7. 서로 미안한 마음

한국에 계신 아버지가 언젠가부터 "미안하다"는 말씀을 자주 하십니다. 뭐가 미안하신지, 전화를 드리거나, 몇 년 전 한국에 한 번 갔을 때도, 이곳에 한 번 오셨을 때도, 자꾸 '미안하다' 말씀하시는데, 사실 너무 듣기 싫습니다. 그런데 그 마음이 '진심'이신 것 같습니다. 가족을 생각하면 그런 생각이 드시나 봅니다. 저도 나중에 아이들에게 그런 말을 할 것 같은 예감이 듭니다. 모든 부모가 그런 것 같습니다.

한 공동체를 생각하면, 서로에게 미안한 마음이 있어야 하는지도 모르겠습니다. 그러면 서로 도울 수 있습니다. 서로에게 아론과 훌이 되어 줄 수 있습니다. 서로 미안한 마음, 서로 더 사랑하지 못해서 미안한 마음이 있으면, 힘들어도 힘을 낼 수 있고, 서로에게 힘이 될 수 있을 것 같습니다.

그러기 위해서는 공동체에서 소외된 분들에게, 낙심해 계신 분들에게 더 관심을 가져야 합니다. 자신의 몸 중에서 본인이 가장 많이 알고 있는 부분은 역설적으로 아파 본 곳입니다. 간이 아파서 죽을 고생을 하다가 살아난 사람은, 다른 곳은 몰라도 간에 대해서는 박사가 됩니다. 왜냐하면, 늘 마음이 거기에 가 있기 때문입니다. 아픈 곳에 온 신경이 가게 되어 있습니다. 본능입니다.

애리조나(Arizona) 어디 즈음 가니, 소어핑거로드(Sore Finger Rd) 길이 있더군요. 우리 말로 하면 '아픈/시린 손가락 길'쯤 될 것 같습니다. 사람 사는 세상, 어디나 비슷합니다. 분명 인디언(Native American)들이 지은 이름일 겁니다. 모든 부모가 자식을 바라볼 때, 자식 중 아픈 손가락 자식이 있듯이, 공동체에도 아픈 손가락이 있습니다. 그러니 공동체 식구 중 소외된 분들께 관심을 두어야 합니다.

우리는 하나님이 이사야를 통해 이스라엘 백성들에게 "너는 물 댄 동산 같겠고 물이 끊어지지 아니하는 샘 같을 것이라"(사 58:11b)라고 하신 말씀을 잘 알고 좋아합니다. 그런데 이 말씀에는 하나님이 "만일 네가 너희 중에서 멍에와 손가락질과 허망한 말을 제하여 버리고 주린 자에게 네 심정이 동하며 괴로워하는 자의 심정을 만족하게 하면"(9b-10a)이라는 전제조건이 있음을 보아야 합니다.

그 조건을 충족시키면 "네 빛이 흑암 중에서 떠올라 네 어둠이 낮과 같이 될 것이며 여호와가 너를 항상 인도하여 메마른 곳에서도 네 영혼을 만족하게 하며 네 뼈를 견고하게"(10b-11a) 하신다고 말씀하십니다. 그다음에 "너는 물 댄 동산 같겠고 물이 끊어지지 아니하는 샘 같을 것이라"가 나옵니다.

고통받는 형제자매를 도와주는 마음이 생겨 그들을 도와줄 때, 하나님은 그들에게 그런 복을 주신다는 말씀입니다. 전제조건 없이 복만 바라서는 안 될 것입니다.

한나 아렌트라는 철학자가, 유대인 학살의 주범인 아돌프 아이히만을 다룬 『예루살렘의 아이히만』이라는 책에서, 아이히만의 문제점을 이렇게 지적합니다.

> 그에게는 그 어느 것도 타인의 관점에서 바라볼 수 있는 능력이 없다.[3]

아이히만은, 독일 패망 이후에 아르헨티나 부에노스아이레스 외곽에 숨어 살다가, 1960년 이스라엘 비밀경찰에 체포되어 1961년 예루살렘 법정에 섭니다. 그는 '유대인 학살에서 자신은 잘못한 것이 없다'고 합니다. 자신은 '위에서 시키는 대로, 자신의 임무에 충실했을 뿐'이라는 것입니다. 타인의 관점에서, 그것도 약한 자의 관점에서 세상을 바라볼 수 있는 눈이 없기에, 악을 그저 따른 것입니다. 약한 자를 보지 못하는 사람은 공

---

3 한나 아렌트, 『예루살렘의 아이히만』, 김선욱 옮김 (한길사, 2006), 104.

동체를 도울 수 없습니다. 타자를 볼 수 있어야 합니다.

"꽃은 피었지만 추웠다"는 문장과 "추웠지만, 꽃은 피었다"는 문장은 비슷한 말인 듯하지만 의미와 강조점에서는 사실 차이가 있습니다. 첫 문장, 즉 "꽃은 피었지만 추웠다"는 말은 '추웠다'고 하는 날씨에 초점이 있다면, 두 번째 문장, 즉 "추웠지만, 꽃은 피었다"는 말은 '피어난 꽃'에 강조점이 있다.

첫 문장이 약간은 어두운 부정적인 느낌을 전달한다면, 두 번째 문장은 추운 날씨 속에서도 피어나는 꽃처럼 긍정적 희망이 묻어 있습니다. 한 문장을 이야기하더라도, 어디에 단어를 배치하느냐에 따라서 강조점도 달라지고, 강조점이 달라짐에 따라, 본인이 무엇을 말하고자 하는지, 그 의미도 달라짐을 볼 수 있습니다. 글 하나에도 쓰는 이의 고민이 있습니다.

'오늘 우리에게 아론과 훌은 누구인가'라는 문장과 '우리는 누구의 아론과 훌이 되고자 하는가'라는 문장과 '우리는 서로에게 아론과 훌이 되고자 하는가'라는 문장은 강조점이 다릅니다. 오늘 우리 자신을 도와줄 아론과 훌만 찾을 것이 아니라, 또 누구의 아론과 훌이 될지 몰라 질문하는 것이 아니라, 서로에게 아론과 훌이 되고자 하는 적극적 자세를 가져야 할 것입니다.

그리하여 같은 공동체에서 '서로 섬기는 거룩한 손'을 가지면 좋겠습니다. 그러기 위해서는 자기 중심성에서 벗어나야 합니다. 석양은 대체로 붉고 아름답습니다. 그런데 그 석양이 자신이 생각하는 것만큼 붉거나 아름답지 않다고 해서, 서산마루로 넘어간 태양을 억지로 끄집어 올릴 수는 없습니다. 그 나름의 멋이 있는 법입니다.

자신이 세상의 중심이 아님을 알아야 합니다. 그러니 같은 공동체에서 함께 주님을 고백하고 살아가는 사람들을 소중히 여깁시다. 옆에 있는 분이 귀하십니다. 서로 함께 손잡고, 우리의 손을 하나님께로 높이 들어, 하나님께만 영광 돌리는, 그래서 '여호와 닛시'를 체험하는, 그런 교회 되기를 소망합니다.

제10장

다시 또 다른 부흥을 꿈꾸며!!
(하박국 3:2)

1. 다시 부흥?

부산에 가면 해운대, 광안리도 유명하지만, 태종대도 유명합니다. 태종대가 유명한 것은 안타깝게도 '자살 바위' 때문일 겁니다. 그곳에서 자살을 많이 해서 자살 바위라 했을 터인데, 거기서 바라보는 풍광이 참 멋있긴 합니다.

오래전에 친구들과 같이 간 적이 있습니다. 바다를 바라보며 그 아름다움을 감상하는데, 갑자기 바다가 진동하면서 엄청나게 큰 노래가 들렸습니다.

"똑딱선 기적 소리 젊은 꿈을 싣고서~"

"꽃피는 동백섬에 봄이 왔건만~"

(세계 음악계에서는 이런 노래를 전문용어로 '뽕짝'이라 합니다). 그런 뽕짝 노래가 어디서 나는지 마치 바다가 술에 취해 부르는 듯했습니다. 가만히 보니, 그 소리는 바다 이쪽에서 저쪽까지 왔다 갔다 하면서 승객들을 관광시켜 주던 유람선에서 나는 소리였습니다.

그 뽕짝을 들으면서 그런 상상을 해 봤습니다.

'만약 저 바다에서 나는 소리가 뽕짝이 아니라 하나님께 드리는 찬양이라면, 천지의 창조주이신 하나님을 찬양하는 찬송이라면, 얼마나 좋을까!'

그런 상상을 해 보니 가슴이 뛰더군요.

이와 비슷한 모습이 하박국 3:10에 나옵니다.

> 산들이 주를 보고 흔들리며(writhe, 몸부림치다) 창수(torrents of water, 거센 물)가 넘치고 바다가 소리를 지르며 손을 높이 들었나이다(합 3:10).

산과 바다가 하나님을 향해 반응하는 모습이 역동적입니다. 산과 바다도 이렇게 열렬히 주님께 반응하는데, 하물며 하나님의 형상으로 지어진 우리라면, 더 뜨겁게 더 역동적으로 삼위일체 하나님을 찬양해야 할 것입니다.

태종대에서 바다를 바라보며 했던 그러한 상상이 꿈이 아닌 현실로 다가온 순간이 있었습니다. 2001년 6월 2일. 경희대학교 노천강당에서 있었던 '부흥 2001 콘서트'에서였습니다. 당시 저는 서울 어느 교회 청년부 담당 목사여서 청년들과 함께 집회에 참석했었습니다.

그때 그 집회에 2만 명이 모였다고 들었습니다.

청년들이 2만 명 모이면 어떻겠습니까?

주님을 온전히 찬양하고 싶은 주의 청년들이, '새벽이슬 같은 주의 백성들이', 주께 나아와 두 손 들고 하늘을 향해 하나님을 찬양하는 그 모습은, 마치 저 넓은 바다가 하늘을 향해 두 손을 높이 든 모습과 너무나도 흡사했습니다.

그런데 이런 대형 부흥 집회를 요즘 교회에서 찾기 쉽지 않습니다. 그래서 교회 부흥은 끝났다는 이야기도 있습니다. 그러나 다시금 교회가 부흥을 맛보아야 할 것입니다. 다시금 부흥해야 합니다.

어떻게 가능한가요?

부흥하고자 하면 될까요?

아닙니다. 다시금 회개하고 성령을 체험해야 할 것입니다.

예수님이 승천하신 후, 마가의 다락방에서 120명의 사도가 주께 부르짖고 기도했을 때, 오순절 성령 체험을 하지 않았던가요. 그런데 그 성령 체험이 그날 거기서만 있으라는 법이 어디 있습니까.

그 성령 체험이 오늘 이 시간에도, 아니 햇빛이 닿는 모든 곳에, 우리의 발걸음이 닿는 모든 곳에, 임할 수는 없는 것인가요?

분명히 부흥이 임할 것을 믿습니다.

19세기 강해 설교자였던 앨버트 반스(Albert Barnes)는 이렇게 말했습니다.

> 신앙을 고백하는 그리스도인의 거대한 공동체가 부흥이 실재하며 소원할 만한 것임을 확신하게 되는 그날, 종교의 역사에는 새 시대가 열릴 것이며 오순절 날과 같은 능력이 나타날 것이다.[1]

부흥이 실재하며, 우리가 그 부흥을 바라고 사모할 때, 오순절 성령의 역사는 다시 나타날 것입니다.

경희대 노천강당에서 그런 꿈을 꿔 봤습니다. 집회에 모인 2만 명뿐만 아니라 남북한 7천만 겨레가, 주의 주권을 선포하며, 주의 심장 가지고 하늘을 향해 두 손 들고 기뻐 뛰며 춤추며 찬양하는 그날이 오기를 바라고 기도했습니다. 더 나아가 이 지구상에 호흡하며 살아가는 모든 사람이, 피부색의 차이도, 언어의 다름도, 빈부의 격차도 상관없이, 함께 주님의 영광을 찬양하는 그 날을 꿈꿔 봤습니다.

당시 집회 주 강사셨던 김동호 목사님이 2018년 미주장로회신학대학교 사경회에 오셔서 말씀을 전해 주셨습니다. 목사님께 2001년 '부흥 집회'에 참석했었다고 말씀드리니, 목사님이 에피소드 하나를 들려주셨습니다.

---

1 마틴 로이드 존스, 『부흥』, 174.

어떤 청년은 사람들이 하도 많아 집회에 제대로 참여할 수 없어서 옆에 주차되어 있던 행사용 버스 위에 올라가서 함께 찬양했다고 합니다. 그 청년이 나중에 목회자가 되어 김동호 목사님 교회에서 사역했다는 것입니다.

삭개오는 주님을 만나기 위해 뽕나무/돌무화과나무에 올라갔고, 청년은 주님을 찬양하기 위해 버스에 올라갔습니다. 그런 것 보면 가슴에 부흥의 불이 붙으면 뽕나무든 버스 위든 올라가는 것 같습니다.

교회가 다시 부흥을 외쳐야 합니다. '하나님의 말씀'이 살아 있다면, 다시 부흥하지 못할 이유가 없습니다. 마크 선더 라오(Mark Sunder-Rao)라는 인도인이 영국을 방문해서 웨스트민스터 채플에서 마틴 로이드 존스 목사의 설교를 듣고는 이런 질문을 던집니다.

"왜 이 교회는 부흥할까?"

그 답으로 그는 여기서는 예배자가 '16세기 종교개혁과 18세기 신앙부흥의 의미를 깨닫기 때문'이라 합니다. 그러면서 "교회 공동체를 역동적이고 능동적으로 만들어 주는 건 복음"이라 합니다. 다시 말해, 로이드 존스 목사는 "하나님의 실재, 우리 삶에 대한 하나님의 관심, 이생이나 내세에서 그 무엇도 우리를 떼어 놓지 못하는 하나님의 사랑, 하나님의 충족성"이라는 복음의 핵심을 설교했기 때문에 부흥이 임했다는 것입니다.[2]

복음을 증거 해야 합니다. 예수 그리스도의 보혈을 설교해야 합니다. '예수 그리스도의 십자가 보혈'이 우리 속에 살아 흐르고 있다면, 부흥은 계속될 것입니다. 문제는 그리스도인들이 부흥을 믿지 않는 데 있습니다. 아니 이제 기독교는 바닥 없는 나락으로 무너지고 있다고 합니다.

아닙니다!!!

하나님 앞에서 희망을 상실하고 낙심하는 것, 그것이 죄입니다. 부흥을 믿지 않는 것, 이것은 하나님의 능력을 믿지 않는 '죄'입니다. 우리는 교

---

2   이안 머레이, 『마틴 로이드 존스』, 460.

회가 다시금 부흥할 수 있는 그 부흥의 꿈을 다시 꿔 봤으면 합니다. 우리가 "다시 또 다른 부흥"을 꿈꿨으면 합니다.

2. 부흥하게 하옵소서!!

하박국서는 우리가 언제 읽어도 가슴 뛰는 '부흥'에 관한 말씀을 전해 주고 있습니다. 우리가 부흥을 꿈꾼다는 것은, 현재 상태가 부흥하고 있지 못하다는 것을 전제합니다. 아니 더 냉정히 이야기하면, 절망 가운데 있음을 의미합니다. 그러니 부흥을 꿈꾸는 것 아니겠습니까.

하박국서도 마찬가지입니다. 하박국서는 3장으로 되어 있습니다. 1장, 2장은 하박국의 '질문'과 거기에 대한 하나님의 '응답'으로 이루어져 있습니다. 3장은 그 의문이 풀리고 난 뒤 하박국이 하나님께 간구하고 찬양하는 모습이 담겨 있습니다.

하박국에게는 크게 두 가지 질문이 있습니다.

첫째, 하박국은 자기 민족 가운데 겁탈과 폭력이 있는 것을 봅니다. 악인이 의인을 괴롭혀 정의가 전혀 시행되지 않는 모습을 보고는 하나님께 부르짖습니다. 그런데 하나님이 듣지도 않으시고, 구원도 하지 않으시기에, 언제까지 그렇게 듣지도 않으시고, 구원도 하지 않으실 거냐고 호소합니다(합 1:1-4). 다시 말해, 하나님께서 어찌하여 자기 민족의 죄악을 보시고는 벌하지 않으시고 내버려 두시냐는 것입니다.

하박국의 호소에 대해 하나님은 이상하게도, 사납고 성급한 백성인 갈대아인, 즉 바벨론을 준비해서 유다를 심판하시겠다고 말씀하십니다(1:5-11). 이 바벨론은 하나님을 기쁘시게 하는 민족이 아니었습니다. 그들은 악한 민족이었습니다. 그들은 "자기들의 힘을 자기들의 신으로 삼는 자들"(11절)이었습니다. 그런데도 하나님은 그 악한 민족을 사용하셔서 유다 민족을 치신다는 것입니다.

납득이 되나요?

하나 알 수 있는 것은, 하나님은 '택한 민족'이 잘못된 길로 가면, 이방 민족을 택해서라도 택한 민족을 고치고자 하신다는 것입니다. 하나님은 '선한 사람'이 잘못된 길로 가면, 악한 사람을 사용하셔서라도 선한 사람을 바르게 하고자 하신다는 것입니다. 그것이 하나님께서 역사를 일구어 가시는 방법 가운데 하나입니다.

둘째, 여기서 하박국의 질문이 생깁니다.

'하나님, 하나님이 갈대아인을 두신 것은 그들을 심판하시기 위해서가 아닌가요?'

그 말은 '어떻게 그들을 심판하지 않으시고, 하나님이 택하신 자기 백성이 잘못했다 하여, 이방 민족을 사용하셔서 하나님의 백성을 치십니까' 하는 질문입니다(1:12-17).

이 질문에 하나님은 '유다'가 자신들의 죄 때문에 징계를 당하는 것처럼, '갈대아인들' 역시 그들의 죄 때문에 결국에는 심판을 당하게 될 것이라고 말씀하십니다.

> 네가 여러 나라를 노략하였으므로 그 모든 민족의 남은 자가 너를 노략하리니 이는 네가 사람의 피를 흘렸음이요 또 땅과 성읍과 그 안의 모든 주민에게 강포를 행하였음이니라 (합 2:8).

만군의 하나님은 악인과 악한 민족을 그냥 두지 않으십니다. 결국에는 악인들을 세상에서 제거하실 것입니다. 하박국은 그 모습을 그림 언어로 그려 줍니다.

> 이는 물이 바다를 덮음같이 여호와의 영광을 인정하는 것이 세상에 가득함이니라 (합 2:14).

하나님께서 언젠가는 세상에 만연한 악을 소멸하셔서, 세상이 여호와의 영광을 인정하는 그날을, 오게 하실 것이라는 말씀입니다. 그러기에 우리도 그날이 올 것을 믿으며, 하늘 소망 바라보며, 인내하며 살아야 할 것입니다.

3. 하나님께 기도/찬양

하박국은 그 모든 질문에서 벗어나서, 하나님께 기도하고 찬양합니다.

> 여호와여 내가 주께 대한 소문을 듣고 놀랐나이다 여호와여 주는 주의 일을 이 수년 내에 부흥하게 하옵소서 이 수년 내에 나타내시옵소서 진노 중에라도 긍휼을 잊지 마옵소서(합 3:2).

1) 하나님에 대한 소문

먼저 하박국은 '주께 대한 소문을 듣고 놀랐다'고 고백합니다. 하박국 선지자는 하나님의 '소문', 즉 '명성/fame'을 듣고 놀랐습니다. 그 소문은 다름 아닌 '하나님께서 잘못을 저지른 유다 민족을 징계하시고 또 갈대아인들을 멸망시키겠다고 알려 주신 말씀'을 가리킵니다.

이 말은, 하나님은 악에 대해 아무것도 하지 않거나, 할 수 없는 '죽은 하나님'이 아니며, 또 그 속에 생기가 전혀 없는 '우상'이 아니라, 지금도 역사하시는 '살아 계신 하나님'이시라는 말씀입니다.

세상에는 소문, 가십거리, 소위 '카더라' 통신이 많습니다. 이 소문 저 소문 옮기는 이들도 많습니다. 그런 사람들은 온 데 다니면서 '카더라, 카더라' 합니다. 자기 일이 잘 풀리지 않아서 그렇게 하기도 하고 외로워서 그렇기도 한 것 같습니다. 들어도 아무런 득이 되지 않는 이야기가 오고 가는 자리는 피하는 것이 낫습니다.

우리는, 그런 가십거리를 들은 자들이 아니라, 세상에서 가장 중요하고 놀라운 소문인, '창조하시고 구원하시고 완전케 하실 성부, 성자 성령 삼위일체 하나님에 대한 복음'을 들은 자들입니다. '천지 만물을 창조하신 창조주 하나님이, 죽을 수밖에 없는 죄인들인 우리 한 사람 한 사람을 사랑하셔서 아들 예수 그리스도를 보내 주셨고, 그를 믿으면 끝내는 하나님의 품에서 우리를 온전케 하실 것'이라는, 이 복음을 들은 것입니다.

또한, 그 복음이 '맞다'는 것을 삶에서 체험했기에, 예수님을 구주로 고백하고 주의 전에 모이는 것 아니겠습니까.

그럼 이제 우리는 무엇을 해야 합니까?

이제는 그 복음을 세상에 전하며 살아야 할 것입니다. '말로만' 전하는 것이 아니라, 우리의 '전 존재로', 우리의 매일 매일의 '일상의 삶에서' 예수 그리스도의 증인 된 삶으로 전해야 할 것입니다. 그것이 복음을 들은 자가 살아야 할 삶일 겁니다.

2) 주의 일

하박국은 이어서 "여호와여 주는 '주의 일'을 이 수년 내에 부흥하게 하옵소서" 하고 간구합니다.

여기서 "주의 일"이 무엇입니까?

그것은 유다 백성들을 회복하시고 그들을 통해 새롭게 하실 그 일을 말합니다.

우리 하나님께서는 행하실 일이 있으십니다. 이사야 43:19 이하에 보면, 하나님이 "새 일"을 행하시겠다고 말씀하십니다. 하나님이 바벨론에 포로로 잡혀간 이스라엘 백성들을 구해 내기 위해 '반드시 광야에 길을 내시고 사막에 강을 내시겠다'고 말씀하십니다.

광야에 길 내고 사막에 강 내는 것, 어디 쉬운가요. 하지만 하나님은 하겠다 하십니다.

그렇게 하시는 목적이 무엇인가요?

그렇게 해서 하나님은 '들짐승도 마시게 하시고', '하나님의 백성들도 마시게 하시기' 위해서(43:20)라 하십니다. 그것은 이스라엘 백성들을 살리시겠다는 말씀입니다.

하나님은 이스라엘 백성들뿐만 아니라 우리 인생도 살리시기 위해 일하십니다. 예수님께서도 베데스다못에서 38년 된 병자를 고쳐 주셨을 때, 많은 사람이 안식일에 병자를 고쳐 주셨다고 예수님을 박해합니다. 그때 예수님이 이렇게 말씀하십니다.

> 내 아버지께서 이제까지 일하시니 나도 일한다(요 5:17).

삼위일체 하나님은 여전히 일하시는 하나님이십니다. 이 땅이 하나님이 창조하신 목적에 맞게 굴러가도록 여전히 일하십니다.

3) 부흥

하박국은 여호와께 그 일을 "이 수년 내에 부흥하게 하옵소서 이 수년 내에 나타내시옵소서" 하고 간절히 간구합니다. 부흥을 보여 달라 합니다. 이제 우리도 다시 '부흥'을 간구합시다. 부흥을 사모합시다. 하나님께 부흥케 해 달라고 매달립시다.

그런데 부흥하기 위해 무엇을 해야 합니까?
먼저 각자 자신의 '마음'에 부흥이 임해야 합니다.
로이드 존스 목사는 이렇게 말했습니다.

> 부흥은 하나님이 그 백성을 찾아오시는 일입니다. 천국의 나날들이 이 땅 위에 임하는 일이요, 성령이 교회에 거하시는 일이요, 생명이 하나님의 백성들에게 한없이 넘쳐나는 일입니다.[3]

즉, 우리 스스로 부흥을 일으킬 수 있는 것이 아니라 하늘의 은혜가 임해야 가능하다는 것입니다. 그것이 출발점이라는 것입니다.

위에서 부어 주시는 은혜로 자신의 '삶'에 부흥이 있어야 합니다. 여기서부터 출발해야 합니다. 그렇게 각자의 삶에서 부흥을 맛본 이들이 함께 모여야 합니다. 교회가 존재하는 것도 '부흥'을 위해서입니다.

(1) 교회 청년부 부흥

청년부 사역 때 이야기 하나 나누고자 합니다. 과정을 보시면 좋겠습니다.

저는 1996년 12월부터 2001년까지 5년 동안 서울 연신교회(이순창 위임목사)에서 중등부 사역을 했습니다. 2000년 하반기부터 교회가 돌파구를 마련하기 위해 '건축을 해야 한다'는 이야기와 '청년부를 살려야 한다'는 목소리가 나왔습니다. 당시 교회 출석 장년이 700명 정도였던 것 같습니다. 그 상태로 정체가 된 것입니다. 교회에 청년부가 1부, 2부 있었는데, 토요일에 보니 각기 한 5명 정도가 모이고 있는 것 같았습니다.

---

3   마틴 로이드 존스, 『부흥』, 195.

담임목사님이 그 청년부를 두 명의 전도사에게 맡겨 주셨습니다. 2001년 첫 주에 청년 예배를 시작한다는 목표하에 3개월을 청년들과 함께 열심히 준비했습니다. 이제 청년부 예배를 드리면 소위 말하는 '열린 예배'를 드릴 텐데, 그 모델들을 보기 위해 장로님들과 함께 부흥하고 있는 청년 예배들을 찾아갔습니다.

한 번은 '사랑의교회'에 가서 예배를 드리고 나왔는데 장로님들의 표정이 좋지 않았습니다. 어느 한 장로님이 열린 예배에 충격을 받으셔서 '저건 예배가 아니다' 하시더군요. 그렇지만 설득하고 설득했습니다.

본당에서 찬양할 때 쓰던 OHP를 프로젝트(project)로 바꾸자고 했을 때도 곧 교회를 새로 지을 텐데 재정을 아끼자 하시더군요. 그렇지만 설득해서 바꿨습니다. 홍보에 나섰습니다. 청년 예배를 드린다는 광고 플래카드도 청년 회원이 제작해서 교회 외벽에 크게 걸었습니다.

이렇게 청년부가 조금씩 움직이다 보니, 숨어 있던 청년들이 하나둘 나오더군요. 드디어 2001년 첫 주 청년부 예배를 드렸습니다. 100명이 모였습니다. 교회에 숨어 있던 청년들도 나오고, 고등학교 이후 신앙생활 하지 않던 청년들도 모였습니다. 근처 경찰서에 근무하던 경찰들이 순찰하면서 교회 플래카드를 보고도 왔습니다.

이런 부흥의 과정과 기쁨을 청년들 스스로 맛본 것이 컸습니다. 그해 6월 '부흥 2001 콘서트'에 가서 은혜받고, 11월 즈음에 온누리교회 라준석 목사님을 모시고 3일간 청년 부흥 집회를 뜨겁게 했습니다. 청년들이 함께 부흥을 맛보니 서로 만나 예배드리고 신앙생활 하는 것이 즐거웠습니다. 성령의 불이 붙었습니다.

(2) 창조도 부흥을 위해

여기서 부흥은 숫자적 부흥만을 말하는 것이 아닙니다. 부흥에는 하나님께서 이 땅을 창조하신 '창조'의 의미가 들어 있습니다. 부흥을 하나님의 전체 창조 속에서 한번 보도록 합시다. 하나님이 이 세상을 창조하신 것도 '부흥'을 위해서입니다.

창세기 1:2, '땅이 혼돈하고 공허하며, 흑암이 깊은 것'은, 창조 이전의 혼돈된 모습을 상징적으로 기술한 것입니다. 다시 말해 부흥 이전의 모습입니다. 그러나 하나님이 매일 창조하시고 모든 것에 '보시기에 좋았다'고 말씀하셨습니다.

이것, 부흥 아닌가요?

매일, 매일이 하나님께 창조의 부흥 아닌가요?

그런 것 보면 하나님은 '창조의 부흥사'셨습니다.

하나님은 우리 인간을 만드셨습니다.

인간과 다른 피조물의 차이점이 무엇인가요?

인간을 지으시고는 그 코에 '생기'(breath of life, 생명의 숨)를 불어넣어 주셨습니다. 생기를 불어넣어 주셔서 사람이 '생령'(a living being)이 됩니다(창 2:7). 이것이 다른 피조물과의 차이점입니다.

그런데 왜 생기를 불어넣어 주셨을까요?

그것은 이 땅 가운데 살아가면서 하나님이 하신 '창조의 부흥 사역'을 우리 인간이 '동역자'로 이어 가도록 하시기 위해서일 겁니다. 그러니 부흥은 창조 시 하나님이 갖고 계신 큰 그림 중 하나였습니다.

그러나 이 부흥은 우리 힘으로 할 수 있는 것이 아닙니다. 사람의 호흡도 하나님이 생기를 불어넣어 주셨기에 호흡할 수 있었듯이, 부흥의 명령을 감당하기 위해서는 '성령' 받아야 합니다. 뜨겁게 성령 받아야 합니다. 하나님을 뜨겁게 만나는 체험이 먼저 있어야 합니다.

한 공동체가 살아 있느냐, 그렇지 않으냐는 신앙의 뜨거움에 달려 있습니다. 성령의 뜨거움을 간구해야 합니다. 매달려야 합니다. 부르짖어 기도해야 합니다. '구하라, 그러면 주신다'고 말씀하십니다. '찾으라, 그러면 찾는다'고 말씀하십니다. '문을 두드리면 열린다'고 말씀하십니다(마 7:7).

이제 부흥을 구하고, 부흥을 찾고, 부흥의 문을 두드려야 할 것입니다. 그러면 우리 공동체와 한국 교회를 하나님이 부흥시켜 주실 것입니다. 이것을 믿는 것, 그것이 신앙입니다.

(3) 청지기 사명도 부흥을 위해

생기가 들어가 있는 생령인 인간에게 하나님은 중요한 사명을 맡기십니다.

무엇인가요?

청지기 사명입니다.

> 생육하고 번성하여 땅에 충만하고 땅을 정복하라 … 모든 생물을 다스리라(창 1:28).

이 말씀을 우리에게 적용해 보면 이것은 '부흥의 명령'입니다. 청지기는 주인이 아니라 잠깐 맡은 자입니다. 그런데도 '부흥'을 위해서 맡겨 주셨습니다. 하나님이 우리 한 사람 한 사람을 통해, 우리가 섬기는 교회를 통해, 한국 교회를 통해, 우리 기독교를 통해, 부흥을 이루어 가시기 위해, 우리에게 이 청지기 사명을 맡겨 주셨습니다.

한 사안을 놓고 어떤 사람은 포기하지만 어떤 사람은 회복시킬 대안을 찾는 경우가 있습니다.

드라마 〈슬기로운 의사생활 2〉 첫 방송에 보면 임신 19주인 임산부의 양수가 터져서 병원에 왔습니다. 처음 그 임산부를 본 의사는 아기를 살리기 어렵다고 합니다. 그러자 임산부는 이 병원 다른 의사 선생님은 그런 경우에 생명을 살리셨다는 뉴스를 들었다며 그 의사 선생님께 부탁드려 달라고 전공의에게 애원합니다. 그 전공의가 그 의사 선생님께 부탁드렸더니 생명을 살려보겠다 하십니다.

한 환자를 놓고 두 의사 선생님의 관점이 완전히 다릅니다.

이것을 또 어떻게 해석해야 할까요?

둘의 차이는 생명을 살리려는 의지일 것입니다.

같은 드라마 4회차에 보면 수술을 받은 환자가 회복하는 과정에서 문제가 조금 보이기 시작했습니다. 전공의 후배가 옆에서 지켜보다 전공의 선배에게 '환자 상태가 좋지 않다며 조처했으면 한다'고 건의합니다. 전공의 선배는 괜찮다며 더 경과를 지켜보자면서 자러 갑니다. 그러다 환자 상태가 좀 심해졌습니다.

그때 후배 전공의가 선배 전공의에게 조금 언성을 높입니다. 그것이 좀 문제가 된 듯합니다. 그런데 나중에 그 후배 전공의 교수님이 그 후배 전공의를 따로 불러 '네가 잘못했다'고 말합니다. 그러면서 이렇게 말합니다.

"더 싸웠어야지. 환자분 잘못되었다면 그건 너 때문이야. 치열하게 고민하고 치열하게 환자 봤으면 치열하게 싸워. 그래야 환자 살려."

기독교가 무너지고 있는 시점에서, 교수님이 제자 전공의에게 했던 말을 새겨들을 필요가 있는 것 같습니다. 교회를 살리기 위해서는 제도권의 눈치만 볼 것이 아니라 '아닌 것은 아니라'고 말을 해야 합니다. 그렇지 않고 그냥 두다가는 교회도 죽을 것이며 그 책임은 우리에게 있을 겁니다.

비록 기독교가 무너져 가고 있다고 할지라도, 우리가 부흥에 대한 기대와 소망을 하나님보다 먼저 포기하면 안 될 것입니다. 그것은 죄입니다.

심지어 하나님을 믿지 않고 루게릭 병으로 오랫동안 고생하며 우주를 탐구했던 스티븐 호킹도, 영화 〈사랑에 대한 모든 것〉(*Theory of Everything*)에서, "Where there is life, there is hope"(생명이 있는 곳에 희망은 있다/생명이 있는 한 희망은 있다)고 말했습니다. 살아 있는 한 희망이 있다는 말입니다. 살아 있는 한 희망을 포기하면 안 된다는 말일 것입니다.

도스토예프스키의 소설 『죄와 벌』에서 주인공 라스콜니코프는 사람을 죽이고 난 후 며칠 뒤 거리를 걸으면서 어디서 읽은 한마디를 떠올립니다.

그것은 아무리 사방이 낭떠러지인 절벽 같은 곳에 산다 할지라도, 사람은 "살 수만 있다면, 지금 당장 죽는 것보다 그렇게라도 사는 것이 더 낫다"는 내용이었습니다. 그러면서 "참 잘난 진리"라고 조롱합니다.[4]

사람을 죽이고 살아가니 그 말이 제대로 들어오지 않았을 겁니다. 그러나 그 말이 맞습니다. 아무리 힘든 인생길 위에 산다 할지라도 살 수만 있다면 살아야 합니다.

하지만 질문을 던져야 합니다. 그 생명의 원천이 어디에 있느냐고 말입니다. 다윗은 "생명의 원천이 주께 있"다(시 36:9)고 고백합니다. 생명의 원천은 우리 인간에게 있는 것이 아니라 하나님께 있습니다. 그러니 다윗은 "주여 이제 내가 무엇을 바라리요 나의 소망은 주께 있나이다"(시 39:7)라고 고백하지 않습니까.

'생명'도 '소망'도 주님께 있다면, 지금도 역사를 만들어 가시는 하나님의 부흥에 대해 희망을 포기한다는 것은 하나님을 믿지 않는 것과 같습니다. 하나님이 포기하지 않으시는데 우리가 포기하면 안 될 것입니다. 여건이나 상황이 어렵다고 포기하면 안 됩니다. 왜냐하면, 부흥은 여건이나 상황으로 되는 것이 아니라, '살아 계신 하나님의 능력'으로 되는 것이기에 그렇습니다.

전도서 11:4은 말합니다.

> 풍세를 살펴보는 자는 파종하지 못할 것이요 구름만 바라보는 자는 거두지 못하리라 (전 11:4).

바람만 보고 구름만 보는 자는, 즉 상황만 살피는 자는, 심지도 거두지도 못한다는 말입니다. 즉 아무것도 못 한다는 말입니다.

---

[4] 표도르 도스토예프스키, 『죄와 벌』, 김연경 옮김 (민음사, 2012), 287, 288.

우리가 주의 일을 하는 데 있어서, 이 상황 저 상황만을 살펴보면, 아무것도 못 한다는 말입니다. 우리 인간의 기준으로 분석하고 판단하는 것을 넘어서, 하나님을 신뢰하고 실제로 심으면, 하나님이 실제로 거두게 하실 것입니다.

지금의 한국 교회의 상황을 보면 여러 면에서 회복되기 어렵습니다. 그러나 풍세와 구름이 중요한 것이 아니라, 이 풍세와 구름을 주관하시는 하나님의 능력을 믿어야 합니다. 풍세와 구름 속에, 그 위에, 그 너머에 계시는 하나님을 바라봐야 한다는 말입니다. 그러면 하나님이 부흥시켜 주실 것입니다. 이것을 믿는 것이 신앙입니다.

4. 진노 중에도 긍휼을

하박국은 또 부흥을 원하면서도 하나님의 긍휼하심에 호소했습니다.

> 진노 중에라도 긍휼을 잊지 마옵소서(합 3:2b).

하나님이 유다 민족에게 진노만 내리셨다면, 그들이 살아날 수 있었을까요?

긍휼하심이 있었기에 살아날 수 있었지 않습니까. 하나님이 긍휼을 잊지 않으셨기에, 에스겔 골짜기의 마른 뼈가 살아나고(겔 37장), 성전 문지방에서 흘러나온 물이 흘러 흘러 사해를 살리지 않습니까(겔 47장). 하나님이 우리 인생과 한국 교회를 봤을 때 진노만 하셨으면 지금까지 오지도 못했을 겁니다. 그러니 우리 인생도 한국 교회도 '불쌍히 여겨 달라고 긍휼을 잊지 말아 달라'고 회개하며 간구해야 합니다. 그러면 하나님께서 그 길 열어 주실 것입니다.

예수님이 말씀하셨습니다.

> 죄인 한 사람이 회개하면 하늘에서는 회개할 것 없는 의인 아흔아홉으로 말미암아 기뻐하는 것보다 더하리라(눅 15:7).

한 마리 양을 찾기 위해 아흔아홉 마리의 양을 두고 온 들판과 산을 헤매는 목자의 마음이 어떻겠습니까?
그렇게 찾다가 그 양을 찾았을 때 그 기쁨은 또 어떻겠습니까?
그 한 마리로 인해 이웃을 불러 함께 즐거워하지 않습니까?

그것이 죄인 한 사람이 회개하고 돌아오는 의미입니다.

> 내 이름으로 일컫는 내 백성이 그들의 악한 길에서 떠나 스스로 낮추고 기도하여 내 얼굴을 찾으면 내가 하늘에서 듣고 그들의 죄를 사하고 그들의 땅을 고칠지라(대하 7:14).

긍휼을 베푸시는 하나님께서 우리의 땅을 분명 고쳐 주실 것인데, 다시 말해 우리에게도 부흥의 길을 제시해 주실 것인데, 전제조건이 있습니다. 그것은 '우리가 악한 길에서 떠나고, 겸손하고, 기도하고, 하나님의 얼굴을 찾으면'입니다. 그러면 하나님이 들으시고 우리 죄를 사해 주시고 땅을 고쳐 주실 것이라 말씀하십니다.

그러니 우리가 해야 하는 것은, 다른 것이 아니라 '회개하고 하나님을 찾는 것'밖에 없습니다. 하나님의 얼굴을 구하는 것밖에는 없습니다. 다른 방법이 없습니다. 그러면 하나님이 고쳐 주실 것입니다. 하나님이 한국교회를 회복시켜 주실 것입니다.

그것이 하나님께서 말씀하시는 "내 이름으로 일컫는 내 백성"이 지녀야 할 태도일 겁니다. 우리는 하나님의 이름에 의해 불리는 사람들입니다.

다시 말해, 세상 사람들은 우리를 볼 때 "저 사람은 하나님을 믿는 사람이래", "저 사람은 하나님이 계시는 교회를 다니는 사람이래"라고 우리와 하나님의 이름을 함께 거론한다는 말입니다.

그렇다면 우리가 어떤 삶을 살아야 하는지는 자명하지 않은가요?

5. 부흥은 번짐

학교에서 진행하는 '평신도대학'을 홍보하러 주변 교회를 다닌 적이 있습니다. 그런데 교회들을 볼 때 참 마음이 아프더군요. 자체 건물을 가진 교회들이 정말로 얼마 되지 않는다는 것을 알게 되었습니다. 어떤 미국 교회에는 여섯 개의 각기 다른 교회가 예배를 드리는 것을 봤습니다. 두 미국 교회, 두 한국 교회, 스페니시 교회 하나, 베트남 교회 하나가 각각 시간을 나누어서 예배드리더군요.

미자립 교회 목사님들과 가끔 이야기를 나누다 보면, 그분들의 수고와 눈물이 있음에도 불구하고 어떤 돌파구를 찾지 못해 낙심하시는 모습을 보면서, 제 마음에 애통하는 마음이 들더군요. 그런 교회에 부흥이 있기를 소망하며 또다시 한국 교회에 부흥이 있기를 기도합니다.

그건 숫자적 부흥만을 의미하지 않습니다. 전심으로 하나님만 바라보는 것, 그것이 진정한 의미의 부흥일 겁니다.

그렇게 부흥을 원했던 하박국의 마지막 고백이 무엇인가요?

> 비록 무화과나무가 무성하지 못하며 포도나무에 열매가 없으며 감람나무에 소출이 없으며 밭에 먹을 것이 없으며 우리에 양이 없으며 외양간에 소가 없을지라도 나는 여호와로 말미암아 즐거워하며 나의 구원의 하나님으로 말미암아 기뻐하리로다(합 3:17-18).

하박국은 눈에 보이는 부흥이 오지 않더라도, 아무것도 없더라도, 여호와 하나님 한 분만으로 즐거워하고 기뻐한다고 고백합니다. 숫자적 부흥 사모해야 합니다. 그러나 숫자적 부흥이 없더라도 정말로 "삼위일체 하나님" 한 분이면 족해서 기뻐하며 살아가는 것이 부흥의 진정한 의미일 겁니다. "예수님이면 충분하고, 복음이면 충분하다"는 이 고백을 실제로 살아 내는 참다운 부흥이 우리 속에 있어야 합니다.

이 고백을 하십니까?

제대로 된 부흥을 맛보기 위해서는 이런 우리의 믿음과 꿈들이 퍼져 나가야 합니다. 직장인의 삶을 다룬 드라마 〈미생〉에서 오차장이 마지막에 중국 현대 문학의 거장인 루쉰/노신의 말을 인용합니다.

> 지상에는 원래 길이 없었다. 가는 사람이 많아지면은 길이 되는 것이다.

함께 가는 사람이 많아지는 것, 즉 주 예수 그리스도의 복음 들고 함께 십자가의 길을 가는 사람이 많아지는 것, 그것이 부흥입니다.

장석남 시인의 시 중에 〈水墨 정원 9-번짐〉[5]이라는 시가 있습니다.

〈水墨 정원 9-번짐〉

번짐,
목련꽃은 번져 사라지고
여름이 되고
나는 내게로
번져 어느덧 내가 되고

---

5 장석남, 『왼쪽 가슴 아래께에 온 통증』(창비, 2001), 46-47.

나는 다시 네게로 번진다

번짐,

번져야 살지

꽃은 번져 열매가 되고

여름은 번져 가을이 된다

번짐,

음악은 번져 그림이 되고

삶은 번져 죽음이 된다

죽음은 그러므로 번져서

이 삶을 다 환히 밝힌다

또 한번 - 저녁은 번져 밤이 된다

번짐,

번져야 사랑이지

산기슭의 오두막 한 채 번져서

봄 나비 한 마리 날아온다

부흥은 번짐입니다.

『하나님을 경험하는 삶』이라는 유명한 성경 공부 교재를 쓰신 헨리 블랙커비 목사도, "부흥이란 부흥을 통해 삶이 변화된 자들의 간증이 날개를 타고 퍼져 나가는 것"[6]이라고 정의했습니다. 부흥의 번짐에는 특정 위대한 사람만 사용되는 것이 아닙니다. 평범한 사람도 부흥을 위해 사용될 수 있습니다. 하나님의 일이기에 그렇습니다.

비 한 방울 소중한 LA 땅에 단비가 내릴 때, 빗물이 고여 있는 아스팔트에 작은 빗방울들이 만들어 내는 동심원들이 아름답고 신기합니다. 아무

6　헨리 블랙커비, 『영적 리더십』, 윤종석 옮김 (두란노, 2017), 159.

리 작은 빗방울이라 할지라도 한 방울 더해지면 동심원이 주변으로 퍼집니다.

예수 그리스도의 말씀이, 복음의 능력이, 십자가의 보혈이, 우리 심령 속에 떨어지면, 복음을 접한 우리가 세상으로 번져 나가야 합니다. 부흥은 그렇게 번지는 것입니다.

6. 있는 자리에서 불이 되어야!

언젠가 섬기던 공동체를 떠나려 할 때가 있었습니다. 어느 목사님을 찾아뵙고 조언을 구했습니다. 고민을 말씀드렸더니 그 목사님이 그런 말씀을 해 주셨습니다.

> 부흥 전에는 떠날 수 없다. 조직이 가슴 뛰게 하지 못한다. 우리 자신이 불이 되어야 한다. 있는 자리에서부터 불이 붙게 해야 한다.

가슴에 깊이 새기게 된 말씀입니다.

이찬수 목사는 언젠가 설교에서 '다른 것으로는 자신이 목회를 망치지는 않을 것 같다. 그러나 열정 없는 목회를 한다면 그것은 서서히 죽는 것'이라 했습니다.[7] 그리스도인에게 가장 중요한 것은 복음을 향한 열정입니다. 존재를 걸고 복음을 증거 하고, 존재를 걸고, 주님을 따를 수 있어야 합니다.

작가 폴라 구더는 뵈뵈가 바울을 도와준 결정적 원인은 그의 언변이나 그가 말한 내용보다 그의 "열정"을 보았기 때문이라 합니다.

7　https://youtu.be/BIW1LzhRRdQ

> 뵈뵈의 마음을 붙잡은 건 바울의 열정이었다. 이 사람은 제대로 알고 있는 사람이라고 인정했다. 이 사람은 부활하신 주님을 만났으며, 그로 인해 삶이 완전히 뒤바뀐 사람이었다. 이 사람은 신뢰할 만한 사람이었다. 이렇게 느꼈던 이유를 콕 집어 말할 수는 없었지만, 그냥 알 수 있었다.[8]

사람을 일으키고 교회를 살리는 것은 하나님을 만난 사람들의 열정에서 비롯될 것입니다. 이것을 잃어버리면 부흥은 요원할 것입니다.

로이드 존스 목사가 교회를 부흥시키자 많은 교단 인사가 그를 못마땅히 여겼습니다. 이유는 그가 신학 교육을 받은 사람이 아니기 때문이었습니다. 하지만 당시 웨일스 언론은 이렇게 평가합니다.

> 학문적으로 탁월하다는 분위기를 풀풀 풍기면서 교단 신학대학을 졸업했지만, 그런데도 많은 사람을 끌어모을 능력은 전혀 없어서 예배당이 반쯤은 비어 있는 목회자들에게 그(존스)의 존재는 영원한 치욕이다. 그들은 차라리 그가 모든 연줄을 끊고 눈앞에서 사라져 주기를 바라는 것이다.[9]

신학 교육이 필요 없다는 이야기가 아니라 신학 교육을 받았다 하더라도 가슴에 부흥이 있어야 한다는 말일 겁니다.

우리는 '왜 부흥하지 못하는가'를 설명하기 위해 부름받은 것이 아니라, '부흥하기 위해' 부름받았습니다. 우리에게도 부흥의 불이 있다면 세상을 향해 다음과 같이 외칠 수 있어야 합니다.

> 성부 하나님께서 여러분을 향해 행하시는 새 일을 보고 싶으십니까?

---

[8] 폴라 구더, 『이야기 뵈뵈』, 24.
[9] 이안 머레이, 『마틴 로이드 존스』, 550.

그러면 우리 교회로 오십시오.
성자 예수 그리스도를 믿는 것이 참행복임을 실제로 보고 싶으십니까?
그러면 우리 교회로 오십시오.

성령 하나님께서 행하시는 부흥의 역사를 보고 싶으십니까?
그러면 우리 교회로 오십시오.

우리는 모두 각자 다릅니다. 모두가 같지 않습니다. 손가락 지문만 봐도 신기합니다.

이 작은 손가락 표면에 어떤 일이 있기에 70억 개 이상의 다른 그림들이 그려집니까?
우리에게 그리라고 한다면 70억 개의 다른 그림을 그릴 수 있을까요?
어떻게 하나님은 하나도 같지 않은 다른 그림을 그려주시는지, 신묘막측 하지 않습니까?

이것은 우리 한 사람 한 사람에게 우리 주님께서 원하시고 바라시는 각기 다른 일들이 있다는 것을 의미합니다. 그 일들을 각자가 잘 감당했으면 합니다. 하나님의 일에 함께 연합하고 동참했으면 합니다. 그래서 다시금 우리 모두 교회의 부흥을 꿈꿨으면 합니다. 그러면 전능하신 하나님께서 교회를 다시 살려 주실 것입니다. 부흥케 하실 것입니다.

이제는 하나님께서 하실 새 일을 믿고, 누구를 만나든, 무엇을 하든, 서로의 가슴을 울리도록 해야 합니다. 심장과 심장으로 만나야 합니다. 겉모습으로만 만나지 말고, 피상적으로 만나지 말고, 성령께서 일으키시는 부흥을 가슴에 품은 채 만나야 합니다. 우리가 속한 공동체에서 먼저 부흥을 이루어 냅시다. 그래서 주 예수 그리스도의 복음으로 끝까지 가슴 뛰는 인생을 살았으면 합니다.

'순회선교단' 대표이신 김용의 선교사님이 아들에게 쓴 편지 내용을 유튜브에서 우연히 들은 적이 있습니다. 내용이 이렇습니다.

> 아들아, 땅끝에서 죽어 하늘 복판에서 만나자.

부흥을 맛본 자가 살아가야 할 삶의 자세가 이러해야 하지 않겠습니까?
우리도 땅끝에서 죽어 하늘 복판에서 만납시다.
어디가 땅끝인가요?
우리가 발 딛고 살아가는 삶의 현장이 땅끝입니다.
거기서 정말로 땅끝이라는 마음으로 복음을 전하며 복음을 살아 냅시다.
거기서 죽어 성부, 성자, 성령 삼위일체 하나님의 품안에서 우리 모두 다시 만납시다.
그러기 위해 우리 모두 다시 부흥을 꿈꿉시다. 하나님이 이루어 주실 것입니다. 같이 외쳐 봅시다.

또다시 부흥!!!

닫는 말

좋은 꿈을 꾸다가 깰 때 다시 잠들어 그 꿈을 이어 가고 싶은 마음이 들 때가 있습니다. 하지만 그 꿈이 억지로 이어지지는 않습니다.

교회가 어떻게 다시금 과거 부흥을 이어 갈 수 있을까요?

다시 잠들면 될까요?

이제는 황홀했던 과거 꿈속을 헤집고 들어가 '여기가 좋사오니' 할 것이 아니라 현실을 자각하고 다시금 일상에서 뛰어야 합니다. 교회는 마치 음지에 살다 햇살 좋은 날 밖으로 나와 일광욕을 즐기다가 그곳이 너무 좋아 그만 돌아갈 시간을 놓치고 화석처럼 바닥에 붙어 버린 지렁이 같은 모습이 되지 않아야 할 것입니다.

개혁과 부흥, 이것이 이 책에 흐르는 중요한 두 가지 키워드였습니다. '부흥' 하면 은혜에 젖어 노래만 하는 것이 아닙니다.

로이드 존스 목사는 하나님의 이름이 모욕을 당하는 때에, 교회가 노래만 하고 있다고 비판하면서, "지금은 노래할 때가 아니라 설교할 때"며 "죄를 깨우쳐야 할 때"라 합니다. 그는 윌리엄 워즈어스(William Wordsworth)가 밀턴(John Milton)에 대해 한 말을 인용하면서 그 의미를 강화합니다.

> 명료한 삶과 고매한 사고가 더 이상 없다.[1]

---

1 마틴 로이드 존스, 『부흥』, 119-120.

로이드 존스의 말은 지나친 면도 없진 않지만, 교회가 진정으로 부흥하기 위해서는 감성만 자극할 것이 아니라 하나님의 말씀을 올바르게 전해서 다시금 회개가 회복되어야 한다는 말로 받아들이면 될 것 같습니다. 부흥 집회도 중요하지만, 시대를 바르게 진단하고 그리스도인이 이 시대에 어떻게 살아야 하는지를 제시해 줄 수 있는 메시지가 절실히 필요한 시대임이 틀림없습니다. 부흥과 개혁이 함께 가야 한다는 의미로 받아들일 수 있습니다.

미국 제2차 대각성을 주도했던 찰스 피니도 부흥과 동시에 노예제 폐지라는 개혁 운동을 함께 했습니다.[2] 참된 신앙이 있다면, 이 세상이 하나님의 뜻에 합당하지 않은 모습으로 돌아가는 것을 볼 때, 그것을 바로 잡을 수 있어야 합니다. 이런 점에서 복음은 세상을 불편하게 합니다. 그래야 개혁이 일어나겠지요.

폴라 구더가 한 인물을 통해 복음이 지닌 불편함을 말합니다.

> 성공을 사랑하는 자들에게 예수님은 패배를 대변하고, 편안함을 추구하는 자들에게 예수님은 동요를 일으키죠. 그는 자신이 옳다고 여기는 사람들을 넘어뜨리고, 자기 모습에 만족하고 기뻐하는 사람들을 혼란에 빠뜨리는 분입니다. 예수님의 복음이 더는 사람들을 불편하게 하지 않습니다.[3]

이것은 말이 되지 않는다는 것입니다. 더 나아가서 '예수를 따르라는 부르심은 조용한 삶으로 부르는 것이 아니라' 합니다. 예수를 따른다면 '문제를 일으킬 수밖에 없는 존재'가 되기에 '세상 권력자들을 화나게 하지 않는다면 그게 이상'한 거라 합니다.[4]

---

2 배덕만, 『복음주의 리포트』, (대장간, 2020) 44.
3 구더, 『이야기 뵈뵈』, 125.
4 구더, 『이야기 뵈뵈』, 275.

복음은 현재 모습 그대로 살아가는 것에 대해 불편함을 줍니다. 복음을 제대로 알면 자신도 교회도 개혁하지 않을 수 없겠지요.

교회를 살리기 위해 구체적으로 물어봅시다.

어떤 교회/목회자/성도가 되어야 할까요?

첫째, 교회 현실을 직시하고 다시금 회복해야겠다는 간절한 마음과 관심이 있어야 합니다.

토저는 이렇게 직언합니다.

> 우리는 근본주의자들이다. 그렇다!
> 우리는 큰 성경을 경건하게 들고 다닌다. 그렇다!
> 우리는 복음주의자들이다. 그렇다!
> 그러나 교회가 시들어 가고 있는데도 우리는 관심을 기울이지 않는다."[5]

근본주의자든, 경건주의자든, 복음주의자든, 형식적인 것에만 관심을 기울이지 말고, 지금 교회가 어떠한 모습으로 있는지, 교회에 희망이라도 있기는 한 건지, 어떻게 해야 교회가 다시금 회복될 수 있는지, 고민과 관심을 기울여야 할 것입니다.

둘째, 목회자는 야심이 없어야 합니다.

목회자는 '이 목회해서 내 이름 날리겠다. 큰 목회 해서 총회장도 되고 한국 교회에 파워 과시하면서 살겠다'는 그런 야심이 없어야 합니다.

그런 야심이 있으니 어느 줄이 튼튼한 줄인지 어느 줄이 썩은 줄인지 분간해서 자신을 끌어 줄 수 있는 줄만 잡으려 하지 않습니까?

---

5   A. W. 토저, 『보혜사』, 102.

그렇게 올라가서는 교회도 '자기 교회'라 생각합니다. 자기 교회이니 놓고 싶지 않습니다. '내가 어떻게 해서 성장시킨 교회인데, 건강까지 해치면서, 젊음을 바치면서 세운 교회'라고 생각하니 놓지를 못합니다.

그런데 교회는 누구 교회입니까?

하나님의 교회이지요. 목회자의 마음속에 야망, 야심이 들어가면, 그 교회가 자신의 교회가 되어 버립니다. 그렇게 되면 결국 교회는 죽게 될 것입니다.

셋째, 예배에 목숨 거는 교회가 되어야 합니다.

그런데 이 말을 잘 해석해야 합니다. 우선 예배는 삼위일체 하나님께 드리는 것입니다. 그분이 창조주시고 구속자시고 완성자이심을 고백하는 것이 예배입니다. 그런데 상당수 목회자가 이것만 강조합니다. 성도들의 삶은 신경 쓰지 않고 오로지 드리는 예배에만 목숨 걸라고 말합니다.

그러니 '십일조 내지 않으면 병 걸린다'는 설교가 나오지 않습니까?

교회에 오는 성도들의 삶을 보면 지치고 희망이 없어 보일 때가 많습니다. 성도들은 예배 시간에 한 줄기 빛을 보기 위해 한 말씀이라도 희망의 메시지를 듣기 위해 예배에 옵니다. 그들에게 생명과 위로와 희망을 주는 것이 예배의 또 다른 목적일 겁니다. 그러기 위해서는 예배가 생기가 있고, 살아 있는 예배가 되어야 합니다.

일주일 동안 세상에 살면서 지친 심신을 예배를 통해 회복하고 또다시 일주일을 살아갈 모든 힘을 예배에서 얻어 가도록 해야 합니다. 그러기 위해 마른 뼈 같은 예배가 아니라 감동이 있고 감격이 있는 살아 있는 역동적인 예배가 되어야 할 것입니다.

"하나님과 동행하는 사람"이라는 평을 들었던 로렌스 형제(Brother Lawrence)가 임종을 맞을 때 누군가가 그에게 무엇을 하고 있는지 질문했습니다. 그때 그는 이렇게 대답했습니다.

나는 내가 영원히 행하려고 계획한 일을 하고 있습니다. 그것은 하나님을 예배하는 것입니다. 내가 죽는다 해도 나의 일을 바꾸지 않을 것입니다. 나는 이 땅에서 40년 동안 하나님을 예배했습니다. 천국에 가더라도 나는 지금 하는 일을 계속할 것입니다.[6]

로렌스 형제는 죽는 순간에도 하나님을 예배하는 것이 가장 중요한 것임을 깨닫고, 그 예배를 영원토록 할 것을 다짐합니다.

넷째, 세상과 소통하고 변화시키는 교회입니다. 교회가 더 나은 교회가 되기 위해 세상을 알아야 합니다. 세상을 알기 위해 교회 안에서 인문학 공부도 하고 교회 문밖을 나가 세상과 소통의 장들을 만들어야 합니다. '인문학 강좌'를 만들어 철학, 문학 같은 책을 같이 읽어야 합니다.

신학생들도 이런 인문학적 소양이 없으니 졸업하고 목사가 되어서 '오늘날 교회 안에 인본주의(?)가 들어와서 교회가 혼탁해진다'고 이상한 설교를 합니다. 하지만 개혁교회 아버지 칼뱅조차도 인문학의 소중함을 알고 그 시대에 '제네바아카데미'라는 연구소를 만들어서 인문학, 자연과학을 강의하지 않았습니까.

한국 중앙루터교회를 담임하는 최주훈 목사에 따르면, 종교개혁은 "오직 교회의 교리"만이 아니라 사회에도 영향을 미쳤다고 합니다. 독일, 덴마크, 노르웨이, 스웨덴, 핀란드 같은 나라를 보면 "정치인들의 청렴도, 보편 교육 체계, 토론 문화, 사회복지 시스템, 교회와 사회의 협력 관계"가 잘 되어 있는데, 그것은 종교개혁 정신이 국가의 역사, 문화, 복지, 정치, 사회에도 연결되어 있음을 방증하는 것으로 봅니다.[7]

6　A. W. 토저, 『보혜사』, 152.
7　최주훈, 『루터의 재발견』, 14-15, 26.

또한, 한국에서 공식적으로 종교개혁이라는 단어가 쓰인 것은 1905년 10월 11일 자 「매일신보」 논설에서였다고 합니다. 제목은 "종교개혁이 정치개혁의 근본이 된다"였습니다. 루터가 사용한 개혁의 의미를 살려서 한국에서도 종교개혁이 교회에만 국한된 의미가 아니라 사회와도 연관되었음을 인식했다는 것이 특이합니다.[8] 이 정신이 어쩌면 지금 사라진 것이 아닌가 생각해 봅니다.

세상을 개혁하기 위해 세상을 알아야 하고 세상과 사귀어야 합니다. LA향린교회와 새길교회가 "이웃 종교 사귀기" 컨퍼런스(2014년 10~11월)를 했습니다. 강사님은 당시 멕시코 장로회신학대학 교수님으로 계셨던 홍인식 교수님이셨습니다. 교수님이 본인의 페이스북에 그 컨퍼런스를 소개했더니 어떤 분이 그렇게 댓글을 다셨다고 합니다.

"이웃 종교를 왜 사귀어야 하나요?"

그랬더니 다른 분이 "네 이웃을 네 몸처럼 사랑하라 하셨기에"라고 댓글을 다셨다고 합니다.

그 말씀을 들으면서 그런 생각을 해 보았습니다.

'우리 그리스도인에게 이웃이 있는가?'
'이웃사촌이라는 말이 있는데 우리 기독교에는 이웃사촌이 있을까?'
'자신 이외에는 모든 종교가 이웃이 아니라 물리쳐야 할 적 내지는 개종시켜야만 하는 대상 아닌가?'
'옆에 있는 이웃을 이웃으로 보지 않고 어떤 대상으로만 본다면 우리는 정말로 하나님을, 사랑의 하나님을 믿고 있는가?'

그런데도 '네 이웃을 네 몸처럼 사랑하라'는 설교가 매주 전국 방방곡곡에서 울려 퍼지겠지요. 정말로 의미 있습니까?

---

8   최주훈, 『루터의 재발견』, 38.

교회는 변해야 합니다. 살아남기 위해 우선 목회자가 야심을 버리고, 예배에 목숨 걸고, 그리고 세상과 소통해야 합니다.

그렇게 되었을 때 한국 교회에 힘줄이 생기고 살이 오르고 그 위에 가죽이 생기지 않겠습니까?

하나님은 한국 교회가 살아나기를 원하십니다. 교회에 생기를 불어넣기를 하나님은 원하십니다. 생기만, 들어오면 교회는 다시 살아날 수 있습니다. 생기만, 들어오면 교회가 큰 군대가 될 수 있습니다.

『죄와 벌』에서 주인공 라스콜니코프가 사람을 죽이고 육신이 너무 허약한 채 정신이상자처럼 생활할 때 그의 어머니와 여동생이 그를 보러 옵니다. 그들이 모처럼 만났는데도 라스콜니코프는 신경질적이었고 이상한 말을 합니다. 어머니가 그의 친구인 리주미힌에게 이렇게 묻습니다.

> 그 애에게 소망이랄까, 말하자면, 이런 말이 가능하다면, 꿈이랄까 하는 것이 있나요?⁹

어머니가 아들을 걱정하는 것은, 아들이 저렇게 아파 누워 있고 정신이 왔다 갔다 하는 그 속에서도 아들에 대한 소망과 꿈을 놓치고 싶지 않은 마음 때문일 겁니다. 아들이 어떤 형태로든 삶에 대한 꿈과 소망을 잃지 않았으면 하는 바람을 어머니는 갖고 있었던 것입니다.

우리에게 소망이 있을까요?
우리에게 꿈이 있을까요?
한국 교회가 다시금 역동적으로 움직일 그런 소망과 꿈이 있을까요?

---

9   표도르 도스토예프스키, 『죄와 벌 1』, 김연경 옮김 (민음사, 2012), 386.

찾아야 합니다. 아픈 자식을 바라보는 부모 마음처럼, 한국 교회를 향한 애틋한 마음이 있어야 합니다. 교회를 살리기 위해 몸부림쳐야 합니다. 자식 포기하는 부모 없듯이, 교회 포기하는 크리스천이 없어야 할 것입니다.

사도 바울은 이렇게 말했습니다.

> 우리가 환난 중에도 즐거워하나니 이는 환난은 인내를, 인내는 연단을, 연단은 소망을 이루는 줄 앎이로다(롬 5:3-4).

그런데 이 환난에서 소망까지 과정을 만들어 내는 출발점은 바로 믿음입니다. 바울은 "우리가 믿음으로 의롭다 하심을 받았으니"(롬 5:1) 하나님과 화평을 누리고 이어서 환난 가운데서도 소망을 품자고 권면합니다. 이런 점에서 보더라도 이신칭의는 단순히 믿는다는 고백뿐만 아니라 삶에서도 살아갈 수 있는 원동력이 된다는 것을 알 수 있습니다.

로이드 존스는 사람들이 하나님께 영광을 돌리지 않는 모습을 보고 "마음으로부터 탄식하며 슬퍼하는 것"을 "그리스도인을 가늠하는 시금석"이라 했습니다.[10] 믿지 않는 사람들을 보고 탄식하지 않기에 부흥이 일어나지 않는다는 의미일 겁니다. 그들을 보고, 말로 다 할 수 없는 탄식이 있을 때, 그들을 위해 기도의 무릎을 꿇을 때, 하나님이 우리에게 부흥의 기회를 주실 것입니다.

로이드 존스는 1943년 대규모 전도대회를 준비하며 지교회가 새롭게 회복되어야 부흥이 임한다고 말합니다.

> 교회 밖 사람들을 전도하기 위해 행사를 계획하고 조직할 생각을 하기 전, 우리 자신의 교회들에 집중하도록 합시다.

---

10 마틴 로이드 존스, 『부흥』, 168.

우리네 교회들은 살아 있습니까?

우리 교회들은 진짜 그리스도인입니까?

우리네 교인들은 세상 사람들을 만날 때 그들을 그리스도께로 인도하며 신령한 일에 대한 갈망을 그들 마음에 불러일으킬 수 있는 사람들입니까?[11]

존스 목사는 교회 밖보다는 교회 내부로 시선을 돌려 성도들이 정말로 참된 그리스도인인지 먼저 보자는 것입니다. 교회가 정말로 회복하기 위해서는 지교회마다 복음에 대한 열정으로 사로잡혀 있어야 합니다.

우리 자신은 참다운 신자인지 물어야 합니다. 지금은 세상 문제보다 교회 내 문제가 더 많기 때문입니다. 문제의 원인을 제대로 보면 답이 보일 것입니다. 우리 자신이 복음을 회복하면 한국 교회, 부흥할 것이라 확신합니다.

더 나아가 그리스도인은 '교회를 어떻게 풍성하게 할까'를 고민함과 동시에 '세상을 어떻게 하면 풍성하게 만들까'를 고민해야 합니다. 새로운 변화가 일어나야 합니다. 그러기 위해 마음과 몸과 정신 모두에서 이전의 삶과 달라야 합니다. 복음을 통해 사람을 회심시키고 교회를 변화시키고 이 시대에 비전을 제공할 수 있어야 합니다.

움직여야 합니다. 몸으로 말씀을 살아 내야 합니다. 몸으로 신앙을 살아야 살아 있는 신앙이 될 것입니다. 미국 26대 대통령이었던 시어도어 루스벨트(Theodore Roosevelt)는 이렇게 말합니다.

비평가의 말은 중요하지 않다. 강한 사람이 어떻게 비틀거리고, 누군가의 행동이 어땠어야 더 좋았을 뻔했다고 지적하는 사람도 신경 쓸 필요가 없다. 찬사는 오직 경기장에 서 있는 사람의 몫이다. 먼지와 땀과 피로 범벅이 된

---

11   이안 머레이, 『마틴 로이드 존스』, 400.

얼굴의 주인공, 용감무쌍하게 분투하는 사람 … 열정이 무엇이고 헌신이 무엇인지 아는 사람, 가치 있는 대의를 위해 온몸을 불사르는 사람, 잘하면 위대한 성취의 승리를 맛볼 수 있고, 최악의 경우 실패하더라도 대담하게 행동하는 사람의 몫이다. 따라서 승리의 환희도 모르고 패배의 쓰라림도 모르는 냉담하고 소극적인 사람들은 결코 그와 한자리에 설 수 없으리라.[12]

이제 말씀이 정말로 그러한지 삶의 현장에서 살아봅시다. 검증해 봅시다. 찬사를 얻기 위해서가 아니라 복음이 진리임을 증명하기 위해서 말입니다. 땀으로 범벅된 복음 증인들이 필요합니다. 예수 그리스도의 생명수가 닿는 곳의 나무는 열매를 맺습니다.

'열매를 통해서 나무를 안다' 했습니다. 달마다 새 실과를 맺었다 했습니다. 살아 있는 나무는 열매를 맺습니다. 살아 있는 나무가 생수를 만나면 30배 60배 100배의 열매를 맺을 수 있습니다.

어느 날 문득 그런 생각이 들었습니다.

'나는 복음을 얼마나 전했을까?'

아찔했습니다. 입으로든 삶으로든 좋은 소식, 기쁜 소식, 복음을 다른 사람들에게 얼마나 전했느냐는 질문을 던지니 할 말이 없습니다. 예수 그리스도가 우리 인생의 주인이시고 구세주이심을 전하고 사는 것이 삶의 목적일 터인데, 그 일에 목숨 걸고 살지 못했음에 회개하게 됩니다. 그리고 기도합니다.

> 하나님, 이 불쌍한 죄인을 용서해 주옵소서. 내가 믿고 살아가는 진리가 참 진리임을 전하지 못하고 살아가는 이 죄인을 용서해 주옵소서.

---

[12] 존 엘드리지, 『마음의 회복』, 강주헌 옮김 (좋은씨앗, 2004), 14.

진리가 정말로 내 안에 있고 나를 살아 움직이게 한다면, 그 진리는 나 이외의 다른 사람에게로 흘러가야 합니다. 그것 없이는 내가 진리를 안다고도 진리를 품었다고도 할 수 없을 것 같습니다. 진리는 진리입니다. 그러나 그 진리를 진리 되게 하는 것은 우리 자신이 그 진리를 전했을 때 가능할 것입니다.

오직 예수가 진리이고, 오직 성경이 진리의 말씀이고, 오직 은혜로 우리가 살아가고, 오직 믿음으로 우리가 구원을 얻고, 오직 하나님께 영광 돌리기 위해서는, 복음을 전해야 합니다. 복음으로 살아야 합니다. '오직'의 의미는 그 복음을 전하는 데 있을 겁니다. 다시 또 다른 한국 교회의 부흥을 꿈꿔 봅시다. 하나님의 영광을 위해 이루어 봅시다.

달라스 윌라드는, 전도자가 던져야 하는 질문은, "당신이 오늘밤 죽지 않는다면 내일 무엇을 하겠는가"여야 한다고 합니다. 그 답은 "내 모든 삶에서 범사에 예수를 신뢰하겠다. 그러면 하나님 나라에서 살아갈 수 있다"여야 한다고 강조합니다.[13] 죽어서 가는 천국만 바랄 것이 아니라 지금 여기서 예수님을 삶으로 믿고 따르는 것이야말로 기독교가 회복해야 할 과제일 것입니다. 자신의 삶에서 하나님을 만나야 합니다. 그 체험을 해야 합니다.

하나님은 "우리가 구하거나 생각하는 모든 것에 더 넘치도록 능히 하실"(엡 3:20) 분이심을 믿습니다. 우리가 부흥을 바라면 하나님은 우리가 생각하는 것 이상으로 넘치도록 부어 주실 것입니다. 그러기에 더 간절히 간구합시다.

토저는 다음과 같이 날카롭게 지적합니다.

---

13 게리 문, 『달라스 윌라드』, 314.

거룩한 열망이 없기 때문에 지금처럼 우리의 신앙생활이 뻣뻣하고 경직된 것입니다. 자기만족은 모든 영적 성장에 치명적인 적입니다. 간절한 열망이 있어야 합니다. 그 열망이 없으면 그리스도가 백성 앞에 나타나지 않으십니다.[14]

예레미야의 호소를 들어 봅시다.

> 여호와여 주는 나의 찬송이시오니 나를 고치소서 그리하시면 내가 낫겠나이다 나를 구원하소서 그리하시면 내가 구원을 얻으리이다(렘 17:14).

자신이 자신을 고칠 수 없습니다. 하나님이 고쳐 주셔야 낫습니다. 자신이 자신을 구원할 수 없습니다. 하나님이 구원해 주셔야 우리가 구원을 받을 수 있습니다.

사도 바울이 빌립보 교인들에게 선포했습니다.

> 너희 안에서 착한 일을 시작하신 이가 그리스도 예수의 날까지 이루실 줄을 우리는 확신하노라(빌 1:6).

부흥을 시작하신 하나님께서 부흥을 완성하실 것입니다.

변화와 개혁과 구원의 주체는 우리가 아니라 하나님임을 다시금 고백하면서 우리도 이렇게 고백하면 좋겠습니다.

'여호와여 주는 교회의 찬송이시오니 교회를 고치소서. 그리하시면 교회가 낫겠나이다. 교회를 구원하소서. 그리하시면 교회가 구원을 얻으리이다.'

---

14 A. W. 토저, 『하나님을 추구하라』, 21.

"어제나 오늘이나 영원토록 동일"(히 13:8) 하신 삼위일체 하나님은 오늘도 우리가 부흥을 꿈꾸며 그 부흥을 이루기를 누구보다 원하실 것입니다. 하나님이 원하시니 우리도 원해야 합니다.

교회, 다시 또 다른 부흥을 꿈꾸며!

함께 읽으면 좋은 책

종교개혁의 유산

Reformation
yesterday,
today
and
tomorrow

칼 트루만 지음 | 조영천 옮김 | 신국판 변형 | 192면

독자들을 16세기 종교개혁의 상황 속으로 이끌기보다는 16세기 종교개혁을 오늘날의 상황으로 끌어온다. 저자인 칼 트루만은 현대인들에게는 자기중심성과 소비문화가 자리 잡고 있으므로, 건강, 부, 행복이 새로운 금송아지가 되었다고 지적하며, 다시 종교개혁의 정신으로 돌아가 하나님을 높이고, 그리스도와 십자가를 그 중심에 놓고 말씀을 붙잡아야 한다고 주장한다. 또한, 교회 내의 율법주의와 감정적 신앙을 경고하며 종교개혁자들이 외친 이신칭의 교리와 더불어 참된 경건이 무엇인지 다시금 깨닫게 한다. 종교개혁의 정신을 배우고자 하는 독자, 현대 사회 속에서도 참된 경건을 실천하고자 하는 독자, 21세기의 개혁되어야 할 교회의 상과 부흥을 알고자 하는 독자에게 추천할 만한 도서이다.